ACCELERATED SPANISH

BY

JUAN KATTÁN-IBARRA, M.A.
DENNIS STOCKTON, M.A.

EDUCATIONAL CONSULTANT
Dr. Noel Entwistle, Professor of Education, Edinburgh University

Front Cover by Philip Giggle
Memory Maps by Mahesh Raval
Line Illustrations by
Artset Graphics Ltd., Chesham, Bucks.,
Recorded by Post Sounds Studios Ltd.,
2/7 Springbridge Mews, London W5
Fretless Ltd., 27-37 Broadwick Street, London W1

Origination by Print Origination Southern Ltd.,
MM House, Sebastopol Road,
Aldershot, Hants.

Printed at The Bath Press, Avon

ISBN 0 905553 22 5

ACCELERATED SPANISH™

Welcome to your Accelerated Learning Spanish Course. You will find it a very different and, we are sure, more enjoyable way to learn.

Accelerated Spanish is unique because it has been developed by a team consisting not only of professional language instructors, but also psychologists.

No learning can take place without memory, so our start point was to study memory and how to make the new facts memorable. Presenting a new language in ways that make it memorable automatically makes it much easier and quicker to learn. The whole background to, and rationale for, these new techniques are explored in the paperback book ACCELERATED LEARNING.

Here is how to get the maximum out of your course.

1. Read through the Step by Step Guide. It is really important to follow each step in turn. Keep this Step by Step Guide in front of you as you progress through each Act. This way you will not miss any steps out.

2. Before you start the Course do practise the breathing and relaxation exercises described in the ACCELERATED LEARNING book. We know that a relaxed frame of mind does make learning very much easier and quicker. It is all too easy to miss this step out, but you will be well rewarded if you follow it through faithfully.

3. Then commence the Accelerated Learning Course proper. Remember the key to learning is to build up mental associations and to involve all your senses. You will then be able to recall the language in your mind's eye, or 'your mind's ear' when you need it. That is why we use music, pictures, rhymes and games, Do play the games and do fully act out the story, (which is why we call each lesson an 'Act'.) These are vital elements that make the vocabulary memorable.

    The style of the Memory Maps is deliberately simple, something you could reproduce yourself, because we want to encourage you to add to them and personalise them to your own learning requirements.

So now you are ready to begin. You can be sure you will enjoy the experience of Accelerated Learning and you can be equally confident of the results you will achieve.

'Gives at least a 300% speed up in learning' is the verdict of Dr. Don Schuster, Professor of Psychology at Iowa University.

'Incorporates all the latest and important discoveries in learning in a unique way' is the verdict of Dr. Noel Entwistle, Professor of Education at Edinburgh University.

'The concept is highly imaginative and soundly based' is the comment of Dr. Jan van Ek, Professor of Languages at Gronigen University, Holland, and language consultant to the Council of Europe.

Accelerated Learning then has the support of these and many other experts. But the most important verdict is your own. Our final and most important piece of advice is ...... enjoy yourself! Then the learning will follow automatically.

Colin Rose
Course Designer

P.S. Your success is our success, so please do not hesitate to write to us with any comments or questions. We have an Advisory Service at your disposal.

INTRODUCTION

Hello. Let me tell you something about your Spanish Course. It has been prepared on the principles of Accelerated Learning to enable you to gain a rapid and enjoyable introduction to Spanish. When you have finished the twelve units you will be able to understand and use Spanish well enough for everyday situations.

Each unit contains a *story* section and an *exploitation*. We call the story sections Acts because the Course is constructed like a play — but with the characters using practical language in practical situations, just as you will need to do. You will hear each Act read in several different ways. The different readings have been planned so that you will become completely involved in the learning process, and also so that learning will be easy and enjoyable. The *exploitation* material will help you practise and activate the language contained in each Act.

After becoming familiar with the first Act, you will study some of the important scenes in dialogue form. You will learn how to greet people; how to introduce yourself and give simple information about yourself; who you are and where you're from, etc.

You will also find an explanation of the grammatical structures you've been practising: nouns and adjectives, and important parts of the present tense of many useful verbs.

But, most important, you will learn how to *speak* Spanish in easy stages, first by listening to the story, then by repeating some simple phrases in the pronunciation exercises and the dialogues, and finally by speaking for yourself in situations like the ones you've met earlier in the unit.

Spanish has its own rhythm which is quite different to any other language. Sounds run on from one word to the next. That's why it's important always to *listen* to the Spanish speakers on the tapes and *imitate* them as closely as you can when you speak; don't read. Study with the cassettes in this way:

1. Listen

2. Speak, by imitating the Spanish speakers

3. Read

All letters — except 'h', are pronounced in Spanish, and most letters have just one sound. The most important sounds in Spanish are the vowels and you'll have the chance to study individual vowel sounds in later units. Pay special attention to these sounds as you hear them in the first unit: **a e i o u** .

If you remember these simple steps you'll be able to speak Spanish like a native right from the start!

The story takes place in Mexico, in **Guadalajara** ,capital of the State of Jalisco, it's the second city of Mexico, with a population of 4 million. Situated at an altitude of 5,200 feet, it enjoys a mild climate all year round, with a mean annual temperature of 67°F.

This fine colonial city, modern and prosperous, is known as **la ciudad amable** — 'the friendly city'. It boasts numerous fountains and parks bright with tropical flowers, as well as attractive squares, monuments, theatres and museums, rich with tradition and culture.

Guadalajara is a lively city of fiestas and fairs, and is the home of Mariachi music. Nearby are picturesque villages renowned for their craftware, and Lake Chapala, the largest lake in Mexico and a peaceful resort.

The story begins with *Peter Wilson* arriving in Mexico. He has been asked to deliver a package to a certain *Señor Alvarez*. He takes a taxi from the airport into **Guadalajara,** a 30 minute ride. He calls first at Sr. Alvarez' house, meets Sr. Alvarez' niece, *Adela*, and hands over the package to her. Adela asks Peter to come back to meet her uncle the next day and Peter goes off to spend the night in a nearby hotel where Adela has booked a room for him. So here you go. **¡Buena suerte!** — Good luck!

ACT 1 ACTO 1
SCENE 1 ESCENA 1

Peter looks at the house.	**Peter mira la casa.**
It is big and very pretty.	**Es grande y muy bonita.**
He walks up slowly to the door.	**Camina lentamente hasta la puerta.**
He rings the bell and waits.	**Llama al timbre y espera.**
An old lady opens the door.	**Una señora mayor abre la puerta.**

Señora:	Good afternoon. Can I help you?	**Buenas tardes, señor, ¿qué desea?**
Peter:	Good afternoon. Is this Mr. Alvarez' house?	**Buenas tardes. ¿Es ésta la casa del Sr. Alvarez?**
Señora:	Yes, come in please.	**Sí, pase usted, por favor.**
Peter:	Thank you.	**Gracias.**

Peter goes into a very large hall.	**Peter entra en un salón muy grande.**

SCENE 2 ESCENA 2

A young woman comes down the stairs. She is dark.	**Una señorita baja las escaleras. Es morena.**
She has long black hair.	**Tiene pelo negro y largo.**
She has black eyes, and she's tall.	**Tiene ojos negros y es alta.**
She smiles.	**Ella sonríe.**

Adela:	Hello. Can I help you?	**Hola, ¿qué desea?**
Peter:	Mr. Alvarez, please?	**¿El Sr. Alvarez, por favor?**
Adela:	I'm Adela Alvarez. Who are you?	**Yo soy Adela Alvarez. ¿Quién es usted?**
Peter:	My name is Peter Wilson. I'm North American and I have a package for you.	**Me llamo Peter Wilson. Soy norteamericano y tengo un paquete para usted.**
Adela:	Have you got your passport? It's important.	**¿Tiene su pasaporte? Es importante.**

Peter shows his passport and Adela reads the information.	**Peter enseña su pasaporte y Adela lee la información.**

Adela:	You are Peter Wilson, from Omaha.	**Usted es Peter Wilson, de Omaha.**
	You are a student.	**Es estudiante.**
	You're North American and you are 23 years old.	**Es norteamericano, y tiene veintitrés años.**
	You are the person I am expecting.	**Es usted a quien espero.**
	Welcome to México.	**Bienvenido a México.**
Peter:	Thank you very much.	**Muchas gracias.**

	Peter hands the package to Adela.	**Peter entrega el paquete a Adela.**
Adela:	Thank you.	**Gracias.**
Peter:	Is that all?	**¿Eso es todo?**
Adela:	No, the package is for my uncle.	**No, el paquete es para mi tío.**
	His name is Antonio Alvarez.	**Su nombre es Antonio Alvarez.**
	He has a room reserved for you at a hotel.	**El tiene una habitación reservada para usted en un hotel.**
	It's the Hotel Mariachi in Delicias Street.	**Es el Hotel Mariachi, en la Calle Delicias.**
	Very near here.	**Muy cerca de aquí.**
	It's a small hotel, but very comfortable.	**Es un hotel pequeño, pero muy cómodo.**
Peter:	What is the address?	**¿Cuál es la dirección?**
Adela:	Just a moment, please.	**Un momento, por favor.**
	Adela takes a card from her handbag and reads the address:	**Adela saca una tarjeta de su cartera y lee la dirección:**
Adela:	17 Delicias Street.	**Calle Delicias, diecisiete.**
	It's very easy.	**Es muy fácil.**
	It's the next street on the right.	**Es la próxima calle a la derecha.**
	About two hundred metres.	**A unos doscientos metros.**
	Peter and Adela agree to meet at ten in the morning the next day.	**Peter y Adela quedan para las diez de la mañana del día siguiente.**
Peter:	Good night.	**Buenas noches.**
Adela:	Until tomorrow.	**Hasta mañana.**

SCENE 3 — ESCENA 3

	Peter walks to the hotel.	**Peter camina hasta el hotel.**
	At the reception he talks to the owner, Doña Felisa.	**En la recepción habla con la dueña, doña Felisa.**
Peter:	Good evening.	**Buenas noches.**
	I'm Peter Wilson, from the United States.	**Yo soy Peter Wilson, de los Estados Unidos.**
D. Felisa:	Oh yes, Mr. Wilson.	**Ah, sí, señor Wilson.**
	Have you got your passport, please?	**¿Tiene su pasaporte, por favor?**
Peter:	Yes, here you are.	**Sí, aquí tiene usted.**
D. Felisa:	Thank you, sir.	**Gracias, señor.**
	Your room is number seven, on the first floor.	**Su habitación es la número siete en el primer piso.**
	Here is your key.	**Aquí tiene usted la llave.**
Peter:	Thank you. Good night.	**Gracias. Buenas noches.**

Peter goes up to the first floor. He opens the door of the room and he goes in.	**Peter sube hasta el primer piso. Abre la puerta de la habitación y entra.**
It's not a very large room, but it's pleasant and quiet. And the bed is very comfortable. Peter is tired, very tired......	**No es una habitación muy grande, pero es agradable y tranquila. Y la cama es muy cómoda. Peter tiene sueño, mucho sueño...**

Pronunciation/Intonation

Listen carefully to the Spanish speakers and imitate them, so you have a good accent from the very beginning.

Repeat:

a) **Me llamo Peter.**

b) **Soy de Omaha.**

c) **Tengo un paquete.**

Repeat with information about yourself.

a) **Me llamo** (student's name).

b) **Soy de** (student's town).

Repeat:

a) **¿Qué desea?**

b) **¿Cuál es la dirección?**

c) **¿Tiene usted su pasaporte?**

Now repeat the answer.

a) —**¿Qué desea?**   — **Yo soy Adela Alvarez.**

b) —**¿Cuál es la dirección?**   — **Calle Delicias 17.**

c) —**¿Tiene usted su pasaporte?**   — **Sí. Aquí tiene usted.**

Yo soy Peter Wilson

Peter mira la casa

Es grande y muy *nita bonita*

Llama al timbre

La puerta

Camina lentamenta hasta

y espera

Una señora mayor

Buenas tardes, señor

Que desea

¿Es ésta la casa del Sr Alvarez?

Peter entra en un salón muy grande

Tiene pelo negro y largo

Tiene ojos negros

Ella sonríe

y es alta

Una señorita baja las escaleras

Me llamo Peter Wilson

Soy norte-americano

y tengo

un paquete para usted

para mi tío

El tiene una habitación

HOTEL MARIACHI

CALLE DELICIAS

Nombre: Peter Wilson
Ciudad: Omaha
País: EE UU
Ocupación: estudiante
Edad: 23, Veintitrés

PASAPORTE

Peter enseña su pasaporte

Adela saca una tarjeta de su cartera

A unos doscientos metros

Quedan para las diez de la mañana

del día siguiente

9

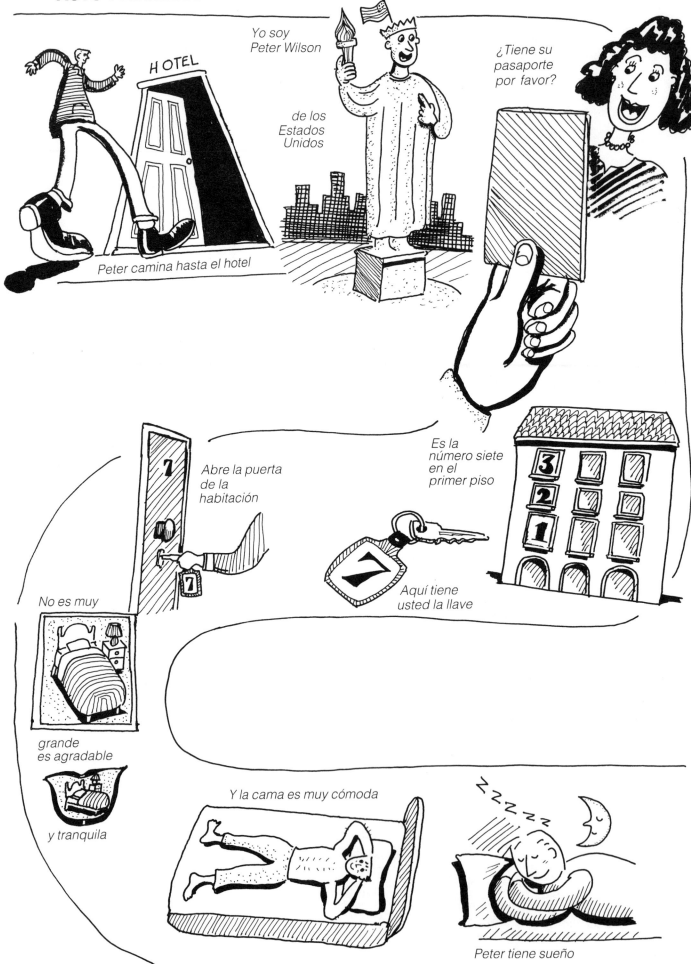

Peter camina hasta el hotel

Yo soy Peter Wilson

de los Estados Unidos

¿Tiene su pasaporte por favor?

Abre la puerta de la habitación

Es la número siete en el primer piso

Aquí tiene usted la llave

No es muy

grande es agradable

y tranquila

Y la cama es muy cómoda

Peter tiene sueño

Part Two : Functional Dialogues
Sección Dos : Diálogos

Notice the different ways you can be asked who you are and how to reply.

1) At the airport in Guadalajara an Immigration Officer (I.O.), **Funcionario (F)**, helps Peter fill in his landing card.

I. O:	Your name, please.	**F:**	**¿Su nombre, por favor?**
Peter:	Peter Wilson.	**Peter:**	**Peter Wilson.**
I. O:	And your nationality?	**F:**	**¿Y su nacionalidad?**
Peter:	I'm North American.	**Peter:**	**Soy norteamericano.**
I. O:	What is your occupation, Mr. Wilson?	**F:**	**¿Cuál es su ocupación, Señor Wilson?**
Peter:	I'm a student.	**Peter:**	**Soy estudiante.**
I. O:	Your address in the States?	**F:**	**¿Su dirección en los Estados Unidos?**
Peter:	Twenty three-seventeen (23-17) Park Drive, Omaha, Nebraska.	**Peter:**	**Veintitres-diecisiete (23-17) Park Drive, Omaha, Nebraska.**
I. O:	Thank you.	**F:**	**Gracias.**
Peter:	Not at all.	**Peter:**	**De nada.**

2) Peter rings the bell at Avenida de Los Olmos 28. An old lady opens the door.

Peter:	Good afternoon, is this Mr. Alvarez' house?	**Peter:**	**Buenas tardes, ¿es la casa del Señor Alvarez?**
Lady:	Yes sir, come in please. This way. Sit down.	**Señora:**	**Sí señor, pase usted por favor. Por aquí. Siéntese.**
Peter:	Thank you.	**Peter:**	**Gracias.**
Lady:	What is your name?	**Señora:**	**¿Cómo se llama usted?**
Peter:	My name is Peter Wilson.	**Peter:**	**Me llamo Peter Wilson.**
Lady:	Just a moment please, Mr. Wilson.	**Señora:**	**Un momentito por favor, señor Wilson.**

3) A tall girl comes up to Peter.

Adela:	Hello! Good afternoon.	**Adela:**	**¡Hola! Buenas tardes.**
Peter:	Good afternoon, I'm Peter.	**Peter:**	**Buenas tardes. Yo soy Peter.**
Adela:	Are you Mr. Wilson from the U.S.?	**Adela:**	**¿Usted es el señor Wilson de los Estados Unidos?**
Peter:	Yes, I'm North American. From Omaha.	**Peter:**	**Sí, soy norteamericano. De Omaha.**
Adela:	My name is Adela Alvarez.	**Adela:**	**Yo me llamo Adela Alvarez.**
Peter:	Pleased to meet you.	**Peter:**	**Mucho gusto.**
Adela:	How do you do?	**Adela:**	**Encantada.**
Peter:	I have a package for Mr. Antonio Alvarez.	**Peter:**	**Tengo un paquete para el señor Antonio Alvarez.**
Adela:	Mr. Alvarez is my uncle. The package is for him.	**Adela:**	**El señor Alvarez es mi tío. El paquete es para él.**

4)   At the reception of the Hotel Mariachi, Peter talks to the owner, Doña Felisa.

Peter:	Good evening. I'm Peter Wilson.	**Peter:**	**Buenas noches. Yo soy Peter Wilson.**
D. F:	Sorry, what's your surname?	**D. F:**	**Perdone, ¿cuál es su apellido?**
Peter:	Wilson. My name is Peter Wilson. I'm North American.	**Peter:**	**Wilson. Me llamo Peter Wilson. Soy norteamericano.**
D. F:	Oh, you're Mr. Wilson from Omaha, aren't you?	**D. F:**	**Ah, usted es el señor Wilson de Omaha, ¿verdad?**
Peter:	Yes, that's me.	**Peter:**	**Sí, soy yo.**
D. F:	I have a room for you. Room number 7, on the first floor.	**D. F:**	**Tengo una habitacíon para usted, señor. La habitación número siete (7), en el primer piso.**
Peter:	Is it a quiet room?	**Peter:**	**¿Es una habitación tranquila?**
D. F:	Yes, it's very quiet. It's an inside room. Have you got your passport, please?	**D. F:**	**Sí, es muy tranquila. Es interior. ¿Tiene usted su pasaporte, por favor?**
Peter:	Here you are.	**Peter:**	**Aquí tiene usted.**
D. F:	Thank you. Here is the key.	**D. F:**	**Gracias. Aquí tiene usted la llave.**
Peter:	Good night. Thank you.	**Peter:**	**Buenas noches. Gracias.**
D. F:	Not at all. Good night.	**D. F:**	**De nada, señor. Buenas noches.**

*Aquí tiene
usted la llave*

*Es la
número siete
en el
primer piso*

NOTE:
You will not need your tape recorder for Sections 3
and 4 that follow, but when you have finished the
games you will need the last part of the cassette for
the Personal Dialogues.

Part Three   : Grammar Notes
Sección Tres   : Notas gramaticales

1. Listen to these explanations of what you've already learned — the Spanish examples are in the book.

Pedro mira la casa.
Camina hasta la puerta.
Llama al timbre —
y espera.

You don't need words for 'I', 'he', 'she'.
Look at the ending — now you can see!

I look at the house	**miro la casa**
he looks at the house	**mira la casa**
she looks at the house	**mira la casa**
I open the door	**abro la puerta**
he opens the door	**abre la puerta**
she opens the door	**abre la puerta**

Most verbs end in **o** for 'I'
— for 'he', 'she', 'it', use **a** or **e**.
To be polite, you add **usted**
but with **a** or **e** you can get by.
And don't repeat **usted** for 'you'
— just using it once or twice will do.

2.

Note the use of **soy** and **es.**
Look it up, there's no need to guess.

Yo soy Peter.
Soy norteamericano.

¿Quién es?

El es Peter.
Es norteamericano.

$$
\left.\begin{matrix} \text{\textbf{soy}} \\ \text{\textbf{es}} \end{matrix}\right\} \left\{\begin{matrix} \text{\textbf{Adela}} \\ \text{\textbf{mexicana}} \\ \text{\textbf{de Guadalajara}} \\ \text{\textbf{gerente de ventas}} \\ \text{\textbf{alta}} \\ \text{\textbf{morena.}} \end{matrix}\right.
$$

Abre la puerta
de la
habitación

3. **el hotel**   is masculine
la casa   is feminine
el salón   is masculine
la habitación   is feminine

*But where 'feminine' means 'female' too
you have to have a male, don't you?*

**la muchacha — el muchacho — la mexicana — el mexicano
la dueña   — el dueño   — la señora   — el señor**

Adjectives, like nouns, can change when they end in **-o** or **-a**

Pedro es alto   **Adela es alta**
el hotel es cómodo   **La habitación es cómoda**

and

Peter es norteamericano   **Mary es norteamericana**
Pedro es mexicano   **Adela es mexicana**

BUT

El hotel es grande   **La casa es grande**
El hotel es azul   **La casa es azul**

*Soy
norte-
americano*

Part Four : Games

Sección Cuatro : Juegos

1. First listen to the story again and study the memory map in your book. Then fill in the crossword with words *in Spanish* corresponding to the clues.

Across

1. Adela *takes out* a card.
5. *I read* the address.
6. *She reads* the passport.
7. Peter *looks at* the house.
9. *He goes into* the hall.
11. *She is* Mexican.
14. The old lady *opens* the door.
15. Peter *waits*.

Down

1. *I am* North American.
2. *He walks* up to the door.
3. *He rings* the bell.
4. *I am* 26 years old.
8. *She smiles*.
10. *You are* 23 years old.
12. *He goes up* to the 3rd floor.
13. *She comes down* the stairs.

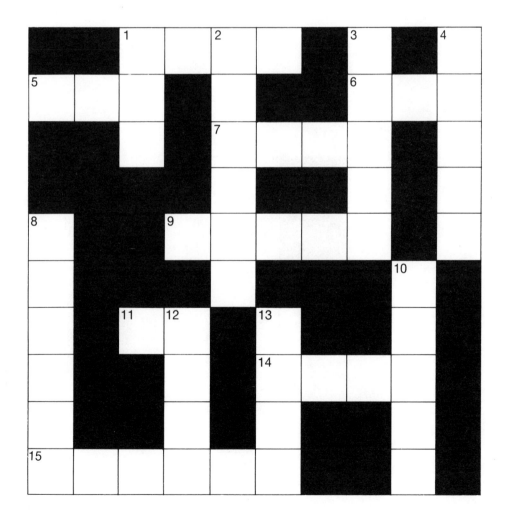

15

2.   First study the grammar notes in your book. To play you need a pack of playing cards.

For one or more players.

Take out eight, nine and ten in each suit.
Cut the cards once for the square across (2-7).
Cut them once again for the square down (Ace-Jack).
When the square is determined make a sentence in Spanish using the word from the down column and the word from the across column.

e.g. square 2/Ace: **Peter es grande**
      square 4/Jack: **La habitación es cómoda**

Check your answers at the back of the book. (N.B. some squares are blocked out because the sentences they would give wouldn't make sense.)

For two or more players.

Take turns to cut the cards.
If you cut eight or nine, miss a turn.
If you cut ten, choose any square corresponding to the other card shown.
Otherwise, proceed as above.
If you get your sentence right, mark square (X or O).
If you land on a square you've already marked, throw again.
If you land on a square your opponent has marked, miss a turn.
First to get three squares in a row is the winner.

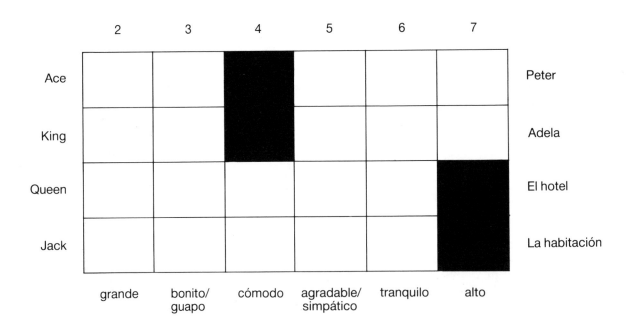

	2	3	4	5	6	7	
Ace			■				Peter
King			■				Adela
Queen						■	El hotel
Jack						■	La habitación
	grande	bonito/ guapo	cómodo	agradable/ simpático	tranquilo	alto	

(The answers are at the back of the book)

16

3. First study the grammar notes in your book. To play you need a pack of playing cards. This game can be played by one or more players. If there are more than one, take turns to ask the question and give the answers.

Cut or deal the cards. Dealer asks the question **'¿Cuál es su nacionalidad?';** answer with your nationality and home town according to the card shown.

e.g. seven gives: - **¿Cuál es su nacionalidad?** — **Soy venezolano,**

or — **Soy venezolana,**

or — **Soy de Venezuela, de Caracas.**

Ace:	Fénix, (Arizona), Estados Unidos	– norteamericano/a
King:	Nueva York, (Nueva York), EE UU	– norteamericano/a
Queen:	el D.F., México	– mexicano/a
Jack:	la Habana, Cuba	– cubano/a
ten:	San Juan, Puerto Rico	– portorriqueño/a
nine:	Managua, Nicaragua	– nicaragüense
eight:	San José, Costa Rica	– costarriqueño/a
seven:	Caracas, Venezuela	– venezolano/a
six:	Bogotá, Colombia	– colombiano/a
five:	Lima, Perú	– peruano/a
four:	Santiago de Chile	– chileno/a
three:	Montevideo, Uruguay	– uruguayo/a
two:	Buenos Aires, Argentina	– argentino/a

AMÉRICA DEL NORTE

ESTADOS UNIDOS DE NORTE AMÉRICA

●Omaha

●Nueva York

OCÉANO ATLÁNTICO

DEL NORTE

●Fénix

MÉXICO

GOLFO DE MÉXICO

DF●

la Habana, Cuba

●San Juan

Puerto Rico

MAR CARIBE

Nicaragua

●Managua

San José,

Costa Rica

Caracas

Venezuela

OCÉANO

PACÍFICO

Bogotá

Colombia

Perú

●Lima

Chile

OCÉANO

ATLÁNTICO

DEL SUR

Santiago●

Buenos Aires

Uruguay

●Montevideo

Argentina

Part Five : Personalised Dialogues
Sección Cinco : Diálogos

Imagine you are in a Spanish speaking country and speak for yourself.

1. You have just arrived in Mexico and an immigration officer asks you some questions about yourself.

Funcionario:	**Buenas tardes.**
Usted:	(Say good afternoon.)
Funcionario:	**¿Su nombre, por favor?**
Usted:	(Say your name.)
Funcionario:	**Perdone, ¿cuál es su apellido?**
Usted:	(Say your surname again.)
Funcionario:	**¿Cuál es su nacionalidad?**
Usted:	(Say your nationality.)
Funcionario:	**Gracias.**
Usted:	(Say not at all.)

2. At a party you meet someone you don't know.

Desconocida:	**Hola.**
Usted:	(Say hello.)
Desconocida:	**¿Cómo se llama usted?**
Usted:	(Say your name.)
Desconocida:	**Yo me llamo Carmen Pérez. Encantada.**
Usted:	(Say you are pleased to meet her.)
Desconocida:	**¿Es usted de Nueva York?**
Usted:	(Say what town you are from.)
	(Now ask whether she is Mexican.)
Desconocida:	**Sí, soy mexicana.**

3. You have come to deliver a parcel for Señor Miranda, a friend of your family, who you have never met before. You ring the bell and a lady opens the door.

Señora:	**Buenos días.**
Usted:	(Say good morning.)
Señora:	**¿Qué desea?**
Usted:	(Ask her if it is Señor Miranda's house.)
Señora:	**Sí, pase usted por favor. Por aquí. Siéntese.**
Usted:	(Say thank you.)
	(Now say you have a parcel for Señor Miranda.)
Señora:	**Ah sí, un momento por favor.**

REMINDER

This is a gentle yet important reminder

Have you got the Steps in front of you? You should *always* follow each one through faithfully. Always include the visualisation exercise — the step where you close your eyes and visualise the Acts and speak as many words out loud as you can remember. This is a powerful memory device.

Don't forget your activities as you go through this course. By activities we mean not only playing as many of the games and solving as many of the puzzles as possible, but also that you should physically 'work with' the text and/or illustrations. Underlining, highlighting, jotting down any words, phrases, expressions that you particularly want to fix in your memory (or which for some reason have specific significance for you), is important.

Always remember that active involvement is the best method to store new material in your long-term memory.

You should ideally always have writing material ready while you are learning and/or listening to the cassettes.

We recommend you to have a look at these Steps as you progress through this course from time to time.

!Buena suerte! Much success!

4. You have just arrived at a hotel in Mexico where you have a room booked. Talk to the receptionist.

Recepcionista: **Buenas noches.**
Usted: (Say good evening.)
(Now say who you are.)
Recepcionista: **Si, si. Tengo una habitación para usted.**
La habitación número cinco (5), en el primer piso.
Usted: (Ask if it is a quiet room.)
Recepcionista: **Sí, es una habitación muy tranquila. Es interior.**
¿Tiene usted su pasaporte, por favor?
Usted: (Say here you are.)
Recepcionista: **Gracias. Aquí tiene usted la llave.**
Usted: (Say thank you and good night.)
Recepcionista: **Buenas noches.**

5. A Spanish speaking friend is asking you about Adela. Answer his questions.

Su amigo: **¿Es morena Adela?**
Usted: (Say yes, she's dark.)
Su amigo: **¿Cómo es Adela?**
Usted: (Say she has black hair and black eyes.)

6. Now you are describing the Hotel Mariachi to the same friend.

Su amigo: **¿Es grande el Hotel Mariachi?**
Usted: (Say no, it's small but very comfortable.)
Su amigo: **Y la habitación, ¿cómo es?**
Usted: (Say the room is not very large, but it's pleasant and quiet, and the bed is very comfortable.)

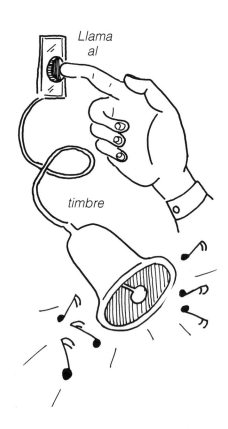

(The answers are at the back of the book)

ACT 2   ACTO 2
SCENE 1   ESCENA 1

Next morning Peter wakes up early. He opens his eyes and looks around the room.	**A la mañana siguiente Peter despierta temprano. Abre los ojos y mira alrededor de la habitación.**
The sun comes through the window. It's not raining any more. Peter gets up and looks through the window. It's a quiet street, with little traffic.	**Por la ventana entra la luz del sol. Ya no llueve. Peter se levanta y mira por la ventana. Es una calle tranquila, con poco tráfico.**
Peter looks at the room. It has nice furniture. Peter's black suitcase is on the table. That's all his luggage.	**Peter observa la habitación. Tiene muebles muy bonitos. La maleta negra de Peter está sobre la mesa. Es todo su equipaje.**
Peter opens the suitcase and takes out his toothbrush, the toothpaste and his razor. He then goes into the bathroom and turns on the light. The bathroom is very clean and the shower is very good.	**Peter abre la maleta y saca su cepillo de dientes, la pasta de dientes y la maquinilla de afeitar. Después entra en el cuarto de baño y enciende la luz. El baño está muy limpio y el agua de la ducha está muy buena.**
Peter thinks of the package and of Señor Alvarez. Everything is very strange. It's a great adventure for him. Peter is very happy. He then thinks of Adela. She's a very nice girl.	**Peter piensa en el paquete y en el señor Alvarez. Todo es muy extraño. Es una gran aventura para él. Peter está muy contento. Luego piensa en Adela. Es una chica muy simpática.**
It's breakfast time. Peter goes downstairs and goes into the dining room.	**Es la hora del desayuno. Peter baja las escaleras y entra en el comedor.**

Waitress:	Good morning, sir.	**Buenos días, señor.**
Peter:	Good morning. I'd like a white coffee and some toast, please.	**Buenos días. Quiero un café con leche y pan tostado, por favor.**
Waitress:	White coffee and some toast...	**Un café con leche y pan tostado...**
Peter:	Have you got fruit juice?	**¿Tiene jugo de fruta?**
Waitress:	Yes, there is orange, grapefruit and pineapple juice.	**Sí, hay jugo de naranja, de toronja y de piña.**
Peter:	An orange juice.	**Un jugo de naranja.**
Waitress:	Would you like anything else?	**¿Desea algo más?**
Peter:	That's all, thank you.	**Nada más, gracias.**

The waitress comes back with a tray. On the tray she brings the coffee, the milk, the orange juice and the toast.

La mesera vuelve con una bandeja. En la bandeja trae el café, la leche, el jugo de naranja y el pan tostado.

On the table is the marmalade, the butter and the sugar.
There are a few people in the dining room.
The waitress returns to Peter's table.

**En la mesa está la mermelada, la mantequilla y el azúcar.
Hay poca gente en el comedor.
La mesera vuelve a la mesa de Peter.**

Waitress:	Would you like some more coffee, sir?	**¿Quiere más café, señor?**
Peter:	Yes, please. Thank you.	**Sí, por favor. Gracias.**
Waitress:	You're welcome.	**De nada.**

*Un café
con leche*

Waitress:	Excuse me, where are you from?	**Perdone, ¿de dónde es usted?**
Peter:	I'm an American. I live in Omaha. Do you know the United States?	**Soy norteamericano. Vivo en Omaha. ¿Conoce usted los Estados Unidos?**
Waitress:	I only know Los Angeles. I have a brother who lives there. Is this the first time you've come to Guadalajara?	**Conozco Los Angeles solamente. Tengo un hermano que vive allí. ¿Es la primera vez que usted viene a Guadalajara?**
Peter:	Yes, it's the first time. It's a very nice city.	**Sí, es la primera vez. Es una ciudad muy bonita.**
Waitress:	You speak Spanish very well.	**Usted habla muy bien español.**
Peter:	No, my Spanish is not very good. But I understand quite a lot. Do you speak English?	**No, mi español no es muy bueno. Pero entiendo bastante. ¿Usted habla inglés?**
Waitress:	No, not at all. English is difficult.	**No, nada. El inglés es difícil.**

After breakfast Peter goes to the reception, and talks to Señora Felisa.

Después del desayuno Peter va a la recepción, y habla con la Sra Felisa.

Peter:	Good morning.	**Buenos días.**
Sra. Felisa:	Good morning, sir. How are you?	**Buenos días, señor. ¿Cómo está usted?**
Peter:	Very well, thank you. It's sunny today.	**Muy bien, gracias. Hace sol hoy.**
Sra. Felisa:	Yes, and it's warm.	**Sí, y hace calor.**
Peter:	Have you got a map of Guadalajara?	**¿Tiene usted un plano de Guadalajara?**
Sra. Felisa:	Yes, here you are. Is this the first time you've come to Guadalajara?	**Sí, aquí tiene usted. ¿Es la primera vez que viene a Guadalajara?**
Peter:	Yes, it's the first time. I don't know the city very well.	**Sí, es la primera vez que vengo. No conozco muy bien la ciudad.**
Sra. Felisa:	Would you like a taxi?	**¿Quiere usted un taxi?**
Peter:	No, thank you. It's not necessary. Goodbye.	**No, gracias. No es necesario. Hasta luego.**
Sra. Felisa:	Goodbye. Have a good time!	**Adiós. ¡Que le vaya bien!**

¿Quiere usted un taxi?

No es necesario

Pronunciation/Intonation 🖭

Listen carefully to these numbers, then imitate the Spanish speaker and repeat.

1 uno	**2 dos**	**3 tres**
4 cuatro	**5 cinco**	**6 seis**
7 siete	**8 ocho**	**9 nueve**
10 diez	**11 once**	**12 doce**
13 trece	**14 catorce**	**15 quince**

Now say each number, wait for the Spanish speaker, check your pronunciation, and repeat.

1   2   3   4   5   6   7   8   9   10   11   12   13   14   15

15   14   13   12   11   10   9   8   7   6   5   4   3   2   1

Es una ciudad muy bonita

ACTO 2 ESCENA 1 (i)

A la mañana siguiente

Peter despierta temprano

Por la ventana

Abre los ojos

entra la luz del sol

Ya no llueve

Peter se levanta y mira por

la ventana

Es una calle tranquila con poco tráfico

25

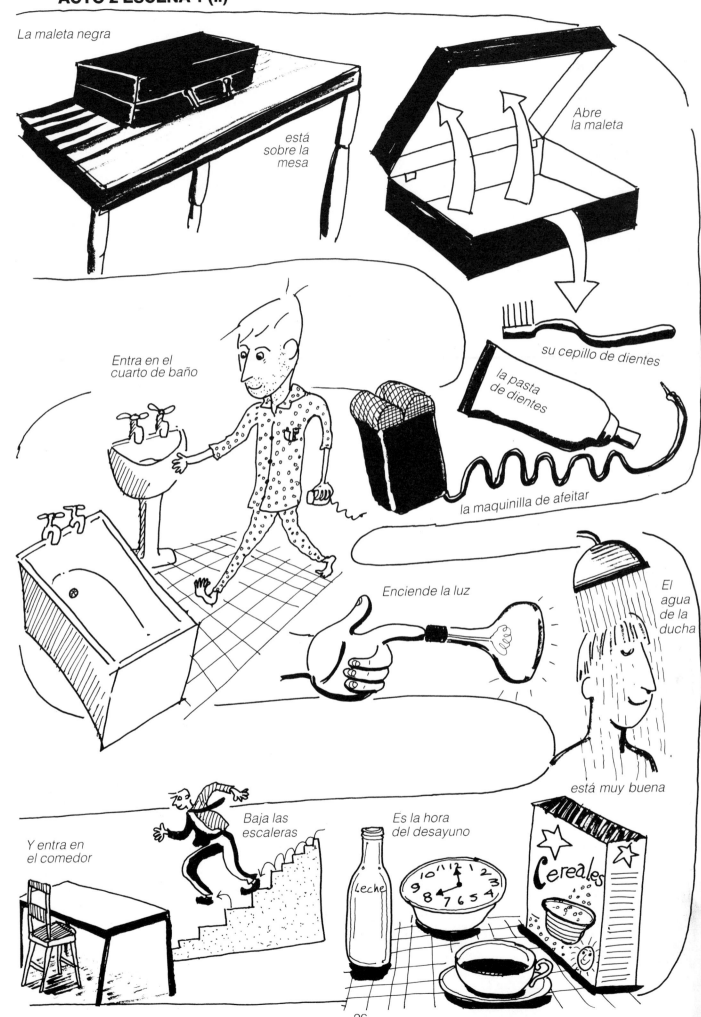

La maleta negra

está sobre la mesa

Abre la maleta

su cepillo de dientes

la pasta de dientes

la maquinilla de afeitar

Entra en el cuarto de baño

Enciende la luz

El agua de la ducha

está muy buena

Y entra en el comedor

Baja las escaleras

Es la hora del desayuno

Leche

Cereales

Part Two : Functional Dialogues
Sección Dos : Diálogos

1)   Listen to Peter ordering his breakfast in the hotel from the Waitress (W) **Mesera**.

W:	Good morning, sir.	**Mesera:**	**Buenos días, señor.**
Peter:	Good morning. I would like white coffee and toast, please.	**Peter:**	**Buenos días. Quiero un café con leche y pan tostado, por favor.**
W:	White coffee and toast..	**Mesera:**	**Un café con leche y pan tostado..**
Peter:	Have you got fruit juice?	**Peter:**	**¿Tiene jugo de fruta?**
W:	Yes, there is orange, grapefruit, and pineapple juice.	**Mesera:**	**Sí, hay jugo de naranja, de toronja y de piña.**
Peter:	An orange juice.	**Peter:**	**Un jugo de naranja.**
W:	Would you like anything else?	**Mesera:**	**¿Desea algo más?**
Peter:	Nothing else, thank you.	**Peter:**	**Nada más, gracias.**

2)   Another guest, **Señorita (Sta.)** comes down for breakfast.

Sta:	Good morning.	**Sta:**	**Buenos días.**
W:	Good morning. What would you like to have? There is coffee, tea and chocolate.	**Mesera:**	**Buenos días, señorita. ¿Qué desea tomar? Hay café, té y chocolate.**
Sta:	I'd like chocolate and buttered toast.	**Sta:**	**Quiero chocolate y pan tostado con mantequilla.**
W:	You don't want marmalade?	**Mesera:**	**¿Mermelada no quiere?**
Sta:	No, thank you.	**Sta:**	**No, gracias.**
W:	Would you like a fruit juice?	**Mesera:**	**¿Quiere un jugo de fruta?**
Sta:	Have you got mango juice?	**Sta:**	**¿Tiene jugo de mango?**
W:	No, we don't have mango. There is orange, grapefruit and pineapple.	**Mesera:**	**No, de mango no hay. Hay de naranja, de toronja y de piña.**
Sta:	Pineapple.	**Sta:**	**De piña.**
W:	Just a moment, please.	**Mesera:**	**Un momentito, por favor.**

3)   The waitress asks Peter where he comes from and she comments on his Spanish.

W:	Excuse me, where are you from?	**Mesera:**	**Perdone, ¿de dónde es usted?**
Peter:	I am an American. I live in Omaha. Do you know the United States?	**Peter:**	**Soy norteamericano. Vivo en Omaha. ¿Conoce usted los Estados Unidos?**
W:	I only know Los Angeles. I have a brother who lives there. Is this the first time you've been to Guadalajara?	**Mesera:**	**Conozco Los Angeles solamente. Tengo un hermano que vive allí. ¿Es la primera vez que usted viene a Guadalajara?**
Peter:	Yes, it is the first time. It is a very nice city.	**Peter:**	**Sí, es la primera vez. Es una ciudad muy bonita.**
W:	You speak Spanish very well.	**Mesera:**	**Usted habla muy bien español.**
Peter:	No, my Spanish is not very good, but I understand quite a lot. Do you speak English?	**Peter:**	**No, mi español no es muy bueno, pero entiendo bastante. ¿Usted habla inglés?**
W:	No, not at all. English is difficult.	**Mesera:**	**No, nada. El inglés es difícil.**

4) Two young tourists are getting acquainted. Note they are using the familiar form.

He:	Hello, where are you from?	**El:**	**Hola, ¿de dónde eres?**
She:	I am Mexican, from Monterrey. And you?	**Ella:**	**Soy mexicana, de Monterrey. ¿Y tú?**
He:	I am from California, from San Diego.	**El:**	**Yo soy de California, de San Diego.**
She:	Is this the first time you've been to Mexico?	**Ella:**	**¿Es la primera vez que vienes a México?**
He:	No, this is the fourth time. I know Mexico very well.	**El:**	**No, ésta es la cuarta vez. Conozco muy bien México.**
She:	You speak Spanish very well.	**Ella:**	**Hablas muy bien español.**
He:	Thank you. I am studying Spanish at the University of San Diego. And do you speak English?	**El:**	**Gracias. Estudio español en la Universidad de San Diego. ¿Y tú hablas inglés?**
She:	Yes, but not very well.	**Ella:**	**Sí, pero no muy bien.**

5) Peter greets Señora Felisa (Sra. F) and talks about the weather with her.

Peter:	Good morning, Señora Felisa.	**Peter:**	**Buenos días, señora Felisa.**
Sra. F:	Good morning, Mr. Wilson. How are you?	**Sra. F:**	**Buenos días, señor Wilson. ¿Cómo está usted?**
Peter:	Very well, thank you. It is sunny today.	**Peter:**	**Muy bien, gracias. Hace sol hoy.**
Sra. F:	Yes, and it is warm.	**Sra. F:**	**Sí, y hace calor.**

6) Pedro and Marta, two young Peruvians, greet each other.

Marta:	Hello Pedro, how are you?	**Marta:**	**Hola Pedro, ¿cómo estás?**
Pedro:	Fine, thank you, and you?	**Pedro:**	**Bien, gracias, ¿y tú?**
Marta:	Very well. And how is your family?	**Marta:**	**Muy bien. Y tu familia, ¿cómo está?**
Pedro:	My mother is slightly ill, but my father is well.	**Pedro:**	**Mi madre está un poco enferma, pero mi padre está bien.**

Por la ventana

entra la luz del sol

7) Listen to these people, **Señorita (Sta.)** and **Señor (Sr.)**, talking about the weather.

Sta:	Is it cold in New York?	**Sta:**	**¿Hace frío en Nueva York?**
Sr:	In winter it is cold, but in summer it is very hot. And is the weather good in Veracruz?	**Sr:**	**En invierno hace frío, pero en verano hace mucho calor. ¿Y en Veracruz hace buen tiempo?**
Sta:	Normally yes, but sometimes it is cloudy and it rains.	**Sta:**	**Normalmente sí, pero a veces está nublado y llueve.**

8) A traveller (T), **Viajera (V)**, goes into the Tourist Information Office in Caracas, Venezuela, to ask the Employee, **Empleado (E)** for a map.

T:	Have you got a map of Caracas, please?	**V:**	**¿Tiene un plano de Caracas, por favor?**
E:	Yes, just a moment... Here you are.	**E:**	**Sí, un momentito... Aquí tiene usted.**
T:	And have you got a list of hotels in Caracas?	**V:**	**¿Y tiene una lista de hoteles en Caracas?**
E:	Yes, here is a list of the main hotels in Caracas.	**E:**	**Sí, aquí tiene una lista de los principales hoteles de Caracas.**
T:	Thank you very much. That is very kind of you.	**V:**	**Muchas gracias. Es usted muy amable.**
E:	You are welcome.	**E:**	**De nada.**
T:	Goodbye.	**V:**	**Hasta luego.**
E:	Goodbye.	**E:**	**Adiós.**

¿Tiene usted un plano de Guadalajara?

Part Three   : Grammar Notes
Sección Tres : Notas gramaticales

1.   Remember this rule?

Most verbs end in **o** for 'I'   **miro la casa**   **abro la puerta**
for 'he', 'she', 'it'
use **a** or **e**   **mira la casa**   **abre la puerta**

If you don't, look back at the Grammar Notes for Act 1.

Now study these new verbs:

Peter	**despierta temprano**
	piensa en Adela
	enciende la luz
	entiende español
	quiere más café
La mesera	**vuelve a la mesa**

Peter and the waitress tell their own story:

Peter:	**Despierto temprano**	**La mesera:**	**Vuelvo a la mesa**
	Pienso en Adela		
	Enciendo la luz		
	Entiendo español		
	Quiero más café		

And make a special note of these verbs:

Peter:	**¿Tiene hermanos?**	**La mesera:**	**Sí, tengo un hermano.**
Sra Felisa:	**¿Es la primera vez que viene a Guadalajara?**	**Peter:**	**Sí, es la primera vez que vengo.**
Peter:	**¿Conoce los Estados Unidos?**	**La mesera:**	**Sí, conozco Los Angeles.**

Notice also:

I		she/he
me llamo	(am/is called)	**se llama**
me levanto	(get/s up)	**se levanta**
me lavo	(wash/es)	**se lava**
me ducho	(shower/s)	**se ducha**

also:

me despierto	(awake/s)	**se despierta**

2.   And remember these?

es	{ Adela mexicana de Guadalajara alta morena	**soy/es** for	{ name nationality/ origin physical characteristics/ attributes

and

el hotel es	{ cómodo grande azul		{ inherent characteristics

If you don't remember, look back at the Grammar Notes for Act 1.

Now compare these phrases:

la maleta }   **está**   { **sobre la mesa**   **está** for   position/situation

el azúcar }   { **en la mesa**

el baño }   **muy limpio**   conditions/
el agua }   **está**   **muy buena**   **está** for   attitudes which are
Peter }   **muy contento**   liable to change

Make a note of phrases using **soy/es** or **estoy/está** and you will soon see the difference in their use.

3.   Remember these?

el hotel   **el salón**   **la casa**   **la habitación**

If you don't, look back at the Grammar Notes for Act 1.
Also in Act 1 you saw:

Es un hotel pequeño
No es una habitación muy grande

Now compare:

Es una calle tranquila
Es una chica simpática
Quiero un café
Tengo un hermano

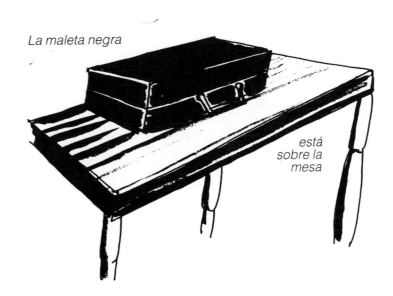

La maleta negra

está
sobre la
mesa

4. Study this Spanish rhyme, which celebrates the day of St. Fermin, 7th of July.

1 de enero,	**uno**
2 de febrero,	**dos**
3 de marzo,	**tres**
4 de abril,	**cuatro**
5 de mayo,	**cinco**
6 de junio,	**seis**
7 de julio,	**siete**
San Fermín.	

Here are the other numbers up to 19:

8	**ocho**	14	**catorce**
9	**nueve**	15	**quince**
10	**diez**	16	**dieciséis**
11	**once**	17	**diecisiete**
12	**doce**	18	**dieciocho**
13	**trece**	19	**diecinueve**

And the other months are:

agosto   septiembre   octubre   noviembre   diciembre

enero

Lunes	5	12	19	26
martes	6	13	20	27
miércoles	7	14	21	28
Jueves	1 8	15	22	29
viernes	2 9	16	23	30
sábado	3 10	17	24	31
domingo	4 11	18	25	

febrero

Lunes	2	9	16	23
martes	3	10	17	24
miércoles	4	11	18	25
Jueves	5	12	19	26
viernes	6	13	20	27
sábado	7	14	21	28
domingo	1	8	15	22

marzo

Lunes	2	9	16	23	30
martes	3	10	17	24	31
miércoles	4	11	18	25	
Jueves	5	12	19	26	
viernes	6	13	20	27	
sábado	7	14	21	28	
domingo	1 8	15	22	29	

abril

Lunes	6	13	20	27
martes	7	14	21	28
miércoles	1 8	15	22	29
Jueves	2 9	16	23	30
viernes	3 10	17	24	
sábado	4 11	18	25	
domingo	5 12	19	26	

mayo

Lunes	4	11	18	25
martes	5	12	19	26
miércoles	6	13	20	27
Jueves	7	14	21	28
viernes	1 8	15	22	29
sábado	2 9	16	23	30
domingo	3 10	17	24	31

junio

Lunes	1 8	15	22	29	
martes	2 9	16	23	30	
miércoles	3 10	17	24		
Jueves	4 11	18	25		
viernes	5 12	19	26		
sábado	6 13	20	27		
domingo	7 14	21	28		

julio

Lunes	6	13	20	27
martes	(7)	14	21	28
miércoles	1 8	15	22	29
Jueves	2 9	16	23	30
viernes	3 10	17	24	31
sábado	4 11	18	25	
domingo	5 12	19	26	

agosto

Lunes	3	10	17	24	31
martes	4	11	18	25	
miércoles	5	12	19	26	
Jueves	6	13	20	27	
viernes	7	14	21	28	
sábado	1	8	15	22	29
domingo	2	9	16	23	30

septiembre

Lunes	7	14	21	28
martes	1 8	15	22	29
miércoles	2 9	16	23	30
Jueves	3 10	17	24	
viernes	4 11	18	25	
sábado	5 12	19	26	
domingo	6 13	20	27	

octubre

Lunes	5	12	19	26
martes	6	13	20	27
miércoles	7	14	21	28
Jueves	1 8	15	22	29
viernes	2 9	16	23	30
sábado	3 10	17	24	31
domingo	4 11	18	25	

noviembre

Lunes	2	9	16	23	30
martes	3	10	17	24	
miércoles	4	11	18	25	
Jueves	5	12	19	26	
viernes	6	13	20	27	
sábado	7	14	21	28	
domingo	1 8	15	22	29	

diciembre

Lunes	7	14	21	28
martes	1 8	15	22	29
miércoles	2 9	16	23	30
Jueves	3 10	17	24	31
viernes	4 11	18	25	
sábado	5 12	19	26	
domingo	6 13	20	27	

Part Four : Games
Sección Cuatro : Juegos

1.   Go back to Act 2, Scene 1, and read through what Peter does on his first morning in Mexico.

     Now follow the drawings and write down what <u>you</u> do in the morning, beginning

1.

Despierto temprano

2.

3.

4.

5.

6.

7.

8.

Me lavo los dientes

9.

10

2.   Study the Grammar notes for Act 2.

To play this game you need a pack of playing cards. Take out seven, eight and nine in each suit. Divide the pack into two piles, one with all the cards 2-6, the other with all the cards 10- Ace.

Turn over the top card of the first pile to give the square across (10-Ace).
Turn over the top card of the second pile to give the square down (2-6).
Now make a sentence in Spanish using the words from the down column and the words from the across column.

BUT BE CAREFUL! IS IT **es** OR **está**?

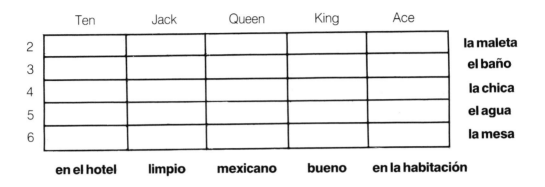

	Ten	Jack	Queen	King	Ace	
2						**la maleta**
3						**el baño**
4						**la chica**
5						**el agua**
6						**la mesa**
	en el hotel	**limpio**	**mexicano**	**bueno**	**en la habitación**	

For example: **El baño es mexicano.**   (3 — Queen)
Por ejemplo: La maleta está en el hotel. (2 — ten)

3.   Study the Grammar Notes for Act 2.

Now let's see if you can do some simple maths in Spanish!

1	+	2	=	3
uno	**más**	**dos**	**son**	**tres**

Simple, isn't it? Now let's try it just in Spanish, and this time you work out the answer:

dos	**más**	**tres**	**son**
tres	**más**	**cuatro**	**son**
cuatro	**más**	**cinco**	**son**
cinco	**más**	**seis**	**son**
seis	**más**	**siete**	**son**
siete	**más**	**ocho**	**son**
ocho	**más**	**nueve**	**son**
nueve	**más**	**diez**	**son**

4. Listen to the Pronunciation exercises for Act 2.

    Now go back to Game 3 and write in the numbers in figures over the words, saying the numbers out loud as you do it.

    e.g. | You see: | **dos** | **más** | **tres** | **son** | **cinco** |
    |---|---|---|---|---|---|
    | You write: | 2 | + | 3 | = | 5 |
    | You say: | **dos** | **más** | **tres** | **son** | **cinco** |

5. Now count down to 0 (**cero**) from 20 (**veinte**). Say the numbers out loud clearly and with confidence. Write the numbers down as you say them.

REMINDER

* Are you following the Step by Step instruction sheet?
* Don't forget the visualisation exercise – the exercise where you close your eyes and describe what is happening during the Act – using your own words in Spanish.
* Also don't forget to treat your tape recorder as your partner – using the pause button to answer before the presenter does.
* And don't forget to 'act out' the scenes.

If you do all this you will ensure visual, sound and physical associations are formed with your Spanish.

(The answers are at the back of the book)

Part Five : Personalised Dialogues
Sección Cinco : Diálogos

1. You are at a hotel in a Spanish speaking country and you order breakfast from the waitress, **Camarera**.

Camarera: **Buenos días.**
Usted: (Answer the greeting.)
Camarera: **¿Qué desea tomar?**
Usted: (Say you want coffee and toast.)
Camarera: **¿Quiere tomar un jugo de fruta?**
Usted: (Yes, an orange juice, please.)
Camarera: **¿Desea algo más?**
Usted: (No, nothing else, thank you.)

2. At a party in your country you meet a Spanish speaker. Talk to him using the formal form of address **(usted)**.

Usted: (Ask him where he comes from.)
Sr: **Soy de San José de Costa Rica.**
Usted: (Ask him if this is the first time he's been here.)
Sr: **Sí, es la primera vez.**
        Usted habla muy bien español.
Usted: (Thank him and ask him if he speaks English.)
Sr: **No, no hablo nada de inglés.**

3. You are in Cartagena, Colombia, for the second time (**la segunda vez**) and you meet a local person at a party. Talk to her using the familiar form (**tú**).

Ella: **¿De dónde eres?**
Usted: (Say where you are from.)
Ella: **¡Qué interesante! ¿Y es ésta la primera vez que vienes a Cartagena?**
Usted: (No, this is the second time. Say Cartagena is a very nice city.)

4. At a café you meet an old Spanish speaking acquaintance, **Conocido**. Use the formal form.

Usted: (Say good afternoon and ask him how he is.)
Conocido: **Bien, gracias, ¿y usted?**
Usted: (Say you are very well. Ask how his family is.)
Conocido: **Mi esposa está un poco enferma, pero el resto de la familia está muy bien.**

*5. You are visiting Santiago de Chile and you go into the tourist office to ask for a map and a list of hotels.

Usted: (Say good morning and ask the attendant if he has a map of Santiago.)
Empleado: **Sí, un momentito, por favor. Mire, aquí tiene usted un plano del centro de Santiago con los principales lugares de interés turístico.**
Usted: (Ask if he has a list of hotels.)
Empleado: **¿Una lista de hoteles? Sí, cómo no. Aquí tiene usted una lista de los principales hoteles de Santiago.**
Usted: (Thank him and say goodbye.)
Empleado: **De nada, adiós.**

* Please note exercises 5 & 6 are recorded in reverse order on the cassette.

6.   Study the weather for different cities, then say what the weather is like in each city.

6.1   **hace mucho calor**
6.2   **hace mucho frio**
6.3   **está nublado**
6.4   **llueve mucho**
6.5   **hace buen tiempo**

Start your answers by saying:

En Veracruz hace   <u>mucho calor</u>
                     (Nature of weather, according to picture.)

Londres

Moscú

Guadalajara

Veracruz

Buenos Aires

ACT 3   ACTO 3
SCENE 1   ESCENA 1

	Peter walks along the Calle Delicias to the house of the Alvarez family. He crosses a small square.	**Peter camina por la Calle Delicias hasta la casa de la familia Alvarez. Cruza una pequeña plaza.**
	In the square is an old church. It is probably 18th century.	**En la plaza hay una vieja iglesia. Es probablemente del siglo dieciocho.**
	At Calle Plateros he turns left. There are many shops in that street but they are expensive.	**En la Calle Plateros dobla a la izquierda. Hay muchas tiendas en esa calle, pero son caras.**
	At 10 o'clock in the morning Peter arrives at the house of the Alvarez family. Adela is waiting for him.	**A las diez de la mañana Peter llega a casa de la familia Alvarez. Adela lo espera.**
Peter:	Hello, how are you?	**Hola, ¿qué tal?**
Adela:	Fine, thank you. There is a message from my uncle for you. You have to spend another day here.	**Bien, gracias. Hay un recado de mi tío para ti. Tienes que pasar aquí otro día más.**
Peter:	It is all right. It doesn't matter.	**Está bien. No importa.**
Adela:	And now I have to go shopping. Would you like to come with me?	**Y ahora tengo que ir de compras. ¿Quieres venir conmigo?**
Peter:	O.K.	**De acuerdo.**
	He is very happy to see Adela again. Adela is nice and today she looks very smart. She is wearing a black skirt and a white blouse. Adela is also glad to see Peter.	**Peter está muy contento de ver a Adela otra vez. Adela es simpática y hoy está muy guapa. Lleva una falda negra y una blusa blanca. Adela también está contenta de ver a Peter.**
	Peter is tall and slim. He has fair hair and very blue eyes.	**Peter es alto y delgado, tiene pelo rubio y ojos muy azules.**

ESCENA 2

They leave the house to go shopping. Adela explains that she prefers to buy in the smaller shops and not in the supermarket.
They first go to the baker's. The bread is still warm and it smells good.

**Salen de casa para ir de compras. Adela explica que prefiere comprar en las tiendas pequeñas y no en el supermercado.
Primero van a la panadería.
El pan todavía está caliente, y huele muy bien.**

Adela: How much is that cake? — **¿Cuánto cuesta esa tarta?**
Baker: This one with apples? — **¿Esta de manzanas?**
Adela: Yes, that one. — **Sí, ésa.**
Baker: This one costs four hundred and fifty pesos and this smaller one costs three hundred and twenty. — **Esta cuesta cuatrocientos cincuenta pesos y ésta otra más pequeña cuesta trescientos veinte.**
Adela: A large one, please and two loaves of bread. — **Quiero una grande. Y dos barras de pan.**
Baker: Quarter or half a kilo? — **¿De cuarto o de medio kilo?**
Adela: Half a kilo. — **De medio.**
Baker: Anything else? — **¿Algo más?**
Adela: No, nothing else. How much is it? — **No, nada más. ¿Cuánto es?**
Baker: A cake and two loaves of bread, that makes five hundred and twenty pesos. — **Una tarta y dos barras de pan, son quinientos veinte pesos.**

Adela pays and they leave the shop. Next door to the baker's there is a food shop.

Adela paga y salen de la tienda. Al lado de la panadería hay una tienda de comestibles.

Assistant: Good morning. Can I help you? — **Buenos días. ¿Qué desea?**
Adela: Two hundred and fifty grammes of ham, please. — **Quiero doscientos cincuenta gramos de jamón.**

The shop assistant cuts the ham.

El dependiente corta el jamón.

Assistant: Anything else? — **¿Algo más?**
Adela: Yes, I'd like a pack of butter. — **Sí, quiero un paquete de mantequilla.**
Assistant: Big or small? — **¿Grande o pequeño?**
Adela: A large one, please. How much are the eggs? — **Deme uno grande. ¿Cuánto valen los huevos?**
Assistant: One hundred and sixty pesos a dozen. — **Ciento sesenta pesos la docena.**
Adela: I'll have half a dozen. Then they go into the butcher's. — **Quiero media docena. Luego entran en la carnicería.**

Adela:	Good morning. I'd like a kilo of beef.	**Buenos días. Quiero un kilo de carne para bistec.**
Butcher:	I have this which costs five hundred and fifty pesos a kilo.	**Tengo ésta que vale quinientos cincuenta pesos el kilo.**
Adela:	It is a bit expensive. Have you got any cheaper?	**Es un poco cara. ¿Tiene otra más barata?**
Butcher:	This costs four hundred and eighty.	**Esta otra cuesta cuatrocientos ochenta.**
Adela:	That's fine. I'll have one kilo.	**Está bien. Quiero un kilo de ésa.**
Butcher:	Is that all?	**¿Eso es todo?**
Adela:	Yes, that's all. Thank you.	**Sí, eso es todo. Gracias.**

On Calle Alfonso XIII there is a market. There is a lot of fresh fruit and vegetables. They buy tomatoes, green peppers, lettuce, potatoes and onions. At the fruit stall they buy bananas, black grapes and lemons.

En la Calle Alfonso XIII hay un mercado. Hay muchas frutas y verduras frescas. Compran tomates, pimientos, lechuga, papas y cebollas. En el puesto de fruta compran plátanos, uva negra y limones.

After doing the shopping in the market they return home in a taxi. Peter is hungry, very hungry.

Después de hacer la compra en el mercado vuelven a casa en un taxi. Peter tiene hambre, mucha hambre.

Cruza una pequeña plaza

ESCENA 3

	Adela and Peter are in the kitchen. They are preparing lunch.	**Adela y Peter están en la cocina. Preparan el almuerzo.**
Adela:	Would you like some wine?	**¿Quieres un poco de vino?**
Peter:	Yes, please.	**Bueno, gracias.**
Adela:	What would you like, white or red?	**¿Qué quieres, blanco o tinto?**
Peter:	Red, please.	**Quiero tinto.**
	They both have a glass of red wine. It is very good.	**Ambos beben una copa de vino tinto. Está muy bueno.**
	Adela makes a Spanish omelette. The girl explains that a Spanish omelette contains potatoes and onions. Peter makes a mixed salad with tomatoes, lettuce and green peppers. Then Adela fries two steaks.	**Adela prepara una tortilla a la española. La chica explica que la tortilla a la española lleva papas y cebollas. Peter hace una ensalada mixta con tomate, lechuga y pimiento. Luego Adela fríe dos bistecs.**
Adela:	The food is almost ready. As a starter we have Spanish omelette, and then a steak with a mixed salad. We have fruit for dessert. Would you like to set the table, Peter?	**La comida está casi lista. De entrada tenemos tortilla a la española, y de segundo bistec con ensalada mixta. De postre tenemos fruta. ¿Quieres poner la mesa, Peter?**
	Peter sets the table. Plates forks and knives, glasses and napkins.	**Peter pone la mesa. Platos, tenedores y cuchillos, vasos y servilletas.**
	He puts the salad in the middle of the table. Then the salt and pepper and the bread. Adela serves the omelette. Peter looks at her and smiles.	**Pone la ensalada en el centro de la mesa. Luego pone la sal, la pimienta y el pan. Adela sirve la tortilla. Peter la mira y sonríe.**
Peter:	Bon appetit!	**¡Buen provecho!**
Adela:	Bon appetit!	**¡Buen provecho!**

Pronunciation/Intonation

Listen carefully to the Spanish speaker and imitate him, so you have a good accent.
Pay special attention to the **a** when you repeat.

Adela camina por la calle
hasta la casa de la familia Alvarez

Now pay special attention to the **e** when you repeat.

¿Quieres venir conmigo?   **Sí, quiero venir**
¿Tienes que ir de compras?   **Sí, tengo que ir**

Now pay special attention to the **o**.

¿Cómo es Peter?   **Es alto y delgado.**   **Tiene ojos azules.**

Now say all three sounds correctly after the Spanish speaker.

¿Cómo es Adela?   **Adela es morena.**   **Está guapa hoy.**

Peter hace una ensalada mixta

Peter camina por la

CALLE DELICIAS

Cruza una pequeña plaza

Una vieja iglesia

Hasta la casa de la familia Alvarez

A las diez

de la mañana

Está muy guapa

Dobla a la izquierda

Ahora tengo que ir de compras.

Peter es alto y delgado

Tiene pelo rubio

¿Quieres venir conmigo?

Adela explica que prefiere comprar

en las tiendas pequeñas

El pan todavía está caliente

y huele muy bien

¿De cuarto o de medio kilo?

¿Esta de manzanas?

Al lado de la panadería hay una tienda de comestibles

¼ K

½ K

¿Cuánto cuesta esa tarta?

PANADERIA

TIENDA

El dependiente corta el jamón

Los huevos

GASP

RUMBLE

Peter tiene mucha hambre

Hay muchas frutas y verduras frescas

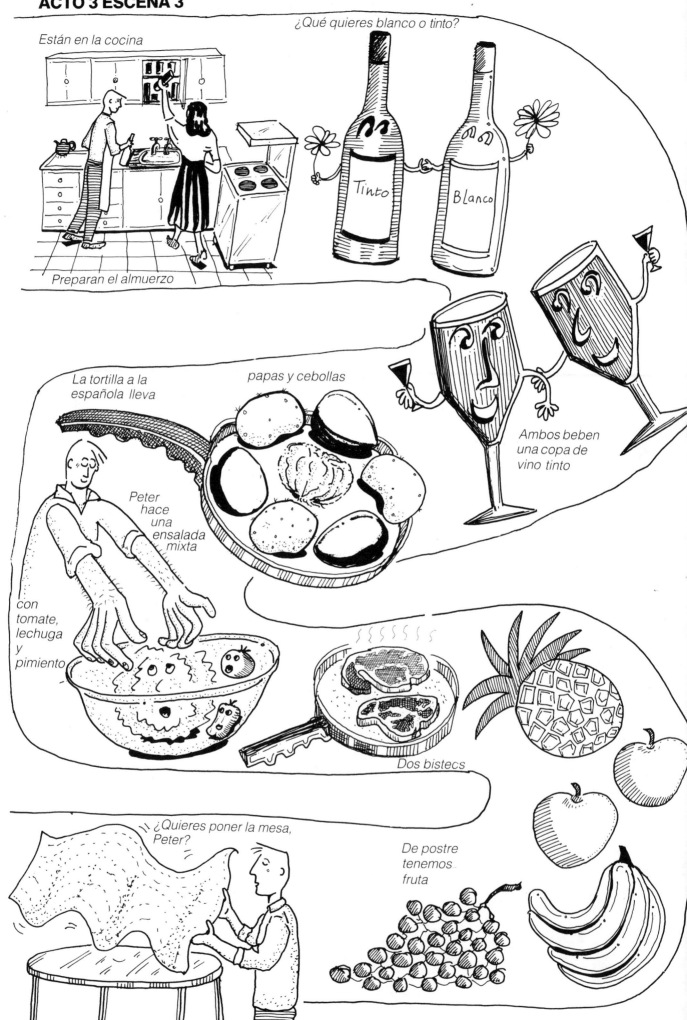

Están en la cocina

Preparan el almuerzo

¿Qué quieres blanco o tinto?

Tinto

Blanco

Ambos beben una copa de vino tinto

La tortilla a la española lleva

papas y cebollas

Peter hace una ensalada mixta

con tomate, lechuga y pimiento

Dos bistecs

¿Quieres poner la mesa, Peter?

De postre tenemos fruta

Part Two : Functional Dialogues
Sección Dos : Diálogos

Peter arrives at Adela's house. She invites him to go out shopping and to have lunch with her.

Peter:	Hello, how are you?	**Peter:**	**Hola, ¿qué tal?**
Adela:	Fine. And you?	**Adela:**	**Bien. ¿Y tú?**
Peter:	Fine, thank you.	**Peter:**	**Bien, gracias.**
Adela:	There is a message from my uncle for you. You have to stay here another day.	**Adela:**	**Hay un recado de mi tío para ti. Tienes que pasar aquí otro día más.**
Peter:	It's all right. It doesn't matter.	**Peter:**	**Está bien. No importa.**
Adela:	Now I have to go shopping. Would you like to come with me?	**Adela:**	**Ahora tengo que ir de compras. ¿Quieres venir conmigo?**
Peter:	All right. Where are you going?	**Peter:**	**De acuerdo. ¿Adónde vas?**
Adela:	First I am going to Calle San Marcos and then I am going to the market. By the way, would you like to have lunch with me this afternoon?	**Adela:**	**Primero voy a la Calle de San Marcos y luego voy al mercado. A propósito, ¿quieres almorzar conmigo esta tarde?**
Peter:	Yes, thank you very much.	**Peter:**	**Bueno, muchas gracias.**
Adela:	Let us go then. We have to come back soon.	**Adela:**	**Vamos, entonces. Tenemos que regresar pronto.**

2) At the butcher's, (Btchr), **Carnicero (Crnco.)** Adela buys some meat.

Adela:	Good morning.	**Adela:**	**Buenos días.**
Btchr:	Good morning.	**Crnco:**	**Buenos días.**
Adela:	Have you got any beef?	**Adela:**	**¿Tiene carne para bistec?**
Btchr:	Yes, we have this which is very good.	**Crnco:**	**Sí, tenemos ésta muy buena.**
Adela:	How much is it a kilo?	**Adela:**	**¿Cuánto vale el kilo?**
Btchr:	Six hundred pesos a kilo	**Crnco:**	**Seiscientos pesos el kilo.**
Adela:	It is a bit expensive. Have you got any cheaper?	**Adela:**	**Es un poco cara. ¿No tiene otra más barata?**
Btchr:	This costs five hundred and thirty.	**Crnco:**	**Esta otra vale quinientos treinta.**
Adela:	Yes, one kilo of this please.	**Adela:**	**Sí, quiero un kilo de ésta por favor.**

(The butcher cuts and weighs the meat.)

Btchr:	Would you like anything else?	**Crnco:**	**¿Desea algo más?**
Adela:	Yes, how much is that chicken?	**Adela:**	**Sí, ¿cuánto cuesta ese pollo?**
Btchr:	This one?	**Crnco:**	**¿Este?**
Adela:	Yes, that one.	**Adela:**	**Sí, ése.**
Btchr:	Just a moment.	**Crnco:**	**Un momento.**

(The butcher weighs the chicken.)

	It is two and a half kilos. At one hundred and twenty pesos a kilo, that makes three hundred pesos.		**Son dos kilos y medio. A ciento veinte pesos el kilo, son trescientos pesos.**
Adela:	That is fine. I'll have that one.	**Adela:**	**Está bien. Deme ése.**

3) At a vegetable stall in the market Adela buys some vegetables from a Vendor, **Vendedor (Vend)**

Vendor:	Good morning. Can I help you?	**Vend:**	**Buenos días. ¿Qué desea?**
Adela:	How much are the tomatoes?	**Adela:**	**¿Cuánto cuestan los tomates?**
Vendor:	Sixty pesos a kilo.	**Vend:**	**Sesenta pesos el kilo.**
Adela:	I'll have a kilo, and two green peppers too.	**Adela:**	**Deme un kilo, y dos pimientos también.**
Vendor:	A kilo of tomatoes and two green peppers. Anything else?	**Vend:**	**Un kilo de tomates y dos pimientos. ¿Algo más?**
Adela:	Two lettuces, three kilos of potatoes and a kilo of onions, please.	**Adela:**	**Quiero dos lechugas, tres kilos de papas y un kilo de cebollas, por favor.**
Vendor:	Would you like a bag?	**Vend:**	**¿Quiere una bolsa?**
Adela:	Yes, please. How much is it all?	**Adela:**	**Sí, por favor. ¿Cuánto es todo?**
Vendor:	That's one kilo of tomatoes, two green peppers, two lettuces, three kilos of potatoes and oné kilo of onions. That makes three hundred and fifty pesos altogether.	**Vend:**	**Tenemos un kilo de tomates, dos pimientos, dos lechugas, tres kilos de papas y un kilo de cebollas. Son trescientos cincuenta pesos en total.**
Adela	One hundred, two hundred, three hundred, and fifty pesos.	**Adela:**	**Cien, doscientos, trescientos, y cincuenta pesos.**
Vendor:	Thank you.	**Vend:**	**Gracias.**
Adela:	Goodbye. Thank you.	**Adela:**	**Adiós. Gracias.**

4) At home Adela and Peter are preparing lunch. Adela offers Peter some wine and asks him to set the table.

Adela:	Would you like a glass of wine?	**Adela:**	**¿Quieres una copa de vino?**
Peter:	Yes, please.	**Peter:**	**Bueno, gracias.**
Adela:	Do you want red or white?	**Adela:**	**¿Quieres blanco o tinto?**
Peter:	Red, please.	**Peter:**	**Quiero tinto, por favor.**

(Adela serves two glasses of wine and hands one to Peter).

Peter:	Thank you. Cheers.	**Peter:**	**Gracias. Salud.**
Adela:	Cheers. Could you set the table, please?	**Adela:**	**Salud. ¿Quieres poner la mesa, por favor?**
Peter:	Fine. Where do you keep the cutlery?	**Peter:**	**De acuerdo. ¿Dónde tienes los cubiertos?**
Adela:	There, in that drawer.	**Adela:**	**Allí, en ese cajón.**
Peter:	And the napkins?	**Peter:**	**¿Y las servilletas?**
Adela:	The napkins are here, in this cupboard.	**Adela:**	**Las servilletas están aquí, en este armario.**

Ambos beben una copa de vino tinto

Part Three : Grammar Notes
Sección Tres : Notas gramaticales

1. These phrases tell you about Adela and Peter:

Adela y Peter   **salen de la casa**
van a la panadería
entran en la carnicería
compran tomates en el mercado
vuelven a casa en un taxi
están en la cocina
beben una copa de vino

and also

Las tiendas son caras

If the story was just about Adela:

Adela   **sale de la casa**
va a la panadería
entra en la panadería
compra tomates en el mercado
vuelve a casa en un taxi
está en la cocina
bebe una copa de vino

and also

La tienda es cara

And if Adela told her own story:

salgo de la casa   (remember **tengo un hermano**)
voy a la panadería (remember **soy, estoy** in Act 2 Grammar)
entro en la carnicería
compro tomates en el mercado
vuelvo a casa en un taxi
estoy en la cocina
bebo una copa de vino

and also

soy mexicana

Compro tomates

2. In this Act you have also heard:

tiene que	**pasar otro día aquí**	(she/he has to . . .)
quiere	**regresar**	(she/he wants to . . .)
prefiere	**poner la mesa**	(she/he'd rather . . .)
(and notice)	**ir de compras**	
piensa	**venir conmigo**	(she/he intends to . . .)

3. All verbs in Spanish belong to one of three groups:

ar	**er**	**ir**
comprar	beber	abrir
entrar	querer	preferir
pensar	volver	venir

Most verbs end in **o** for 'I', for 'he', 'she', 'it' use **a** or **e**.

comprar	**beber**	**abrir**	
compro	**bebo**	**abro**	(I)
compra	**bebe**	**abre**	(she/he)

but some have changes:

pensar	**querer**		
pienso	**quiero**		
piensa	**quiere**		
	volver	**preferir**	
	vuelvo	**prefiero**	(I)
	vuelve	**prefiere**	(she/he)

and others end in **go**

	tener	**salir**	
	tengo	**salgo**	(I)
	tiene	**sale**	(she/he)
		venir	
		vengo	
		viene	

and a few are quite different

estar	**ser**	**ir**	
estoy	**soy**	**voy**	(I)
está	**es**	**va**	(she/he)

4.   Did you notice these phrases in Act 3?

¿Cuánto cuesta esa tarta?
¿Ésta de manzanas?
Sí, ésa.

este hotel

ese hotel

este/esta are near at hand
ese /esa are further away.

esta casa

esa casa

And don't forget the accent.

5. See how to make plurals add **'s'** or **'es'**.

la una esta esa	casa calle habitación	grande pequeña	las (unas) estas esas	casas calles habitaciones	grandes pequeñas
el un este ese	baño café hotel	grande pequeño	los (unos) estos esos	baños cafés hoteles	grandes pequeños

Go back to Game 2, Act 2.

With the word cards you can now form the plural, and some sentences as well, e.g. **Las chicas son simpáticas.**

But be careful; for the correct use of **son** and **están** please refer to the answers of Game 2 in Act 2.

6. Can you say these numbers?

1 3 5 7 9 11 13 15 17 19 18 16 14 12 10 8 6 4 2

If you can't, look back at Act 2 Grammar Notes.

Once you know these numbers.

20	**veinte**
30	**treinta**
40	**cuarenta**
50	**cincuenta**
60	**sesenta**
70	**setenta**
80	**ochenta**
90	**noventa**

You can work out these:

21	**veintiuno**
32	**treinta y dos**
43	**cuarenta y tres**
54	**cincuenta y cuatro**
65	**sesenta y cinco**
76	**setenta y seis**
87	**ochenta y siete**
98	**noventa y ocho**

Sección Cuatro : Juegos

1. Read through Act 3 again.

    Now see if you can fill in the blanks to make up sentences from Act 3. Notice whether it is **es/son** or **está/están**, and check with Act 2 Grammar Notes to help you understand why.

    If you do not understand the sentence, check the meaning in Act 3.

```
              Las – – –   n   – – – son caras
      Peter está muy –   o   – – – – –
                  Una – –   r   – – y dos barras de pan son $M520
          Adela es – – – – –   t   – – –
                  La – – –   e   – – –
  Hoy Adela está muy – –   a   – –
                  La – –   m   – – – está lista
              Está – –   e   –
      La carne es – –   r   –
      El pan está – – –   i   – – – –
                      ¿c   – – – – – es?
Adela y Peter están en la – – – – –   a
                  El – –   n   – está muy bueno
                  – –   o   es todo
```

2. Study the Grammar Notes for Act 3.

    Now try this short test. Don't forget to make the necessary changes to the endings of the words.

¿este o éste?	**¿ese o ése?**
1. ¿De qué país es – – – – vino?	6. Adela compra en – – – mercado.
2. – – – – cuestan $M 450. (tartas)	7. ¿Cuánto cuesta – – – tarta?
3. ¿Es – – – – la casa del Sr. Alvarez?	8. Un kilo de – – – (carne).
4. Son muy pequeñas – – – – habitaciones.	9. Hay muchas tiendas en – – – calle.
5. Tengo – – – – que vale $M 550 el kilo (queso)	10. Deme – – – por favor. (tomatoes)

3. Check the Grammar Notes in Acts 2 and 3.

    This is a game for two or more players. Count in turns starting with 1, but instead of every third number (i.e. 3, 6, 9, etc) and every number with 3 in it (i.e. 3, 13, 23, etc) call **¡Caramba!**

    Start like this:

    Uno, dos, ¡caramba!, cuatro, etc.

    Wait until you get to the thirties, then you will have fun!

4. Here is a calendar with the days and months. Mark the dates given below. Then write out the date in full. The day is given first, then the month.

20/4   **lunes, el veinte de abril**

5/5

18/9   ....

27/1   ....

25/6   ....

15/2   ....

7/7   ....

10/12   ....

28/3   ....

24/12   ....

19/8   ....

enero

Lunes		5	12	19	26
martes		6	13	20	27
miércoles		7	14	21	28
Jueves	1	8	15	22	29
viernes	2	9	16	23	30
sábado	3	10	17	24	31
domingo	4	11	18	25	

febrero

Lunes		2	9	16	23
martes		3	10	17	24
miércoles		4	11	18	25
Jueves		5	12	19	26
viernes		6	13	20	27
sábado		7	14	21	28
domingo	1	8	15	22	

marzo

Lunes		2	9	16	23	30
martes		3	10	17	24	31
miércoles		4	11	18	25	
Jueves		5	12	19	26	
viernes		6	13	20	27	
sábado		7	14	21	28	
domingo	1	8	15	22	29	

abril

Lunes		6	13	(20)	27
martes		7	14	21	28
miércoles	1	8	15	22	29
Jueves	2	9	16	23	30
viernes	3	10	17	24	
sábado	4	11	18	25	
domingo	5	12	19	26	

mayo

Lunes		4	11	18	25
martes		5	12	19	26
miércoles		6	13	20	27
Jueves		7	14	21	28
viernes	1	8	15	22	29
sábado	2	9	16	23	30
domingo	3	10	17	24	31

junio

Lunes	1	8	15	22	29
martes	2	9	16	23	30
miércoles	3	10	17	24	
Jueves	4	11	18	25	
viernes	5	12	19	26	
Sábado	6	13	20	27	
domingo	7	14	21	28	

julio

Lunes		6	13	20	27
martes		7	14	21	28
miércoles	1	8	15	22	29
Jueves	2	9	16	23	30
viernes	3	10	17	24	31
sábado	4	11	18	25	
domingo	5	12	19	26	

agosto

Lunes		3	10	17	24	31
martes		4	11	18	25	
miércoles		5	12	19	26	
Jueves		6	13	20	27	
viernes		7	14	21	28	
sábado	1	8	15	22	29	
domingo	2	9	16	23	30	

septiembre

Lunes		7	14	21	28
martes	1	8	15	22	29
miércoles	2	9	16	23	30
Jueves	3	10	17	24	
viernes	4	11	18	25	
sábado	5	12	19	26	
domingo	6	13	20	27	

octubre

Lunes		5	12	19	26
martes		6	13	20	27
miércoles		7	14	21	28
Jueves	1	8	15	22	29
viernes	2	9	16	23	30
sábado	3	10	17	24	31
domingo	4	11	18	25	

noviembre

Lunes		2	9	16	23	30
martes		3	10	17	24	
miércoles		4	11	18	25	
Jueves		5	12	19	26	
viernes		6	13	20	27	
Sábado		7	14	21	28	
domingo	1	8	15	22	29	

diciembre

Lunes		7	14	21	28
martes	1	8	15	22	29
miércoles	2	9	16	23	30
Jueves	3	10	17	24	31
viernes	4	11	18	25	
sábado	5	12	19	26	
domingo	6	13	20	27	

5.   **¿Qué día es tu cumpleaños?**

Can you say your birthday in Spanish? Work it out and check your answer on the calendar. Remember to say **Mi cumpleaños es el** (day) **de** (month)."

Work out the birthdays of your family and friends. If it is the birthday of someone you know today or soon, you could surprise them by singing this song in Spanish to the tune of "Happy Birthday to You".

**Cumpleaños feliz,
cumpleaños feliz,
cumpleaños felices,
cumpleaños feliz.**

(The answers are at the back of the book)

Part Five : Personalised Dialogues
Sección Cinco : Diálogos

1.   A friend invites you to go out and to have dinner with him in the evening. Accept his invitation.

Amigo: **Hola, ¿qué tal?**
Usted: (Say you are well. Ask your friend how he is.)
Amigo: **Bien, gracias. Mira, en este momento voy de compras. ¿Quieres venir conmigo?**
Usted: (Agree to come. Ask where he is going.)
Amigo: **Voy al mercado. Tengo que comprar verduras y fruta. A propósito, ¿quieres cenar conmigo esta noche?**
Usted: (Accept the invitation and thank your friend.)

2.(a)   A friend is visiting you.

Usted: (Ask your friend if she wants to have coffee.)
Amiga: **Sí, gracias, pero sin leche.**

2.(b)   You meet a friend in a bar.

Usted: (Ask your friend if she would like a glass of wine.)
Amiga: **Bueno, gracias.**
Usted: (Ask if she wants red or white.)
Amiga: **Blanco.**

2.(c)   Coming back home one evening you see an old friend.

Usted: (Ask your friend if he wants to have lunch with you tomorrow.)
Amigo: **Encantado, muchas gracias.**

3.   You go to the butcher's to buy some meat.

Usted: (Say good morning. Ask how much that chicken costs.).

         The butcher weighs the chicken.

Carnicero: **Dos kilos de pollo a ciento veinte pesos el kilo, son doscientos cuarenta pesos.**
Usted: (Say that is all right. Ask him to give you that one.)
Carnicero: **¿Algo más?**
Usted: (Nothing else, thank you.)

4.   You are buying some vegetables at the market.

Usted: (Say good afternoon. Ask how much the potatoes are.)

Vendedor: **Cincuenta pesos el kilo. ¿Cuántos kilos quiere?**

Usted: (You want three kilos.)

Vendedor: **¿Algo más?**

Usted: (Ask how much the lettuces are.)

Vendedor: **Las lechugas cuestan cuarenta y cinco pesos.**

Usted: (Ask for two and say you also want one kilo of tomatoes.)

Vendedor: **Dos lechugas y un kilo de tomates. ¿Desea algo más?**

Usted: (Nothing else. Ask how much it all comes to.)

Vendedor: **Tres kilos de papas son ciento cincuenta pesos, dos lechugas son noventa pesos y un kilo de tomates ochenta pesos. Son trescientos veinte pesos.**

5.   Listen to these sentences which are the answers to different questions. Give the appropriate question after you hear each answer.

    (a)   **No, nada más, gracias.**

    (b)   **Son doscientos pesos.**

    (c)   **La barra de pan cuesta cincuenta pesos.**

    (d)   **Tinto, por favor.**

    (e)   **Muy bien, gracias, ¿y usted?**

    (f)   **Soy de Omaha.**

    (g)   **Sí, ésta es la primera vez que vengo aquí.**

    (h)   **Voy al mercado.**

¿Qué quieres blanco o tinto?

ACT 4   ACTO 4
SCENE 1   ESCENA 1

Peter:	It was a wonderful meal.	**Fue una comida estupenda.**
	You cook very well.	**Cocinas muy bien.**
Adela:	Thank you.	**Gracias.**
	Would you like anything else?	**¿Quieres algo más?**
Peter:	No, thank you.	**No, gracias.**
Adela:	Are you having coffee?	**¿Vas a tomar café?**
Peter:	Yes, I am.	**Sí, eso sí.**
Adela:	Black?	**¿Solo?**
Peter:	No, with a bit of milk.	**No, con un poco de leche.**
	In Omaha we usually have	**En Omaha, generalmente tomamos**
	coffee with milk.	**café con leche.**
Adela:	I prefer it black.	**Yo lo prefiero solo.**

After having their coffee Adela and Peter go into the sitting room.

Después de tomar el café Adela y Peter pasan al salón.

Peter:	I would like to telephone home	**Quisiera telefonear a casa**
	to tell my mother that I am	**para decirle a mi madre que no**
	not coming back yet.	**voy a volver todavía.**
	May I use your telephone?	**¿Puedo usar tu teléfono?**
Adela:	Certainly.	**Por supuesto.**
	First, you dial	**Primero, tienes que marcar el**
	the code for the United	**prefijo de los Estados Unidos**
	States, then the code for	**y luego el prefijo de Omaha y**
	Omaha and then your number.	**después tu número.**

Peter telephones his mother and tells her that he's coming back to Omaha within three days.

Peter telefonea a su madre y le dice que va a volver a Omaha dentro de tres días.

dentro de tres días

Peter:	I'm going into town.	**Voy a salir al centro.**
	I'd like to buy some clothes	**Quisiera comprar algo de ropa**
	and change some money.	**y cambiar dinero.**
	What are you doing this	**¿Qué vas a hacer esta**
	afternoon?	**tarde?**
Adela:	Nothing.	**Nada.**
Peter:	Can you come with me?	**¿Puedes venir conmigo?**
Adela:	Fine, let's go together.	**De acuerdo, vamos juntos.**
	I can come with you to the bank.	**Puedo acompañarte al banco.**

¿Puedo usar tu teléfono?

SCENE 2   ESCENA 2

Peter and Adela walk along Calle Maragal and they go into the modern offices of the Banco Central.

Peter y Adela caminan por la Calle Maragal y entran en las modernas oficinas del Banco Central.

Peter: Where can I change some money?
¿Dónde puedo cambiar dinero?

Employee: Over there, on the left.
Al fondo, a la izquierda.

Peter: I'd like to change two hundred dollars into pesos.
Quisiera cambiar doscientos dólares a pesos.

Employee: Have you got cheques or banknotes?
¿Tiene cheques o billetes?

Peter: Traveller's cheques. What is the exchange rate?
Cheques de viajero. ¿A cómo esta el cambio?

Employee: It is three hundred and five pesos to the dollar. Can you sign the cheques, please?
Esta a trescientos cinco pesos por dólar. ¿Quiere firmar los cheques, por favor?

Peter signs the cheques.
Peter firma los cheques.

Employee: May I have your passport, please?
¿Me permite su pasaporte, por favor?

Peter hands his passport to the clerk.
Peter pasa el pasaporte al empleado.

Employee: What is your address here in Guadalajara?
¿Cuál es su dirección aquí en Guadalajara?

Peter: The Mariachi Hotel, 17 Delicias Street.
El hotel Mariachi, calle Delicias diecisiete.

The clerk returns the passport.
El empleado le devuelve el pasaporte.

Employee: Go to the cash desk to get your money.
Puede pasar a la caja a retirar el dinero.

The cashier gives Peter his money in pesos. Adela and Peter leave the bank and continue along Calle Maragal.
El cajero le da a Peter su dinero en pesos. Adela y Peter salen del banco y continúan por la Calle Maragal.

¿Quiere firmar los cheques, por favor?

Adela:	On the corner there is a men's shop. Let's go there.	**En la esquina hay una tienda de ropa de hombre. Vamos allí.**
	Peter and Adela go into the shop and a sales assistant (S.A.) comes up to them. He is very well dressed. He is wearing a blue suit, a white shirt and a red silk tie.	**Peter y Adela entran en la tienda y un dependiente se acerca a ellos. Viste muy bien. Lleva un traje de color azul, camisa blanca y corbata roja de seda.**
Peter:	I'd like two shirts please. A formal one and a sports one.	**Quisiera dos camisas, por favor. Una de vestir y otra deportiva.**
S.A.	What size do you take?	**¿Cuál es su talla?**
Peter:	Forty.	**Talla cuarenta.**
S.A.	What colour do you want?	**¿Qué color prefiere?**
Peter:	I prefer a white one to wear with a tie and a sports one in blue.	**Prefiero una blanca para llevar con corbata y una deportiva en azul.**
S.A.	I suggest you take this one in white. It's an excellent quality shirt.	**En blanco puedo recomendarle ésta. Es una camisa de excelente calidad.**
Peter:	Yes, it's very nice. I'm going to take one.	**Sí, es muy bonita. Voy a llevar una.**
	The sales assistant then shows him some blue sports shirts. Peter chooses a check one.	**Luego el dependiente le muestra algunas camisas deportivas de color azul. Peter escoge una de cuadros.**

SCENE 4 **ESCENA 4**

	Peter decides to buy a jacket too. In the window there is one which is very elegant.	**Peter decide comprar también una chaqueta. En el escaparate hay una chaqueta muy elegante.**
Peter:	May I see that jacket please?	**¿Puedo ver esa chaqueta, por favor?**
S.A.	What size?	**¿Qué talla?**
Peter:	Size forty six.	**Talla cuarenta y seis.**
S.A.	Here, we have one just like that. You can try it on if you wish.	**Aquí tenemos una igual. Puede probársela si desea.**
	Peter goes into the fitting room and tries on the jacket.	**Peter pasa al probador y se prueba la chaqueta.**
Peter:	It fits very well.	**Me queda muy bien.**
Adela:	Yes, you look very good in it. Are you going to buy it?	**Sí, te queda estupendamente. ¿Vas a comprarla?**

Peter:	Yes, I'm going to buy it. How much is it?	**Sí, voy a comprarla. ¿Cuánto cuesta?**
S.A.	Seventeen thousand pesos.	**Diecisiete mil pesos.**
Peter:	That's fine.	**Está bien.**
S.A.	Are you going to take anything else?A tie, socks?	**¿Va a llevar alguna cosa más? ¿Una corbata, calcetines?**
Peter:	That's all, thank you. How much is it?	**Eso es todo, gracias. ¿Cuánto es?**
S.A.	Four thousand the white shirt, three thousand two hundred pesos the blue shirt and seventeen thousand for the jacket, that makes twenty four thousand two hundred pesos.	**Cuatro mil pesos la camisa blanca, tres mil doscientos pesos la camisa azul y diecisiete mil la chaqueta, son veinticuatro mil doscientos pesos.**
Peter:	May I pay with a credit card?	**¿Puedo pagar con tarjeta de crédito?**
S.A.	Yes, certainly.	**Sí, naturalmente.**
	Peter and Adela leave the shop.	**Peter y Adela salen de la tienda.**
Peter:	Shall we go and have some coffee?	**¿Vamos a tomar un café?**
Adela:	Let's go.	**Vamos.**

Pronunciation/Intonation 📼

Listen carefully to these phrases in Spanish, and pay special attention to the **i** and **u** when you repeat.

una comida estupenda

continúan por la calle

Now listen carefully to these words, imitate the Spanish speaker, and pay special attention to the **i** when you repeat.

bien   **gracias**   **600 (seiscientos)**

And do the same for the **u** — listen carefully, imitate the Spanish speaker, and pay special attention to this sound when you repeat.

por supuesto   **de acuerdo**   **después**

Now try all four sounds in these complete sentences. Remember to listen, imitate and repeat.

¿Quieres otro café?

No, gracias. Estoy muy bien. Fue una comida estupenda.

¿Puede decirme cuánto cuesta?

Por supuesto. Cuesta $M54 (cincuenta y cuatro pesos).

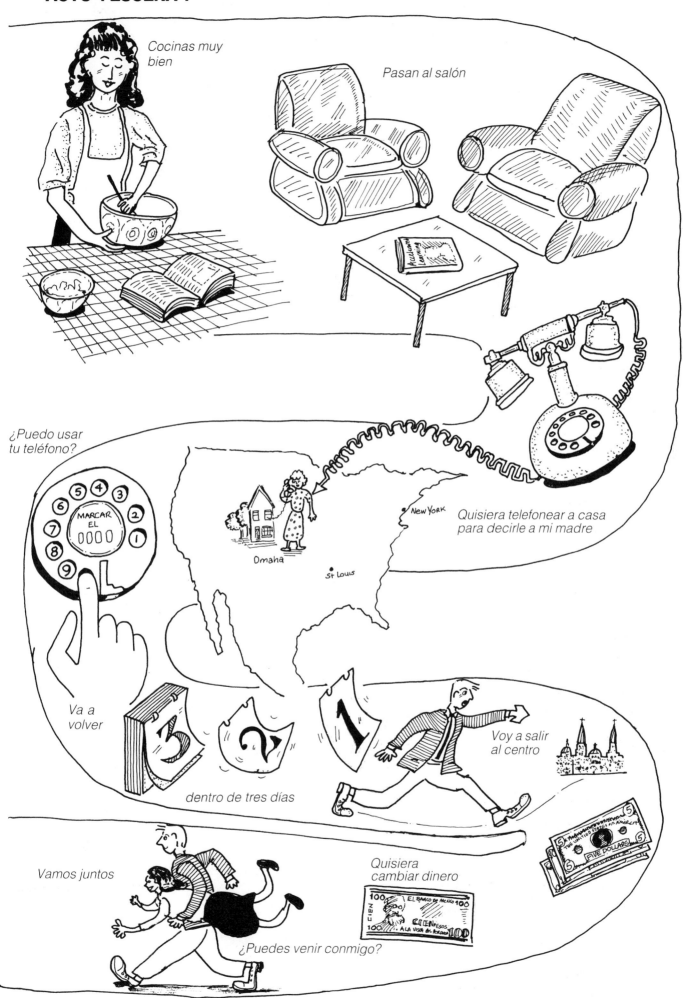

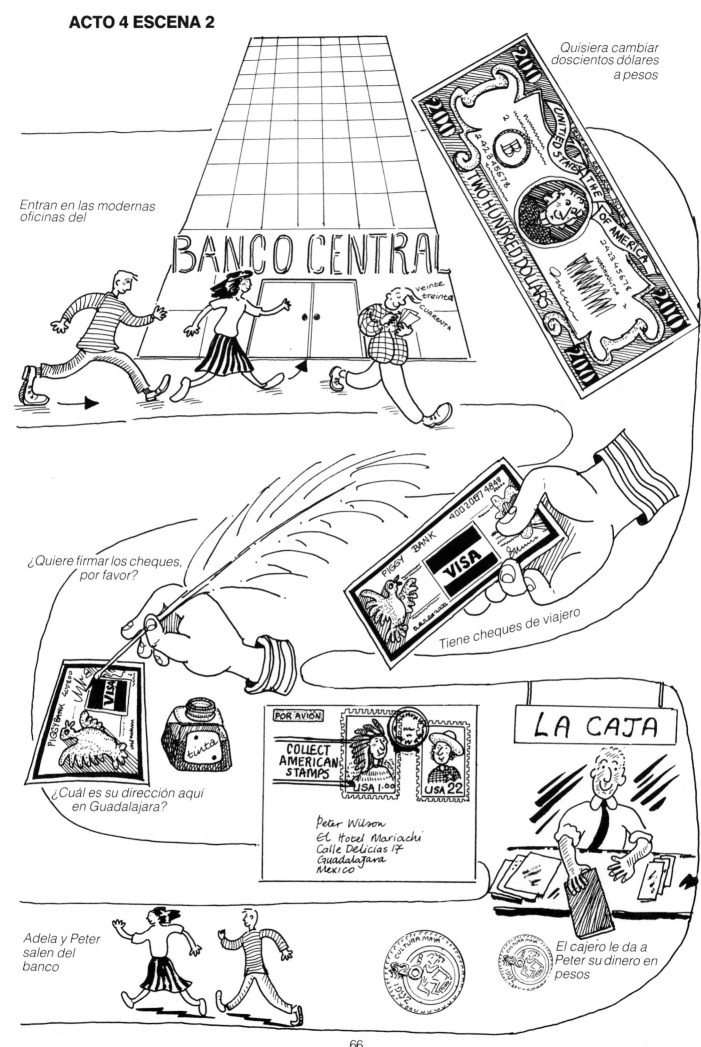

Entran en las modernas oficinas del

Quisiera cambiar doscientos dólares a pesos

¿Quiere firmar los cheques, por favor?

Tiene cheques de viajero

¿Cuál es su dirección aquí en Guadalajara?

LA CAJA

Peter Wilson
El Hotel Mariachi
Calle Delicias 17
Guadalajara
Mexico

Adela y Peter salen del banco

El cajero le da a Peter su dinero en pesos

66

Ropa de Hombre

en la esquina

El dependiente

Víste muy bien

Quisiera dos camisas

Una camisa blanca

para llevar con corbata

Una deportiva en azul

blanco
edo
comendarle
a

Peter escoge una

Luego el dependiente le muestra algunas camisas

de cuadros

El dependiente

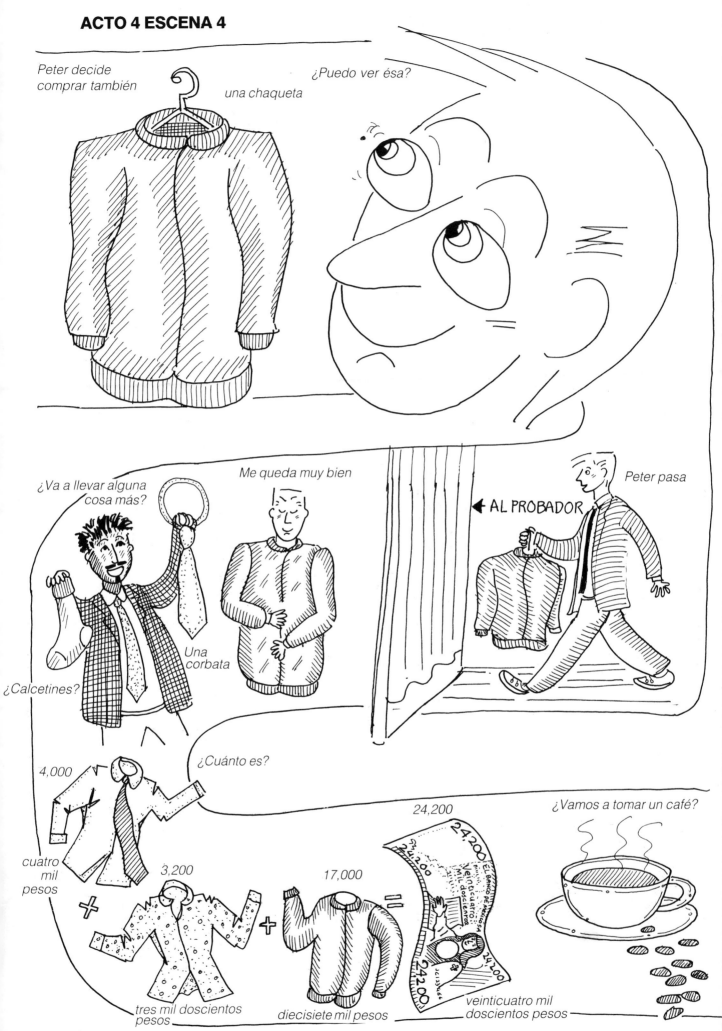

Part Two : Functional Dialogues
Sección Dos : Diálogos

1. Peter tells Adela he would like to phone home and asks whether he may use her telephone.

Peter:	I would like to phone home to tell my mother that I will not be back yet. May I use your telephone?	**Peter:**	**Quisiera llamar a casa para decirle a mi madre que no voy a volver todavía. ¿Puedo usar tu teléfono?**
Adela:	Certainly.	**Adela:**	**Por supuesto.**

2. Peter tells Adela he is going into town. He would like to buy some clothes and change some money.

Peter:	I am going into town. I would like to buy some clothes and to change some money. What are you going to do this afternoon?	**Peter:**	**Voy a salir al centro. Quisiera comprar algo de ropa y cambiar algo de dinero. ¿Qué vas a hacer tú esta tarde?**
Adela:	Nothing.	**Adela:**	**Nada.**
Peter:	Can you come with me?	**Peter:**	**¿Puedes venir conmigo?**
Adela:	Fine, let us go together. I can come with you to the bank.	**Adela:**	**De acuerdo, vamos juntos. Puedo acompañarte al banco.**

3. Peter goes into the bank to change some money. He speaks to an employee (E), **Empleada (E.)**

Peter:	Where can I change some money?	**Peter:**	**¿Dónde puedo cambiar dinero?**
E:	Over there, on the left.	**E:**	**Al fondo, a la izquierda.**
Peter:	Good afternoon. I would like to change two hundred dollars into pesos.	**Peter:**	**Buenas tardes. Quisiera cambiar doscientos dólares a pesos.**
E:	Have you got cheques or banknotes?	**E:**	**¿Tiene cheques o billetes?**
Peter:	Travellers cheques. What is the rate of exchange?	**Peter:**	**Cheques de viajero. ¿A cómo está el cambio?**
E:	It is four hundred and five pesos per dollar.	**E:**	**Está a cuatrocientos cinco pesos por dolar.**

4. Señora Alvarez **(Sra. A.),** a Spanish tourist, changes money at the hotel. She speaks to the Receptionist (Rec.) **Recepcionista (Rec.)**.

Sra. A:	Good evening. May I change some money here in the hotel?	**Sra. A:**	**Buenas noches. ¿Puedo cambiar dinero aquí en el hotel?**
Rec:	What currency have you got?	**Rec:**	**¿Qué moneda tiene usted?**
Sra. A:	I have pesetas.	**Sra. A:**	**Tengo pesetas.**
Rec:	That's fine. How much do you want to change?	**Rec:**	**Está bien. ¿Cuánto quiere cambiar?**
Sra. A:	Fifteen thousand pesetas in banknotes. What is the rate of exchange today?	**Sra. A:**	**Quince mil pesetas en billetes. ¿A cómo está el cambio hoy?**
Rec:	It is one hundred and fifty pesos for one hundred pesetas.	**Rec:**	**Está a ciento cincuenta pesos por cada cien pesetas.**

5.   Peter buys some clothes.

E:	Good afternoon, sir. What would you like?	**E:**	**Buenas tardes, señor. ¿Que desea?**
Peter:	I would like two shirts, please.	**Peter:**	**Quisiera dos camisas, por favor.**
E:	What size?	**E:**	**¿De qué talla?**
Peter:	Size thirty eight.	**Peter:**	**Talla treinta y ocho.**
E:	What colour do you prefer?	**E:**	**¿Qué color prefiere?**
Peter:	I prefer a white one to wear with a tie and a sports one in blue.	**Peter:**	**Prefiero una blanca para llevar con corbata y una deportiva en azul.**

6.   A customer (Sra.) is buying a scarf in a department store.

E:	Can I help you?	**E:**	**¿Qué desea?**
Sra:	Can you show me that scarf which is in the window?	**Sra:**	**¿Puede mostrarme ese pañuelo que tiene en el escaparate?**
E:	Which one? The yellow one?	**E:**	**¿Cuál? ¿El amarillo?**
Sra:	No, the green one.	**Sra:**	**No, el verde.**
E:	It is a very nice and elegant scarf. It is made of silk.	**E:**	**Es un pañuelo muy bonito y muy elegante. Es de seda natural.**
Sra:	How much does it cost?	**Sra:**	**¿Cuánto vale?**
E:	Four thousand pesos.	**E:**	**Cuatro mil pesos.**
Sra:	It is a little expensive. Have you got cheaper ones?	**Sra:**	**Es un poco caro. ¿Tiene otros mas baratos?**
E:	Yes, we have these ones, but they are smaller. These cost three thousand two hundred pesos.	**E:**	**Sí, tenemos éstos, pero son más pequeños. Estos valen tres mil doscientos pesos.**
Sra:	I prefer the ones at four thousand. They are more expensive, but they are more elegant.	**Sra:**	**Prefiero los de cuatro mil. Son más caros, pero son más elegantes.**
E:	Would you like anything else?	**E:**	**¿Desea alguna cosa más?**
Sra:	That is all, thank you.	**Sra:**	**Eso es todo, gracias.**

Part Three : Grammar Notes

Sección Tres : Notas gramaticales

1. Have you noticed the change in the way Adela and Peter speak to each other?

In Act 1 Adela said to Peter:

¿Quién es usted?　　　　**¿Qué desea?**　　　　　　**¿Tiene su pasaporte?**

Usted es ⎰ **Peter Wilson**　　　　**Tiene veintitrés años**
　　　　　　⎱ **de Omaha**
　　　　　　　 estudiante
　　　　　　　 norteamericano

Now she says to him:　　　　　　　　　　　　And Peter says to her:

Tienes que marcar el prefijo　　　　　　**Cocinas muy bien**
¿Quieres algo más?　　　　　　　　　　**¿Puedes venir conmigo?**
¿Vas a tomar café?

There are two ways of saying 'you' in Spanish:

　　　　　　　　　　polite　　　　　　　　　　　　　friendly

(usted)　　**mira la casa**　　　　　　　　**miras la casa**
(usted)　　**abre la puerta**　　　　　　　**abres la puerta**

You can just add **s** to the polite form of almost any verb to make it friendly:

(usted)　　**tiene veintitrés años**　　　　**tienes que marcar el prefijo**
　　　　　　¿quiere firmar los cheques?　**¿quieres algo más?**
　　　　　　¿va a llevar alguna cosa más?　**¿vas a tomar café?**

notice:
　　　　　　¿cómo se llama (usted)?　　　**¿cómo te llamas?**

The only exception is:

(usted)　　　**es estudiante**　　　　　　　**eres norteamericano**

Use the polite form in formal situations, when you don't know someone at all or not very well, or as a sign of respect to older people, for example. Use the friendly form to people you know quite well, of your own age or status, with whom you're on first name terms.

Use **usted** occasionally in a conversation as a sign of respect, but usually the verb ending shows whether you're being polite or friendly, and sometimes the way you say what you say:

　　　　　　¿Qué desea?　　　　　　　　　**¿Quieres algo más?**

2. You also should have noticed:

El Sr Alvarez es mi tío　　　　　　(my)
¿Cuál es su nacionalidad?　　　　(his, her, its, your — polite)
and now
¿Puedo usar tu teléfono?　　　　　(your — friendly)

71

3.   Here are some phrases about people giving things or showing things to Peter:

el empleado le devuelve   the teller gives the
el pasaporte   passport back to him

                                or

                                     gives him back the passport

el cajero le da su dinero   the cashier gives his money
                                     to him

                                or

                                     gives him his money

el dependiente le muestra algunas camisas   the assistant shows some
                                     shirts to him

                                or

                                     shows him some shirts

also:

Peter telefonea a su madre y le dice ...   . . and says to her . .

Notice also:

puedo acompañarte   I can come with you

and:

me queda muy bien   it fits/suits me very well
te queda estupendamente   it looks really good on you

4.   Remember in Act 3 you saw: Now compare:

tiene que)   **va a**   ) **tomar café**
quiere   } **pasar otro día aquí**   } **volver**
prefiere } **poner la mesa**   **puede**) **venir conmigo**
piensa   ) **venir conmigo**

Peter says: Peter asks:

No voy a volver   **¿Puedo ver esa chaqueta?**
Voy a salir   **¿Puedo pagar con tarjeta de crédito?**

Adela asks: and, to Adela:

¿Qué vas a hacer?   **¿Puedes venir conmigo?**

The assistant asks: The assistant tells him:

¿Va a llevar alguna cosa más?   **Puede pasar a la caja**

voy/vas/va is like English 'going to':

¿Qué vas a hacer   What are you going to do?

puedo/puedes/puede is like English 'can', 'could', or 'may':

¿Dónde puedo cambiar dinero?   Where can I change money?
¿Puedo ver esa chaqueta?   Can/Could/May I see that jacket?

72

and   or

¿Puedes venir conmigo?   **¿Puede firmar los cheques?**

is just like

¿Quieres venir conmigo?   **¿Quiere firmar los cheques?**

Notice also **quisiera** (I'd like):

Quisiera	**telefonear a casa** **comprar ropa** **cambiar $200** **dos camisas**

5.   Remember how to say these numbers:

       1   12   23   34   45   56   67   78   89   90

If you don't, look back at the Grammar Notes for Acts 2 and 3. Now study these numbers:

1	**uno**	**10**	**diez**	**100**	**cien**
2	**dos**	**20**	**veinte**	**200**	**doscientos**
3	**tres**	**30**	**treinta**	**300**	**trescientos**
4	**cuatro**	**40**	**cuarenta**	**400**	**cuatrocientos**
5	**cinco**	**50**	**cincuenta**	**500**	**quinientos**
6	**seis**	**60**	**sesenta**	**600**	**seiscientos**
7	**siete**	**70**	**setenta**	**700**	**setecientos**
8	**ocho**	**80**	**ochenta**	**800**	**ochocientos**
9	**nueve**	**90**	**noventa**	**900**	**novecientos**

111	**ciento once**
222	**doscientos veintidós**
333	**trescientos treinta y tres**
444	**cuatrocientos cuarenta y cuatro**
555	**quinientos cincuenta y cinco**
666	**seiscientos sesenta y seis**
777	**setecientos setenta y siete**
888	**ochocientos ochenta y ocho**
999	**novecientos noventa y nueve**

also

1000 mil	**2000 dos mil**	**3000 tres mil etc.**
1.000.000 un millón	**2.000.000 dos millones etc.**	

Quisiera dos camisas

Part Four : Games

Sección Cuatro : Juegos

1. Study the Grammar Notes in Acts 2, 3 and 4.
   Now change these polite questions to friendly questions, and then reply.

   e.g. **¿Dónde compra usted los tomates?**
        ¿Dónde compras los tomates?

   1. **¿Usted cambia su dinero en el banco?**
   2. **¿Estudia usted mucho?**
   3. **¿Usted bebe vino?**
   4. **¿Prefiere usted vino o cerveza?**
   5. **¿Usted conoce México?**
   6. **¿Tiene usted hermanos?**
   7. **¿Habla usted francés o alemán?**
   8. **¿De dónde es usted?**
   9. **¿Usted se levanta muy temprano en la mañana?**
   10. **¿Usted va a tomar un café después?**

2. This is a Consumer's Crossword! All the clues refer to the shopping that Peter and Adela have been doing in Acts 3 and 4, so read through these Acts again before you start the crossword.

   Horizontales

   1. **Compra fruta en el — — — — — — —.**
   5. **El dependiente lleva un — — — — — azul.**
   6. **¿Vas a tomar — — — —?**
   7. **Prefiero té con — — — — —.**
   9. **Peter quiere comprar — — — —.**
   10. **Compro pan en la — — — — — — — — —.**

   Verticales

   1. **Quiero pan tostado con — — — — — — — — —.**
   2. **El dependiente lleva una corbata — — — —.**
   3. **El cambio está a 500 pesos por — — — — —.**
   4. **Van a la — — — — — —. para comprar ropa.**
   8. **El azúcar está en la — — — —.**

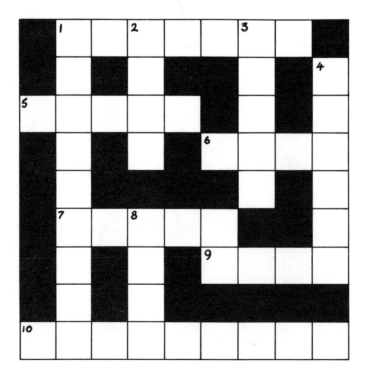

3. Study the Grammar Notes for Acts 3 and 4.

Now you can do your shopping! Study the pictures of various items for sale in this Mexican shop, ask if they have the goods, how much they are, and say which you want. Make up the assistant's replies too.

e.g.— **Buenos días. ¿Tiene café, por favor?** — **Si señor/a, ¿quiere café mexicano o café colombiano?**

    — **¿Cuánto es el café mexicano?** — **Cuesta $M 600 el kilo.**
    — **¿Y cuánto es el café colombiano?** — **Ese cuesta $M 750 el kilo.**
    — **Prefiero éste, el café mexicano.**
o   — **Prefiero ése, el café colombiano.**

Part Five : Personalised Dialogues

Sección Cinco : Diálogos

1. While on holiday you and a friend talk about your plans for the next morning.

Amigo: **¿Qué vas a hacer mañana por la mañana?**
Usted: (Say you are going to the bank. You would like to change some money. Ask your friend if he wants to come with you.)
Amigo: **De acuerdo. Yo también quiero cambiar dinero. ¿Vas a ir a la playa después?**
Usted: (Yes, but first you are going to the chemist's to buy some sun tan cream **(una crema para el sol).**
Amigo: **¿Dónde vas a almorzar?**
Usted: (Say you are going to have lunch with a friend at a restaurant near the beach.)

2. You go to the chemist's to buy some sun tan cream. An assistant **Dependiente (Dep.)** serves you.

Dep: **Buenos días, ¿qué desea?**
Usted: (Say you would like some sun tan cream.)
Dep: **Tenemos varias marcas. Esta es muy buena. Se la recomiendo.**
Usted: (Ask how much it costs.)
Dep: **Novecientos ochenta pesos.**
Usted: (Say it is a little expensive. Ask if he has a cheaper one.)
Dep: **Sí, esta otra sólo cuesta seiscientos sesenta y cinco pesos. También es muy buena. Yo uso normalmente ésta.**
Usted: (That's fine. You'll have that one.)
Dep: **¿Algo más?**
Usted: (That is all. Thank you.)

3. You go into a shop to buy a T-shirt **(camiseta).**

Usted: (Say good afternoon. Ask how much the T-shirts are.)
Dep: **Estas valen seiscientos treinta y cinco pesos. ¿Qué color prefiere? Tenemos en rojo, azul, amarillo, verde y naranja.**
Usted: (Say you prefer it in green.)
Dep: **¿Es para usted?**
Usted: (Yes, it is for you.)
Dep: **En ese caso, la talla mediana le va bien. ¿Quiere una solamente?**
Usted: (No, you would also like one in red.)
Dep: **Aquí tiene usted. Una roja y una verde de la talla mediana.**
Usted: (Ask how much it all comes to.)
Dep: **Son mil doscientos setenta pesos.**

4. You need to change some money at your hotel.

Usted: (Greet the receptionist and ask whether you can change some money in the hotel.)
Recep: **No, aquí no cambiamos dinero. Pero en la esquina está el Banco Central. Allí puede cambiar.**
Usted: (Thank you.)
Recep: **De nada.**

5. You go into the bank and look for the foreign exchange counter **(la sección de cambio)**.

Usted: (Ask a clerk **(empleado)** for the foreign exchange counter.)
Empleado: **Al fondo, a la derecha.**
Usted: (Tell the clerk at the counter that you would like to change some dollars into pesos.)
Empleado: **Sí, cómo no. ¿Tiene cheques o billetes?**
Usted: (You have bank notes. Ask what the rate of exchange is.)
Empleado: **Está a quinientos pesos por dólar. ¿Cuántos dólares quiere cambiar?**
Usted: (One hundred and eighty dollars.)
Empleado: **Sí, un momento, por favor.**

(The answers are at the back of the book)

ACT 5 · ACTO 5

SCENE 1 · ESCENA 1

	After leaving the shop Adela and Peter go to a café. They sit outside to be in the sun and to look at the people.	**Después de salir de la tienda Adela y Peter van a un café. Se sientan fuera para tomar el sol y mirar a la gente.**
Waiter:	What would you like?	**¿Qué les traigo?**
Adela:	I would like a black coffee.	**Yo quiero un café solo.**
Waiter:	And for you sir?	**Y usted señor?**
Peter:	A beer for me. I'm very thirsty.	**Para mí una cerveza. Tengo mucha sed.**
Waiter:	Would you like something to eat?	**¿Desean comer algo?**
Adela:	I don't want anything, thank you.	**Yo no quiero nada, gracias.**
Peter:	Bring me a ham sandwich, please.	**A mí me trae una torta de jamón.**
Adela:	Do you like Mexican beer?	**¿Te gusta la cerveza mexicana?**
Peter:	Yes, I like it very much.	**Sí, me gusta mucho.**
Adela:	And do you like tequila?	**¿Y el tequila te gusta?**
Peter:	I don't like it. I find it very strong. But I like margaritas, very much.	**No me gusta. Lo encuentro muy fuerte. Pero la margarita sí, me encanta.**
Adela:	I like them very much too.	**A mí también me gusta mucho.**
	Suddenly Peter looks at Adela and asks her:	**De repente Peter mira a Adela y le pregunta :**
Peter:	What's in the package?	**¿Qué hay en el paquete?**
Adela:	Nothing important, only papers.	**Nada importante, sólo papeles.**

SCENE 2 · ESCENA 2

Adela:	What can we do this evening?	**¿Qué podemos hacer esta tarde?**
Peter:	We can go to the cinema or the theatre if you want.	**Podemos ir al cine o al teatro si quieres.**
Adela:	You decide. I like the cinema and the theatre. I don't mind.	**Tú decides. A mí me gusta el cine y el teatro. Me da igual.**
	At that moment a newspaper boy goes by. Peter buys the newspaper and they look at the entertainments page.	**En ese momento pasa un muchacho que vende periódicos. Peter compra el periódico y miran la página de espectáculos.**
	There is nothing interesting and they decide to go to a restaurant.	**No hay nada interesante y deciden ir a cenar a un restaurante.**

Adela:	I know a very good restaurant. It's small and not very expensive and the food is excellent. I'm sure you'll like it.	**Conozco un restaurante muy bueno. Es pequeño y no muy caro y la comida es estupenda. Estoy segura que te va a gustar.**
Peter:	Would you like another coffee?	**¿Quieres otro café?**
Adela:	No, thank you. We don't have time. I have to do some shopping before returning home.	**No, gracias. No tenemos tiempo. Tengo que hacer algunas compras antes de volver a casa.**
Peter:	The bill please.	**La cuenta, por favor.**
Waiter:	It's two hundred and twenty pesos sir.	**Son doscientos veinte pesos, señor.**
	Peter leaves a tip for the waiter and they leave.	**Peter le deja una propina al camarero y se van.**

SCENE 3	**ESCENA 3**

	On the way home Adela went into a clothes shop to buy a dress. First she tried on a blue dress and then a very simple but elegant red one. She decided to buy the red one.	**Camino a casa Adela entró en una tienda de ropa para comprar un vestido. Primero se probó un vestido azul y después uno rojo muy simple pero elegante. Decidió comprar el rojo.**
	Adela looked at Peter and asked him:	**Adela miró a Peter y le preguntó :**
Adela:	Do you like it?	**¿Te gusta?**
Peter:	Yes, I like it very much. It's a very nice colour.	**Sí, me gusta mucho. Es un color muy bonito.**
	The shop assistant wrapped up the dress and gave the package to Adela. The girl paid by cheque and left the shop with Peter.	**La dependienta envolvió el vestido y le entregó el paquete a Adela. La chica pagó con un cheque y salió de la tienda con Peter.**
Adela:	Suppose we meet later at home?	**¿Qué te parece si nos encontramos más tarde en mi casa?**
Peter:	Fine. I'll go to the hotel. I'll change and come back to your place. Is seven thirty all right?	**De acuerdo. Yo voy al hotel, me cambio de ropa y vuelvo a tu casa. ¿A las siete y media te parece bien?**
Adela:	Yes, that's fine. Goodbye.	**Sí, me parece bien. Hasta luego.**
Peter:	Goodbye.	**Hasta luego.**

ESCENA 4

	After leaving Adela Peter went into a drugstore.	**Después de dejar a Adela Peter entró en una farmacia.**
Chemist:	Can I help you?	**¿Qué desea?**
Peter:	Have you got something for a headache?	**¿Tiene algo para el dolor de cabeza?**
Chemist:	Yes, I have aspirins. Shall I give you a sachet of twelve or a box of fifty?	**Si, tengo aspirinas. ¿Le doy un sobre de doce o una caja de cincuenta?**
Peter:	Give me a sachet of twelve.	**Deme un sobre de doce.**
	Before leaving the drugstore Peter asks the sales assistant the way to the hotel.	**Antes de salir de la farmacia Peter le preguntó al dependiente el camino hacia el hotel.**
Peter:	Can you tell me which way it is to the Hotel Mariachi?	**¿Puede decirme en qué dirección está el Hotel Mariachi?**
Chemist:	I'm sorry but I don't know that hotel. Why don't you ask at the news stand on the corner?	**Lo siento, pero no conozco ese hotel. ¿Por qué no pregunta en el quiosco de la esquina?**
	Peter went to the news stand and asked the woman who was selling magazines.	**Peter fue al quiosco y le preguntó a la vendedora de revistas.**
Peter:	Where is the Hotel Mariachi please?	**¿Dónde esta el Hotel Mariachi, por favor?**
Vendor:	You have to go up to the end of this road and there you turn left.	**Tiene que subir por esta calle hasta el final y alli doblar a la izquierda.**
Peter:	Is it very far?	**¿Está muy lejos?**
Vendor:	It's about fifteen minutes from here.	**Está a unos quince minutos más o menos.**
	After arriving at the hotel Peter took a couple of aspirins and sat down to rest for a while and to read the paper. At six-thirty he took a shower and got ready to go to Adela's house.	**Después de llegar al hotel Peter tomó un par de aspirinas y se sentó un rato a descansar y a leer el periódico. A las seis y media se duchó y se arregló para ir a casa de Adela.**

El camino hacia el hotel

79

Pronunciation/Intonation

Listen and repeat carefully, first the word, then the phrase, and pay special attention to the **r**.

queremos	**No queremos nada.**	**Queremos tres naranjas**
traigo	**¿Qué les traigo?**	
señor	**¿Y usted señor?**	
para mí	**una cerveza por favor**	**Para mí una cerveza por favor**

Listen and repeat the phrases, still paying special attention to the **r**.

de repente	**una tienda de ropa**
un vestido rojo	**un restaurante**

Now repeat this phrase from Act 3.

una barra de pan

Miran la página de espectáculos

¿Qué podemos hacer esta tarde?

Podemos ir al teatro

Miran la página de espectáculos

periódico periódico periódico

A mí me gusta el cine

Un muchacho que vende periódicos

No hay nada interesante

Deciden ir a cenar a un restaurante

La Cuenta
Cerveza
Sandwich
Café solo
220 pesos

Peter le deja una propina al camarero

Una Farmacia

¿Qué desea?

Tengo aspirinas

¿Sobre de doce o una caja

¿Para el dolor de cabeza?

de cincuenta?

El quiosco de la esquina

El camino hacia el hotel

Quince minutos más o menos

Peter se sentó un rato a descansar

A las seis y media se duchó

84

Part Two : Functional Dialogues
Sección Dos : Diálogos

1. At a café Peter and Adela talk about the types of drink they like and dislike.

Adela:	Do you like Mexican beer?	**Adela:**	**¿Te gusta la cerveza mexicana?**
Peter:	Yes. I like it very much.	**Peter:**	**Sí, me gusta mucho.**
Adela:	And do you like tequila?	**Adela:**	**¿Y el tequila te gusta?**
Peter:	I don't like tequila. I find it very strong. But I love margaritas.	**Peter:**	**El tequila no me gusta. Lo encuentro muy fuerte. Pero me encanta la margarita.**
Adela:	I like it very much too.	**Adela**	**A mí también me gusta mucho.**

2. Two tourists discuss the things they like and dislike in Mexico. They have just met and are addressing each other formally.

He:	Do you like Mexican food?	**El:**	**¿Le gusta la comida mexicana?**
She:	I don't like it much. It's a bit spicy.	**Ella:**	**No me gusta mucho. Es un poco picante.**
He:	I find it very tasty. And what do you think of Mexican music?	**El:**	**Yo la encuentro muy sabrosa. ¿Y qué le parece la música mexicana?**
She:	I like it very much. It's very lively.	**Ella:**	**Me gusta muchísimo. Es muy alegre.**
He:	And do you like Mexicans?	**El:**	**¿Y los mexicanos le gustan?**
She:	I love them. They are very nice.	**Ella:**	**Me encantan. Son muy simpáticos.**

3. Adela and Peter talk about the cities they like and dislike.

Adela:	This is the first time you've come to Mexico, isn't it?	**Adela:**	**Esta es la primera vez que vienes a México, ¿verdad?**
Peter:	Yes, it's the first time. It's a very interesting country. I like it very much. Have you been (lit.do you know) to the United States?	**Peter:**	**Sí, es la primera vez. Es un país muy interesante. Me gusta mucho. ¿Tú conoces los Estados Unidos?**
Adela:	I only know New York and California. I love San Francisco.	**Adela:**	**Solamente conozco Nueva York y California. Me encanta San Francisco.**
Peter:	So do I. But I don't like New York at all. It's too big.	**Peter:**	**A mí también. Pero Nueva York no me gusta nada. Es demasiado grande.**
Adela:	I like big cities.	**Adela:**	**A mí me gustan las ciudades grandes.**
Peter:	You like to travel, don't you?	**Peter:**	**Te gusta viajar ¿no?**
Adela:	Yes, quite. I like to travel abroad and meet new people.	**Adela:**	**Sí, bastante. Me gusta viajar al extranjero y conocer gente nueva.**

4. Peter goes into a drugstore to buy something for a headache. He speaks to the Assistant (Assist.)
Dependiente (Dep.)

Assist:	Can I help you?	**Dep:**	**¿Qué desea?**
Peter:	Have you got something for a headache?	**Peter:**	**¿Tiene algo para el dolor de cabeza?**
Assist:	Yes, I have aspirins. Shall I give you a sachet of twelve or a box of fifty?	**Dep:**	**Sí, tengo aspirinas. ¿Le doy un sobre de doce o una caja de cincuenta?**
Peter:	Give me a sachet of twelve.	**Peter:**	**Deme un sobre de doce.**
Assist:	Anything else?	**Dep:**	**¿Algo más?**
Peter:	Nothing else, thank you. How much is it?	**Peter:**	**No, nada más, gracias. ¿Cuánto es?**
Assist:	It's one hundred and thirty pesos.	**Dep:**	**Son ciento treinta pesos.**

¿Tiene algo para el dolor de cabeza?

Part Three : Grammar Notes

Sección Tres : Notas gramaticales

1. Remember these phrases about Adela and Peter in Act 3?

   Salen de la casa
   van a la panadería
   entran en la carnicería, etc.

   If you don't, look back at Act 3 Grammar Notes.
   In Acts 4 and 5 Adela and Peter say:

   tomamos café con leche
   nos encontramos más tarde
   no tenemos tiempo
   podemos ir al cine
   vamos a tomar un café

   So if Adela and Peter told us what they were doing in Act 3 they would say:

salimos de la casa	**(salir)**
vamos a la panadería	**(ir** — irregular)
entramos en la carnicería	**(entrar)**
compramos tomates en el mercado	**(comprar)**
volvemos a casa en un taxi	**(volver — o/ue** change, see Act 3 Grammar Notes)
estamos en la cocina	**(estar)**
bebemos una copa de vino	**(beber)**

2. If you put together all the information you have had on verbs so far you can see:

	ar	**er**	**ir**
	comprar	**beber**	**abrir**
(I)			
(you — polite, s/he, it)	**compro**	**bebo**	**abro**
(you — polite, s/he, it)	**compras**	**bebes**	**abres**
(we)	**compra**	**bebe**	**abre**
(you — plural, they)	**compramos**	**bebemos**	**abrimos**
	compran	**beben**	**abren**

   o/ue and **e/ie** verbs:

pensar	**poder**	**preferir**
pienso	**puedo**	**prefiero**
piensas	**puedes**	**prefieres**
piensa	**puede**	**prefiere**
pensamos	**podemos**	**preferimos**
piensan	**pueden**	**prefieren**

   go verbs:

tener	**salir**	**venir**
tengo	**salgo**	**vengo**
tienes	**sales**	**vienes**
tiene	**sale**	**viene**
tenemos	**salimos**	**venimos**
tienen	**salen**	**vienen**

   and irregular verbs:

estar	**ser**	**ir**
estoy	**soy**	**voy**
estás	**eres**	**vas**
está	**es**	**va**
estamos	**somos**	**vamos**
están	**son**	**van**

3. You can also say "Do you like....?"

in a friendly way: in a polite way:

¿Te gusta la cerveza mexicana?   **¿Le gusta la comida mexicana?**

and "I like...."

Sí, me gusta mucho.   **No me gusta mucho.**
Me gusta el cine.

Notice:

(no) me gusta { **la cerveza**   **(no) me gustan** { **los mexicanos**
                   el cine   **las ciudades grandes**
                   viajar

If you want to emphasise what you say:

A mí (no) me gusta/n
¿A ti (no) te gusta/n?
¿A usted (no) le gusta/n?

Notice also how to ask for and give opinions:

¿Qué le parece la música?
¿Qué te parece si nos encontramos más tarde?
Me parece bien

And how to say you just <u>love</u> someone or something:

Me encanta la margarita
Me encantan los mexicanos

4. Remember this from Act 3?

A las 10 de la mañana Peter llega a casa de la familia Alvarez.

And in this Act:

¿A las siete y media te parece bien?
A las seis y media se duchó

To give the time when something happens, simply use:

a la 1
a las 2–12

If you want to be more exact, give:

y cuarto   **(.. .15)**
y media   **(.. .30)**
menos cuarto **(.. .45)**

to be even more exact, add:

de la mañana
de la tarde
de la noche

Me levanto a las seis y media (6.30) **de la mañana.** (I get up at 6.30 a.m.)
La película empieza a las once menos cuarto (10.45) **de la noche.**
(The film begins at 10.45pm)

To ask and give the time you say:

¿Qué hora es?   **Es la una**
                                           Son las 2–12

Part Four : Games
Sección Cuatro : Juegos

1. Study the Grammar Notes for this Act, and for Act 3.

Now with the help of the map and the airline timetable, make questions and answers about the flights from Mexico City.

e.g. **¿Qué días hay vuelos a Bogotá?**
A Bogotá hay vuelos los martes, jueves y domingos.
¿A qué hora sale el vuelo?
Sale a las nueve de la mañana.
¿Y a qué hora llega a Bogotá?
Llega a las dos y veinte de la tarde, hora local.
¿Cuánto tarda el viaje?
Tarda unas cuatro horas y media.   (approximate flight time)
o **Tarda cuatro horas y veinte minutos.**   (exact flight time)

Remember the time zones!

AEROMÉXICO *MEXICANA*

ITINERARIOS — TIMETABLE

DIA	SALE	LLEGA	VUELO
A/To BOGOTA			
2 4 7	09:00	14:20	AM 481
A/To CHICAGO (O'Hare-O)			
1234567	13:50	18:30	O MX 802
1234567	21:00	01:40	O MX 180
A/To DALLAS/Ft. WORTH (Dallas/Ft. Worth-D)			
1234567	08:00	11:15	D MX 788
A/To GUATEMALA			
1234567	07:05	09:45	MX 111
A/To LA HABANA			
7	07:00	11:30	MX 317
3	12:10	17:30	MX 315
7	16:55	22:15	MX 311
A/To LOS ANGELES (Int'l.-L)			
1234567	09:00	11:1O	L MX 900
1234567	15:55	18:15	L MX 908
1234567	21:15	23:25	L MX 110

DIA	SALE	LLEGA	VUELO
A/To MIAMI (Int'l.-L)			
1 3 5 7	11:00	15:55	I AM 450
2 4 6	11:00	15:55	I AM 454
1234567	13:45	18:45	I AM 410
4	20:30	01:25+1	I AM 452
A/To MONTREAL			
2 4 6	11:55	18:25	M IB 972
4	14:55	21:25	M IB 972
6	15:55	22:25	M IB 972
A/To NUEVA YORK			
1 3456	16:30	23:00	AM 404
2 7	17:30	23:59	AM 402
A/To PANAMA CITY			
1 3 6	09:00	13:25	AM 421
A/To SAN FRANCISCO (Int'l.-S)			
1234567	20:40	23:40	S MX 146
A/To SAN JUAN, P.R. (Int'l.-S)			
2 4 67	09:35	16:10	S MX 303
234567	09.35	16:10	S MX 303

1 = **Lunes** 2 = **Martes**
3 = **Miércoles** 4 = **Jueves**
5 = **Viernes** 6 = **Sábado**
7 = **Domingo**

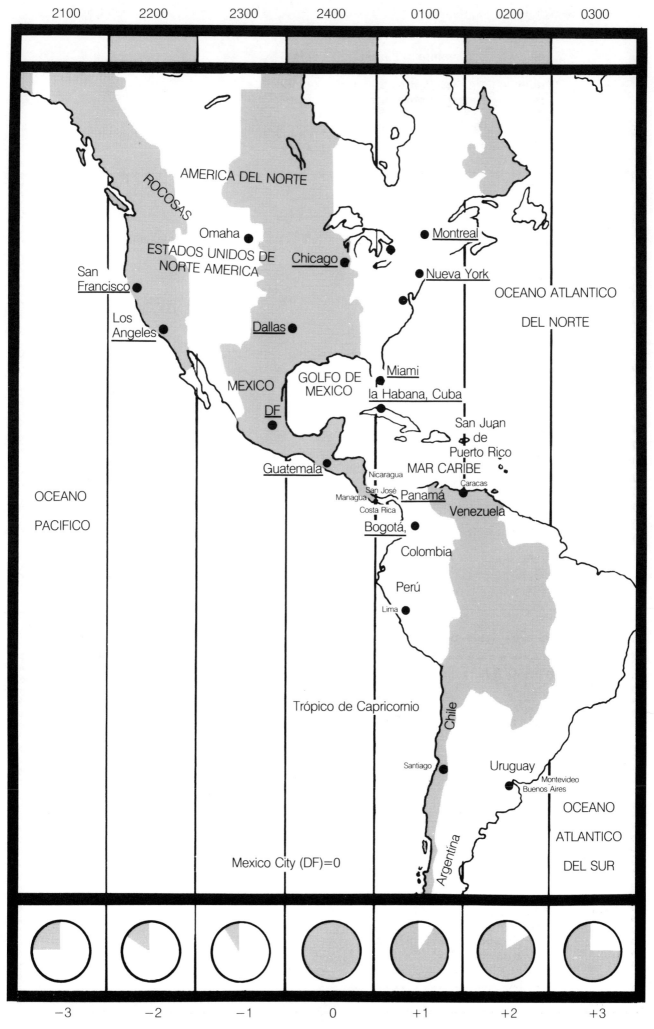

2100 2200 2300 2400 0100 0200 0300

AMERICA DEL NORTE

ROCOSAS

ESTADOS UNIDOS DE
NORTE AMERICA

Omaha

Montreal

Chicago

Nueva York

San
Francisco

Los
Angeles

Dallas

OCEANO ATLANTICO

DEL NORTE

Miami

MEXICO

GOLFO DE
MEXICO

la Habana, Cuba

DF

San Juan
de
Puerto Rico

Guatemala

MAR CARIBE

Nicaragua

Caracas

OCEANO

PACIFICO

San José
Managua
Costa Rica

Panamá

Venezuela

Bogotá,

Colombia

Perú

Lima

Trópico de Capricornio

Chile

Santiago

Uruguay

Montevideo
Buenos Aires

OCEANO

ATLANTICO

Mexico City (DF)=0

Argentina

DEL SUR

−3   −2   −1   0   +1   +2   +3

2. Study the numbers in Act 4 Grammar Notes. Say them out loud. If you are not sure how to say them, listen to Act 2 pronunciation again.

e.g.
ei	of **veinte**	sounds like	**seis**
n	of **veinte**	sounds like	**quince**
quin	of **quinientos**	sounds like	**quince**
ie	of **quinientos**	sounds like	**siete**

3. Now fill in your details on these bills, read the numbers aloud, and see if you can add them up correctly — don't forget the 15% Sales Tax (IVA):

RESTAURANT
"Las Bugambilias"   No. 84350

José Ma. Chávez 101   Tel. 6-18-89   Aguascalientes, Ags.

Mesero   Mesa   Pers.   Día   Mes   Año

R.F.C.-HRG-631005-147

Descripcion	Alimentos
1 Jugo N. Gr.	360—
1 U. Huev Tiv.	346—
1 U. Huev R.c/t	428—
2 Café	350—

Sub-Total $

IVA $

Total $

Cuarto ....

Firma ....

Nombre ....

Gracias por su visita

HOTEL UNIVERSO, S.A.
No. 128826

LOPEZ COTILLA NUM. 161   Tels. 13-28-15, 13-44-65 y 13-76-63
GUADALAJARA, JALISCO, MEXICO.
Reg. Fed. de Causantes HUN-750626-001
Reg. Nacional de Comercio No. 7874
Reg. de Turismo No. 105880   Cta. del Estado No. 20446

Sr.   ....
Dirección ....

Habitación No:

Ciudad   ....
Estado   ....

No. de Personas:

País   ....
Permanencia total de días ....
Precio por día.   .   . $10,000 .....
Total por habitación ....
15% I.V.A ....
TOTAL ....
                                        $ ....

RESTAURANT EL PATIO

REG. FED. DE CAUS. SAFA-541226

PLAZA VASCO DE QUIROGÁ No. 19

Tel: 2-04-84   PATZCUARO, MICH.   No. 1269

No. Personas	Fecha	Mesero No.	Mesa
		L	12

1	Fi. a la parrilla	950
1	Or. Guacamole	600
1	Or. de pescado	1,300
2	Cervezas	480
1	Capuchino	200
1	Café express	170

IVA $ _____

Total $ _____

POSADA SAN RAFAEL   Cuarto No. _____

SU HOGAR EN PATZCUARO

Reg.Fed. de Caus.   00AS-390814

Plaza Vasco de Quiroga   Pátzcuaro, Mich.   Tels, 2-07-70 y 2-07-79

Sr. _____

Fecha _____ Hora _____ No. 6661

Personas _____ Precio $_____

FECHA	15	16	17	18
SALDO		8840		
CUARTOS	8000	8000	8000	
IVA	840	840	840	
TOTAL	8840			

Por Favor: Su cuenta deberá Liquidarse cada Siete Días Máximo

Part Five : Personalised Dialogues
Sección Cinco : Diálogos

1. You are talking to a Mexican friend. Answer her questions saying whether you like or dislike the places that she is asking you about.

Amiga: ¿Te gusta México?
Usted: (Yes, you like Mexico. It's an interesting country. You like the markets (**los mercados**) very much.
Amiga: ¿Y qué te parece la Ciudad de México?
Usted: (It's too big. You don't like large cities.)
Amiga: ¿Conoces Guadalajara?
Usted: (Yes, you love Guadalajara. It's a very pleasant (**agradable**) city. And the people are (**la gente es....**) very nice.)

2. While on holiday in a Spanish speaking country you meet someone at the beach. Talk to him. Note he's using the formal form of address.

El: Usted no es de aquí ¿verdad?
Usted: (No, say where you come from.)
El: ¿Y le gusta este lugar?
Usted: (Yes, you like this place very much. It is very beautiful.)
El: Sí, sí es muy bonito. A mí también me gusta mucho. Y las playas son estupendas ¿verdad?
Usted: (Say yes, you love the beaches. They are excellent.)
El: ¿Le gusta nadar?
Usted: (Yes, you like swimming. But now you want to rest.)
El: Ah, quiere descansar. Bueno. Pero... ¿tiene algo que hacer esta noche? Podemos ir a una discoteca.Conozco una muy buena...
Usted: (Thank you, but you are going out with your fiance (**mi novio**). He's very jealous (**celoso**).)

3. At a hotel in a Spanish speaking country you talk to a tourist who doesn't speak your language. Use the formal form of address.

Usted: (Ask if he likes the hotel.)
El: No, no me gusta. Es muy ruidoso (noisy) y demasiado caro (expensive).
Usted: (Ask if he likes the food.)
El: ¡Uh! La comida es horrible. Prefiero la comida de mi país. Es mucho más sabrosa.
Usted: (Ask if he likes the excursions (**las excursiones**).)
El ¿Las excursiones? No, en absoluto. Hay muchos turistas y los turistas no me gustan nada.

4. You have a stomach ache (**dolor de estómago**) and you go to the drugstore to buy some tablets. (Chemist **Farmacéutico (Farm.)**)

Usted: (Ask the chemist if he has something for a stomach ache.)
Farm: ¿Para el dolor de estómago? Mire, tengo estas pastillas que son muy buenas. Se las recomiendo. Tenemos sobres de diez y cajas de veinticinco.
Usted: (Say you want a sachet of ten.)
Farm: ¿Algo más?
Usted: (Yes, you want some aspirins.)
Farm: Tengo cajas de veinte y de cuarenta. ¿Cuál prefiere?
Usted: (Say you want a packet of forty.)
Farm: Aquí tiene usted. ¿Desea algo más?
Usted: (Nothing else, thank you. Ask how much it is.)
Farm: Son doscientos sesenta pesos.

(The answers are at the back of the book)

ACT 6 ACTO 6
SCENE 1 ESCENA 1

At seven o'clock exactly Peter arrived at Adela's house. They had an aperitif and then they went out.

A las siete en punto Peter llegó a casa de Adela. Tomaron un aperitivo y después salieron.

Peter: What about taking a taxi?

¿Qué te parece si tomamos un taxi?

Adela: Fine. The restaurant is in Santa Elvira Street. It's called El Nopal.

De acuerdo. El restaurante está en la Calle Santa Elvira. Se llama El Nopal.

Peter paid the taxi driver and they went into the restaurant. They sat next to the window.

Peter le pagó al taxista y entraron en el restaurante. Se sentaron junto a la ventana.

The restaurant was full.

El restaurante estaba lleno.

On the table there was a red tablecloth and pink serviettes.
The glasses were made of crystal.
In the middle of the table was a candle. There was also a bunch of red roses.

En la mesa había un mantel rojo y servilletas rosadas.
Las copas eran de cristal.
En el centro de la mesa había una vela. También había un ramo de rosas rojas.

Peter: I like the atmosphere. I really wanted to go to a Mexican restaurant.

Me gusta el ambiente. Tenía muchas ganas de conocer un restaurante mexicano.

Adela: Yes, it's very pleasant, and the food is excellent. Here comes the waiter.

Sí, es muy agradable, y la comida es estupenda. Aquí viene el mesero.

Waiter: Good evening.

Buenas noches.

P and A: Good evening.

Buenas noches.

Waiter: Shall I bring you the menu?

¿Les traigo la carta?

Peter: Yes please.

Sí por favor.

The waiter brought them the menu and the wine list.

El mesero les trajo la carta y la lista de vinos.

Entraron en el restaurante

95

Adela:	Here they have very good and fresh seafood.	**Aquí tienen mariscos muy buenos y frescos.**
Peter:	I don't like shellfish much. I prefer something different.	**A mí no me gustan mucho los mariscos. Prefiero otra cosa.**
Adela:	Look, they have avocado, garlic soup, guacamole, tacos.	**Mira, hay aguacates, sopa de ajo, guacamole, tacos.**
Peter:	I'm going to order guacamole.	**Voy a pedir guacamole.**
Adela:	I'm going to have crayfish. I love them.	**Yo voy a comer langostinos. Me encantan.**
	And what would you like as a second course?	**¿Y de segundo qué quieres?**
	They have fish, chicken, enchiladas, steak.	**Tienen pescado, pollo, enchiladas, bistec.**
Peter:	Sea bass with tomatoes and green peppers.	**Róbalo a la veracruzana.**
Adela:	They prepare it very well here. I'm sure you are going to like it. I prefer chicken with mole sauce (chocolate and chile peppers).	**Aquí lo preparan muy bien. Estoy segura que te va a gustar. Yo prefiero pollo con mole.**
	The waiter returns to their table.	**El mesero vuelve a la mesa.**
Waiter:	What shall I bring you?	**¿Qué les traigo señores?**
	The waiter takes notes and asks:	**El mesero toma nota y pregunta:**
Waiter:	What would you like to drink? Wine, beer...?	**¿Qué desean tomar? ¿Vino, cerveza?**
Adela:	What white wine do you recommend?	**¿Qué vino blanco nos recomienda?**
Waiter:	We have a very good Argentinian wine. I can recommend it.	**Tenemos un vino argentino muy bueno. Se lo recomiendo.**
Adela:	Yes, bring us a bottle.	**Sí, tráiganos una botella.**
	The waiter brings them the wine and Adela tastes it.	**El mesero les trae el vino y Adela lo prueba.**
Adela:	It's very nice. Cheers, Peter.	**Está bueno. Salud, Peter.**
Peter:	Cheers.	**Salud.**

Adela lo prueba

Peter:	You know a lot about me, but I know very little about you. Where were you born?	**Tú sabes mucho de mí, pero yo sé muy poco de ti. ¿Dónde naciste?**
Adela:	Well, I was born in Cuba. My parents lived for many years in Havana. They arrived in Mexico when I was five years old. Here they set up an import/export company.	**Bueno, nací en Cuba. Mis padres vivieron muchos años en La Habana. Llegaron a México cuando yo tenía cinco años. Aquí establecieron una compañía de importaciones y exportaciones.**

After retiring they bought a house in Cancun, and now they live there. It's an ideal place because the weather is fine the whole year round. Their house is opposite the beach. It's a wonderful house and it has an excellent view. They live very well. I'm now a shareholder in the company. My Uncle Antonio is the General Manager. He's the boss. I live with him. Our company buys and sells to mainly Latin American companies.	**Después de jubilar compraron una casa en Cancún, y ahora viven allí. Es un lugar ideal porque hace buen tiempo durante todo el año. Su casa está frente a la playa. Es una casa maravillosa y tiene una vista estupenda. Ellos viven muy bien. Yo soy ahora accionista de la compañía. Mi tío Antonio es el Director General. Es el jefe. Yo vivo con él. Nuestra compañía compra y vende a compañías latinoamericanas principalmente.**

	The other important shareholder was an American. Unfortunately he was killed in a plane accident in Guatemala last year.	**El otro accionista importante era un norteamericano. Desgraciadamente murió en un accidente aéreo en Guatemala el año pasado.**
Peter:	I am sorry.	**Lo siento.**
Adela:	I did not know him very well, but of course it was very sad for the family.	**Yo no lo conocía muy bien, pero por supuesto fue muy triste para la familia.**

Tiene una vista estupenda

Su casa está frente a la playa

Peter:	What work do you do with the Company?	**¿Qué haces tú en la compañía?**
Adela:	I am the Sales Manager. It is a job I like because it allows me to meet people and I have to travel a lot.	**Soy la Gerente de Ventas. Es un trabajo que me gusta porque me permite conocer gente y tengo que viajar mucho.**
	Adela seems very sure of herself although she is very young for the job she does.	**Adela parece muy segura de sí misma, aunque es muy joven para el trabajo que hace.**
Adela:	What plans do you have for the future?	**¿Qué planes tienes tú para el futuro?**
Peter:	Well, I studied Business Management at the University of Wisconsin. I finished my studies last year and now I need to find a job.	**Bueno, yo estudié Administración de Empresas en la Universidad de Wisconsin. Terminé mis estudios el año pasado y ahora necesito encontrar un trabajo.**
Adela:	How interesting! I studied the same thing at the University of Mexico.	**¡Qué interesante! Yo estudié lo mismo en la Universidad de México.**
Peter:	Have you any brothers or sisters?	**¿Tienes hermanos?**
Adela:	No, and you?	**No, ¿y tú?**
Peter:	Yes, I have two. My older brother is a doctor and lives in Los Angeles. He is married and has two children, a boy and a girl. I also have a younger sister who is a teacher. She works at a school in Houston. She is twenty and she is single.	**Sí, tengo dos. Mi hermano mayor es médico y vive en Los Angeles. Está casado y tiene dos hijos, un niño y una niña. También tengo una hermana menor que es profesora. Trabaja en una escuela en Houston. Tiene veinte años y está soltera.**
Adela:	And how old are you?	**¿Y tú cuántos años tienes?**
Peter:	I am twenty-three.	**Tengo veintitrés años.**
Adela:	You are very young. And where do your parents live?	**Eres muy joven. ¿Y tus padres dónde viven?**
Peter:	My mother and father live in Omaha.	**Mi madre y mi padre viven en Omaha.**
Adela:	How nice to have a family!	**¡Qué agradable es tener una familia!**
	Adela looks Peter in the eyes.	**Adela mira a Peter a los ojos.**

Pronunciation/Intonation

Listen carefully to the Spanish speaker and imitate him, so you have a good accent. Pay special attention to the **c** and **z** when you repeat. (Notice that **c** before **e** or **i** has the same sound as **z**).

¿Quiere azúcar?
Yo soy Adela Alvarez
Soy accionista de la compañía
Conozco Los Angeles
Quiero cinco cervezas

Aquí tienen mariscos muy frescos
Hay aguacates

Tengo que viajar mucho

A las siete en punto

¿Qué te parece si tomamos un taxi?

Peter le pagó al taxista

Se sentaron junto a la ventana

Entraron en el restaurante

EL NOPAL

rosas rojas

Servilletas rosadas

Mantel rojo

La comida es estupenda

El mesero

les trajo la carta y la lista de vinos

100

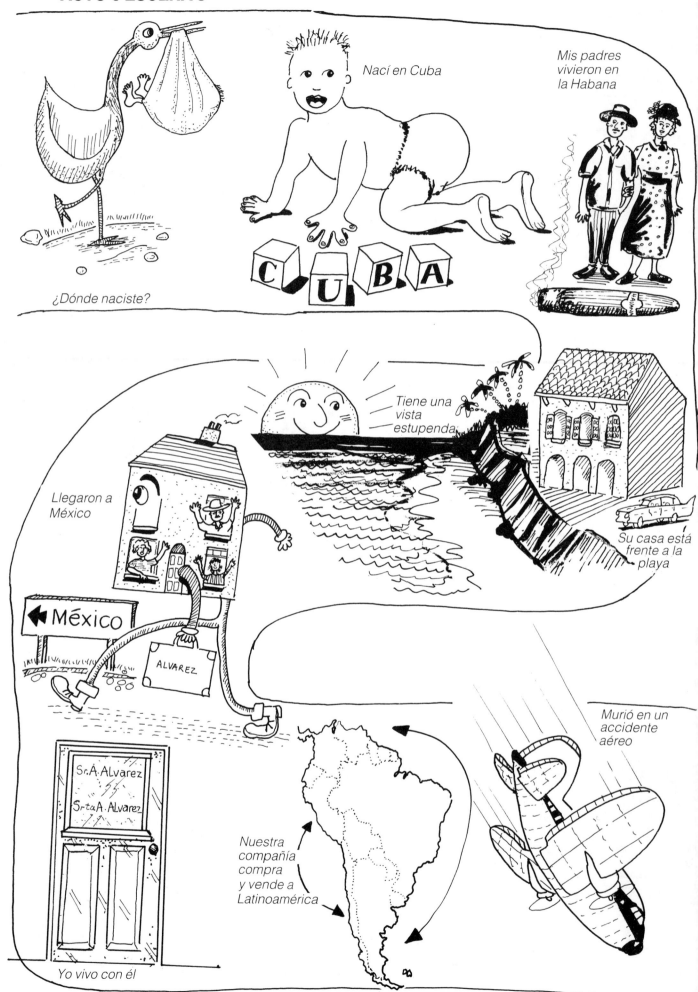

¿Dónde naciste?

Nací en Cuba

Mis padres vivieron en la Habana

Tiene una vista estupenda

Llegaron a México

Su casa está frente a la playa

México

ALVAREZ

Sr. A. Alvarez

Srta A. Alvarez

Nuestra compañía compra y vende a Latinoamérica

Murió en un accidente aéreo

Yo vivo con él

Part Two : Functional Dialogues
Sección Dos : Diálogos

1.   Peter and Adela talk about what they did after they parted that afternoon.

Adela:	Did you go straight back to the hotel?	**Adela:**	**¿Volviste directamente al hotel?**
Peter:	No, first I went to a drugstore. I bought a pack of aspirins and then I went to the hotel.	**Peter:**	**No, primero entré en una farmacia. Compré una caja de aspirinas y después fui al hotel.**
Adela:	What's the matter (with you)? Do you have a headache?	**Adela:**	**¿Qué te pasa? ¿Te duele la cabeza?**
Peter:	No, it doesn't hurt any more. I took a couple of aspirins at the hotel. I'm all right now.	**Peter:**	**No, ya no me duele. En el hotel tomé un par de aspirinas. Ahora estoy bien.**
Adela:	Did you sleep for a while?	**Adela:**	**¿Dormiste un rato?**
Peter:	No, I didn't sleep. I sat down for a moment to rest and read the paper. And at six-thirty I had a shower and got ready to come here. And what did you do? Did you rest?	**Peter:**	**No, no dormí. Me senté un momento a descansar y a leer el periódico. Y a las seis y media me duché y me arreglé para venir aquí. ¿Y tú qué hiciste? ¿Descansaste?**
Adela:	After arriving home I went up to my room to rest, then I answered a letter and got ready to go out with you.	**Adela:**	**Sí, después de llegar a casa subí a mi habitación a descansar, luego respondí una carta y me arreglé para salir contigo.**

2.   Peter asks Adela about her uncle.

Peter:	Did your uncle come back?	**Peter:**	**¿Volvió tu tío?**
Adela:	No, but he wrote and he says he hopes to return soon. He has already booked his ticket.	**Adela:**	**No, pero escribió y dice que espera volver pronto. Ya reservó el boleto.**

3.   Peter talks to Adela about himself.

Adela:	You were born in the United States, is that right?	**Adela:**	**Naciste en los Estados Unidos, ¿verdad?**
Peter:	Yes, I was born in Omaha and I lived there until I went to University.	**Peter:**	**Sí, nací en Omaha y viví allí hasta que fui a la Universidad.**
Adela:	Which University did you go to?	**Adela:**	**¿A qué Universidad fuiste?**
Peter:	To the University of Wisconsin. I studied Business Management. I finished my studies last year.	**Peter:**	**A la Universidad de Wisconsin. Estudié Administración de Empresas. Terminé mis estudios el año pasado.**

4.   Adela talks to Peter about herself and her parents.

Peter:	Where were you born?	**Peter:**	**¿Dónde naciste?**
Adela:	I was born in Cuba. My parents lived in Havana for many years.	**Adela:**	**Nací en Cuba. Mis padres vivieron muchos años en La Habana.**
Peter:	When did they arrive in Mexico?	**Peter:**	**¿Cuándo llegaron a México?**
Adela:	They arrived here when I was five years old. They started an import/export company. After retiring they bought a house in Cancun and now they live there.	**Adela:**	**Llegaron aquí cuando yo tenía cinco años. Establecieron una compañía de importaciones y exportaciones. Después de jubilar compraron una casa en Cancún y ahora viven allí.**

5.   Adela asks Peter about his family.

Adela:	Have you any brothers or sisters?	**Adela:**	**¿Tienes hermanos?**
Peter:	Yes, I have two. My older brother is a doctor and he lives in Los Angeles. He is married and has two children, a boy and a girl. I also have a younger sister who is a teacher. She works at a school in Houston. She is twenty years old and she is single.	**Peter:**	**Sí, tengo dos. Mi hermano mayor es médico y vive en Los Angeles. Está casado y tiene dos hijos, un niño y una niña. También tengo una hermana menor que es profesora. Trabaja en una escuela en Houston. Tiene veinte años y está soltera.**
Adela:	And where do your parents live?	**Adela:**	**¿Y tus padres dónde viven?**
Peter:	My mother and father live in Omaha.	**Peter:**	**Mi madre y mi padre viven en Omaha.**

6.   Adela describes to a friend (female) the restaurant where she had dinner with Peter.

She:	What was the restaurant like where you and Peter went last night?	**Ella:**	**¿Qué tal era el restaurante donde fueron anoche tú y Peter?**
Adela:	It was excellent. It was full, but the atmosphere was very pleasant. There were candles and red roses on the tables. Very romantic!	**Adela:**	**Era estupendo. Estaba lleno, pero el ambiente era muy agradable. En las mesas había velas y rosas rojas. ¡Muy romántico!**
She:	And what was the food like?	**Ella:**	**¿Y qué tal la comida?**
Adela:	It was quite good and they had a delicious Argentinian wine.	**Adela:**	**Era bastante buena y tenían un vino argentino muy rico.**
She:	Did Peter like it?	**Ella:**	**¿Le gustó a Peter?**
Adela:	Yes, very much. He was very pleased. He really wanted to go to a Mexican restaurant.	**Adela:**	**Sí, mucho. Estaba muy contento. Tenía muchas ganas de conocer un restaurante mexicano.**

7. At a restaurant people talk to the Waitress (Wtrss.) **Camarera (Cmra.)** or the Waiter (Wtr.) **Camarero (Cmro.)** or their friend.

7(a)

| Mr: | What red wine do you recommend? | **Señor:** | **¿Qué vino tinto nos recomienda?** |
| Wtrss: | We have a very good French wine. I can recommend it. | **Cmra:** | **Tenemos un vino francés muy bueno. Se lo recomiendo.** |

7(b)

| Srta: | What dessert do you recommend? | **Srta:** | **¿Qué postre me recomienda?** |
| Wtr: | We have some very nice peaches. I can recommend them. | **Cmro:** | **Tenemos unos duraznos muy sabrosos. Se los recomiendo.** |

7(c)

| She: | What beer do you recommend? | **Amiga:** | **¿Qué cerveza me recomiendas?** |
| He: | Mexican beer is very good. I can recommend it. | **Amigo:** | **La cerveza mexicana es muy buena. Te la recomiendo.** |

7(d)

| 1st: | What do you recommend to start with? | **1a:** | **¿Qué me recomiendas para empezar?** |
| 2nd: | The shellfish are very fresh. I can recommend them. | **2a:** | **Los mariscos están muy frescos. Te los recomiendo.** |

Tenemos un vino francés muy bueno.

Part Three : Grammar Notes
Sección Tres : Notas gramaticales

1. Study Acts 5 and 6.

    In Act 5 you saw how to begin to talk about simple actions in the past:

Adela miró a Peter	**(mirar)**
y le preguntó	**(preguntar)**
decidió comprar el vestido rojo	**(decidir)**
La dependienta envolvió el vestido	**(envolver)**
le entregó el paquete	**(entregar)**
Peter entró en una farmacia	**(entrar)**

    And notice:

fue al quiosco	**(ir)**

    Notice the accent gives a completely different meaning:

miro a Peter	(I look at Peter)
miró a Peter	(she/he looked at Peter)

2. When Adela and Peter talked about what they did that afternoon:

Adela:	**¿Volviste al hotel?**	**(volver)**	**Peter:**	**Entré en una farmacia**	**(entrar)**
				después fui al hotel.	**(ir)**
Adela:	**¿Dormiste un rato?**	**(dormir)**	**Peter:**	**No dormí.**	**(dormir)**
and			**Peter:**	**¿Descansaste?**	**(descansar)**
Adela:	**Sí, subí a mi habitación**				
	a descansar.	**(subir)**			

3. In Act 6:

Mis padres vivieron muchos años en La Habaña.	**(vivir)**
Llegaron a México.	**(llegar)**
Establecieron una compañía.	**(establecer)**

4. So in the past most verbs have these endings:

	ar	**er/ir**	
	entrar	**volver**	**subir**
(I)	**entré**	**volví**	**subí**
(you-friendly)	**entraste**	**volviste**	**subiste**
(you-polite) }	**entró**	**volvió**	**subió**
(she/he) }			
(you-plural, they)	**entraron**	**volvieron**	**subieron**

5. Study Act 4, Grammar Note 3 and Act 5, Grammar Note 3.
    Now compare these phrases from Act 6:

(el róbalo)	**Aquí lo preparan muy bien**
(el vino)	**Adela lo prueba**

    lo means 'it' or 'him' and refers to people or things that are masculine

    (el/un/este . . .)

    la means 'it' or 'her' and refers to people or things that are feminine

    (la/una/esta . . .)

lo = el vino/Peter	**los = los duraznos/Peter y su hermano**
la = la mermelada/Adela	**las = las manzanas/Adela y su tía**

    And notice:

recomiendo el vino a Adela	
le recomiendo el vino	(to her)
lo recomiendo a Adela	(it)
se lo recomiendo	(I recommend it to her)

Part Four : Games
Sección Cuatro : Juegos

1.   Study Grammar Note 5.

Now try this game. To play you need a pack of playing cards. Take out eight and nine from each suit. Now divide the pack into one pile with all the cards 2-7, and one with all the cards 10 — Ace.

Turn over one card from each pile to determine the square across (2-7) and the square down (10-Ace). When the square is determined make sentences in Spanish using the words indicated.

e.g. square 2/10:   **Adela da el guacamole a Peter.**

Now use 'it' instead of **guacamole:**   **Adela lo da a Peter.**
Now use 'to him/her' instead of
a Peter/Adela in the original sentence: **Adela le da el guacamole**
Now use both 'it' and 'to him/her':   **Adela se lo da**

	Ten	Jack	Queen	King	Ace	
2						**el guacamole**
3						**el róbalo**
4						**la sopa**
5						**la tarta**
6						**los tacos**
7						**las enchiladas**

dar   **pedir**   **preparar**   **recomendar**   **traer**
(+a)   **(+para)**   **(+para)**   **(+a)**   **(+para)**

Jugaba a las cartas

2. See if you can complete this enrolment form for a summer school in México:

UNIVERSIDAD DE PUERTO VALLARTA
ESCUELA DE VERANO
SOLICITUD DE ADMISION

*Envíe este impreso antes del día 30 de abril,
 a la siguiente dirección:
          Sr. Secretario
          Escuela de Verano

          UNIVERSIDAD DE PUERTO VALLARTA

          Puerto Vallarta, Jalisco, México

*Fotografía
reciente*

A)   1.   APELLIDO(S) ....   2.   NOMBRE(S) ....

        3.   Nacido el día .... de .... de 19...................., en ....

        4.   Estado Civil (soltero/casado) ....

        5.   Nacionalidad ....

        6.   Con domicilio en   ....
                                         (país)   (ciudad)
                 ....
                                         (calle)   (número)

B)   1.   Estudios previos realizados, de acuerdo con los niveles o ciclos establecidos en el
                 sistema de enseñanza seguido por el solicitante:

                 Estudios preuniversitarios

                 ....
                 ....

                 Estudios universitarios

                 ....
                 ....
                 (nivel)   (número   (centro docente)   (oficialmente
                                        de años)   reconocido)

C)   1.   Conocimientos de lengua española que posee:

                 lee   muy bien   bien   regular   nada
                 habla   muy bien   bien   regular   nada
                 escribe   muy bien   bien   regular   nada

        2.   Indique cuál es su lengua nativa ....

        3.   Para las restantes que conozca, señale expresamente en qué grado las lee, habla
                 y escribe
                 ....
                 ....

D)   1.   Deportes que practica ....

        2.   Conocimientos especiales y aficiones que cultiva ....
                 ....
                 ....

3.   Now answer these questions in Spanish:

1. **¿Cuántos años tiene usted?**

2. **¿Dónde nació?**
3. **¿Qué día nació?**
4. **¿Cuál es su nacionalidad?**
5. **¿Cuál es su estado civil?**
6. **¿Qué familia tiene?**

7. **¿Dónde viven sus padres/hermanos/ hijos?**
8. **¿Dónde estudió?**
9. **¿Cuándo terminó sus estudios?**
10. **¿En qué trabaja usted?**
11. **¿Cuál es su lengua nativa?**
12. **¿Qué otros idiomas habla?**

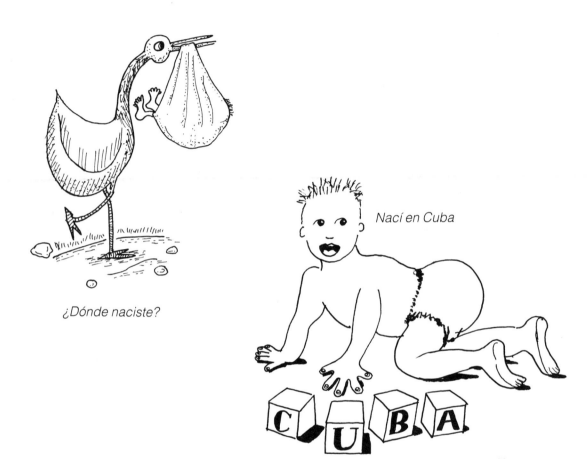

¿Dónde naciste?

Nací en Cuba

(The answers are at the back of the book)

Part Five : Personalised Dialogues

Sección Cinco : Diálogos

1. You are having a drink with a Spanish speaking friend at a resort. She asks you what you did during the day.

Ella: **¿Qué hiciste hoy?**
Usted: (In the morning you had a shower, then you got ready and had a cup of coffee.)
Ella: **¿Saliste del hotel?**
Usted: (Yes, you went to a drugstore and bought some sun tan cream.)
Ella: **¿Fuiste a la playa en la mañana?**
Usted: (No, you didn't go to the beach. You sat in a café to read the newspaper and you wrote a postcard to a friend.
  (una postal a una amiga).)
Ella: **Yo fui a la playa con Roberto esta mañana. Tomé mucho sol.**
Usted: (Say you went in the afternoon and at five o'clock you went back to the hotel and slept for a while.)
Ella: **¿Te gusta este bar?**
Usted: (Yes, you like it. It's very pleasant.)
Ella: **No está mal. Es la primera vez que vengo aquí.**

2. At a dinner party with a Spanish speaking friend you talk about yourselves.

Usted: (Ask your friend where she was born.)
Ella: **Nací en Veracruz.**
Usted: (Ask her where Veracruz is.)
Ella: **Está en el este de México. Es una ciudad muy bonita.**
Usted: (Ask whether she has brothers or sisters.)
Ella **Sí, tengo tres hermanos. Mi hermana mayor se llama Elena y tiene veinticinco años. Es secretaria. Está casada y tiene una hija. Después de Elena viene Carlos que tiene veintiún años. Carlos es mecánico y está soltero. Mi hermano menor se llama José. Tiene dieciocho años. Es estudiante.**
Usted: (Ask your friend how old she is.)

3. Now answer questions about yourself. Use the dialogue that you have just heard as a model.

Ella: **¿Dónde naciste?**
Usted: (Say where you were born.)
Ella: **¿Tienes hermanos?**
Usted: (Say whether you have brothers and sisters. If you do, say what their names are, how old they are, what they do and whether they are single or married.)
Ella: **¿ Cuántos años tienes?**
Usted: (Say how old you are.)

¿Tienes hermanos?

4.	Look at Scenes 1 and 2 and answer these questions about Adela and Peter.

a.	**¿Qué tomaron Adela y Peter en casa antes de ir al restaurante?**
b.	**¿Cómo fueron al restaurante?**
c.	**¿A qué restaurante fueron?**
d.	**¿Dónde se sentaron?**
e.	**¿Qué vino tomaron?**

5.	A friend asks you to describe an hotel where you have been.

El:	**¿Qué tal era el hotel donde fuiste?**
Usted:	(Say it was good. It was full but the atmosphere was pleasant. It had a swimming pool (**una piscina**.) and there was an excellent restaurant.)
El:	**¿Era caro?**
Usted:	(No, it was not expensive.)

6.	You go to a bar with a friend.

Usted:	(Ask him to recommend you a wine.)
El:	**Este vino francés es excelente. Te lo recomiendo.**

7.	You are having a meal in a restaurant.

Usted:	(Ask the waiter to recommend you a dessert.)
Camarero:	**Los duraznos están muy buenos. Se los recomiendo.**

8.	You have invited a friend for a meal. She is not sure what to have as a starter.

Amiga:	**¿Qué me recomiendas de entrada?**
Usted:	(Say the trout (**la trucha**) here is very good, that you recommend it.)

REMINDER

Have you got the Steps in front of you? You should *always* follow each one through faithfully. Always include the visualisation exercise — the step where you close your eyes and visualise the Acts and speak as many words out loud as you can remember. This is a powerful memory device.

Don't forget your activities as you go through this course. By activities we mean not only playing as many of the games and solving as many of the puzzles as possible, but also that you should physically 'work with' the text and/or illustrations. Underlining, highlighting, jotting down any words, phrases, expressions that you particularly want to fix in your memory (or which for some reason have specific significance for you), is important.

Always remember that active involvement is the best method to store new material in your long-term memory.

You should ideally always have writing material ready while you are learning and/or listening to the cassettes.

We recommend you to have a look at these Steps as you progress through this course from time to time.

ACT 7   ACTO 7
SCENE 1   ESCENA 1

Adela and Peter finished their first course and the second course arrived. Chicken for Adela and fish for Peter.	**Adela y Peter terminaron el primer plato y llegó el segundo. Pollo para Adela y pescado para Peter.**
In a corner of the restaurant there was a guitarist who was playing and singing Mexican songs. While they were eating they spoke about their interests and pastimes.	**En un rincón del restaurante había un guitarrista que tocaba y cantaba canciones mexicanas. Mientras comían hablaron sobre sus intereses y pasatiempos.**

Adela:

I see you like sports. I like to play tennis.	**Veo que te gustan los deportes. A mí me gusta jugar al tenis.**
I don't mind whether I win or lose, I am just interested in playing sports. After being a whole day at the office it is pleasant to do some exercise and relax.	**No me importa si gano o pierdo, lo que me interesa es hacer deportes. Después de estar todo el día en la oficina es agradable hacer ejercicio y relajarse.**
I am also studying French. It is a language I like very much. I can understand it and speak it quite well, although I can't write it very well. Do you speak French?	**También estudio francés. Es un idioma que me gusta mucho. Lo entiendo y lo hablo bastante bien, aunque no lo escribo muy bien. ¿Tú hablas francés?**

Peter:

Yes, a little. I did a year of French when I was at the university. But I prefer Spanish.	**Sí, un poco. Hice un año de francés cuando estaba en la universidad. Pero prefiero el español.**
To finish their dinner they ordered dessert and coffee.	**Para completar la cena pidieron postre y café.**

Veo que te gustan los deportes

	Peter looked at Adela.	**Peter miró a Adela.**
	He found her intelligent and attractive.	**La encontraba inteligente y atractiva.**
	He would like to continue this new friendship.	**Le gustaría continuar esta nueva amistad.**
	He would like to stay in Guadalajara a long time, although he was still worried about the mysterious Uncle Antonio.	**Le gustaría quedarse en Guadalajara mucho tiempo, aunque todavía estaba preocupado por el misterioso tío Antonio.**
	Adela was looking at him and smiling.	**Adela lo miraba y sonreía.**
Adela:	What were you thinking about?	**¿En qué pensabas?**
Peter:	I was thinking that I am very happy to be in Guadalajara.	**Pensaba en que estoy muy contento de estar en Guadalajara.**
Adela:	What would you like to do tomorrow?	**¿Qué te gustaría hacer mañana?**
Peter:	I would like to go out of the city, to the countryside.	**Me gustaría salir fuera de la ciudad, al campo.**
	Would you like to come with me?	**¿Te gustaría venir conmigo?**
	If you are free, of course.	**Si estás libre, por supuesto.**
Adela:	Yes, I would like to go out with you.	**Si, me gustaría salir contigo.**
	I have nothing to do tomorrow.	**No tengo nada que hacer mañana.**
	My car is in the garage. But we can hire one.	**Mi coche está en el taller. Pero podemos alquilar uno.**
	I can pick you up at the hotel early tomorrow.	**Puedo pasar a recogerte al hotel mañana temprano.**
	Peter called the waiter and asked for the bill.	**Peter llamó al mesero y pidió la cuenta.**
	They paid and returned home in a taxi.	**Pagaron y volvieron a casa en taxi.**
	They first went to Adela's house.	**Primero fueron a casa de Adela.**
	When he said goodbye to her Peter kissed her.	**Al despedirse de ella Peter le dio un beso.**
Peter:	Until tomorrow.	**Hasta mañana.**
	Adela looked at him and smiled.	**Adela lo miró y sonrió.**
Adela:	Until tomorrow, Peter. Have a good rest.	**Hasta mañana, Peter. Que descanses.**

ESCENA 3

The following day at nine o'clock in the morning Adela arrived at the hotel.

Al día siguiente a las nueve de la mañana Adela llegó al hotel.

She was wearing a yellow summer dress.
She looked very pretty.

Llevaba un vestido de verano de color amarillo.
Estaba muy guapa.

Peter was waiting for her in the hotel reception.
At that moment he was speaking with Señora Felisa.
He was wearing a blue sports shirt and white trousers.

Peter la esperaba en la recepción del hotel.
En ese momento hablaba con la señora Felisa.
Llevaba una camisa deportiva de color azul y pantalones blancos.

He seemed very happy and he smiled while he talked.

Parecía muy contento y sonreía mientras hablaba.

Adela: Are you ready?
Peter: Yes, I am ready.
Let's go, I'm looking forward to seeing the countryside.

¿Estás listo?
Sí, estoy listo.
Vamos, que tengo muchas ganas de ver al campo.

The car rental office was opposite the hotel.

La oficina de alquiler de coches estaba enfrente del hotel.

It was open.
The attendant (Atdnt:) who was behind the desk said:

Estaba abierta.
El empleado que estaba detrás del mostrador dijo :

Atdnt: May I have your driving licence and your passport please?

¿Me permite su carnet de conducir y su pasaporte por favor?

Peter showed them to him and said:

Peter se los mostró y dijo:

Peter: I would like a full insurance.

Quiero un seguro a todo riesgo.

Then he signed the papers and received the car keys.
Before leaving he asked the attendant if the car had gas and oil.
The attendant answered that it had.

Luego firmó los papeles y recibió las llaves del coche.
Antes de salir le preguntó al empleado si el coche tenía gasolina y aceite.
El empleado le respondió que sí.

Adela:

At this time of day there is a lot of traffic.
Many people travel to work by car.
In any case, it is not a very long journey.
Half an hour to leave the city and we are in the countryside.

It was a very sunny day and it was warm.

A esta hora del día hay mucho tráfico.
Mucha gente va al trabajo en coche.
En todo caso no es un viaje muy largo.
Media hora para salir de la ciudad y estamos en el campo.

Era un día de mucho sol y hacía calor.

Adela:

You are driving very fast.
You have to be careful because the police might stop us.

After driving for about an hour Adela said:

Manejas muy de prisa.
Hay que tener cuidado porque la policía puede pararnos.

Después de manejar una hora más o menos Adela dijo:

Adela:

About two kilometres ahead there is a diversion.
Take the road to the right.

A few minutes later they left the main road and they turned right.

A unos dos kilómetros de aquí hay una desviación.
Allí tomas el camino de la derecha.

Pocos minutos después dejaron la carretera principal y doblaron a la derecha.

Adela:

Now go on to the next crossroads.
Turn left and carry on to the town you can see there.

That is Rio Claro.

Park in the square which is at the end of the main street.

We can buy something to eat there for later.

They drove into the town and continued along the main street to the square.
They parked the car opposite a bar and they asked where there was a grocery store.

Ahora continúas hasta el próximo cruce.
Allí doblas a la izquierda y sigues hasta el pueblo que se ve allí.
Ese es Río Claro.

Estacionas en la plaza que está al final de la calle principal.
Allí podemos comprar algo de comer para más tarde.

Entraron en el pueblo y siguieron por la calle principal hasta la plaza.
Estacionaron el coche enfrente de un bar y preguntaron dónde había una tienda de comestibles.

Peter:	Excuse me, is there a grocery store near here?	**Perdone, ¿hay una tienda de comestibles por aquí?**
Sra:	Yes, next to the church there is one.	**Sí, al lado de la iglesia hay una.**
	You have to cross the square.	**Tiene que cruzar la plaza.**

Pronunciation/Intonation

Listen carefully to these phrases, pay special attention to the **g** and **j**, and repeat after the Spanish speaker. Notice that **g** before **e** or **i** has the same sound as **j**.

llegó el segundo plato
me gusta jugar al tenis
es agradable hacer ejercicio y relajarse
mucha gente va al trabajo en el coche

So now you can say

Los Angeles   **Tejas**   **Guadalajara**

And in Mexico there are many place names which have the same sound, written as **x**. Listen, imitate and repeat.

México   **Oaxaca**   **Xalapa** (or **Jalapa**)

but also   **Tuxpan**   **Uxmal**

Hay mucho tráfico

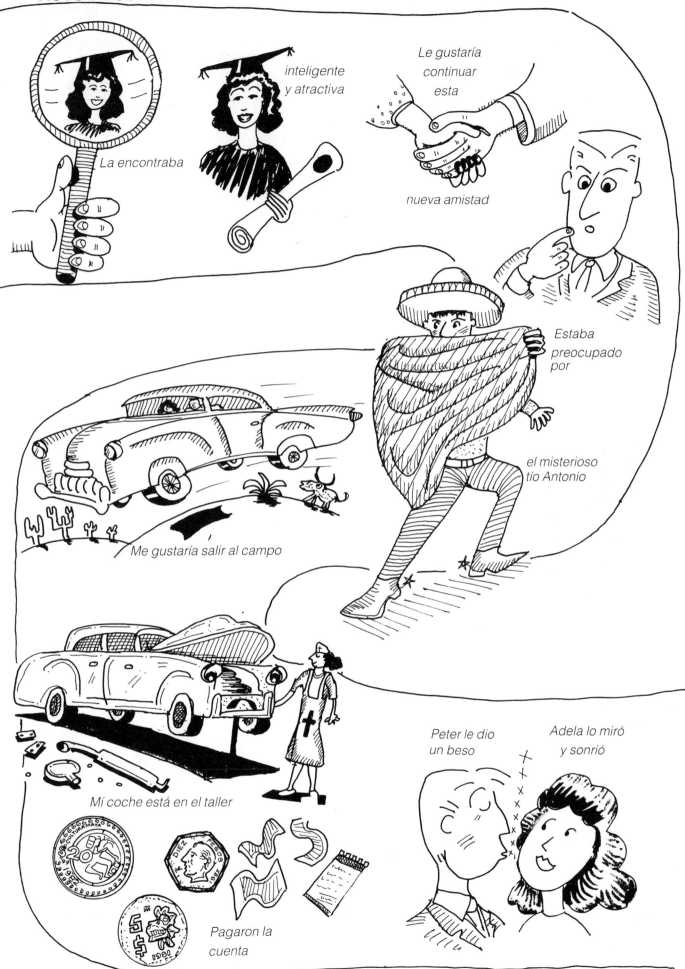

A las nueve de la mañana

Peter la esperaba en la recepción del hotel

Tengo muchas ganas de ver al campo

Llevaba una camisa deportiva de color azul y pantalones blancos

La oficina de alquiler de coches.

¿Me permite su pasaporte por favor?

Nombre: Peter Wilson
Ciudad: Omaha
País: EE UU
Ocupación: Estudiante
Edad: 23,

Seguro a todo riesgo

Recibió las llaves del coche

Si el coche tenía aceite

ACTO 7 ESCENA 4

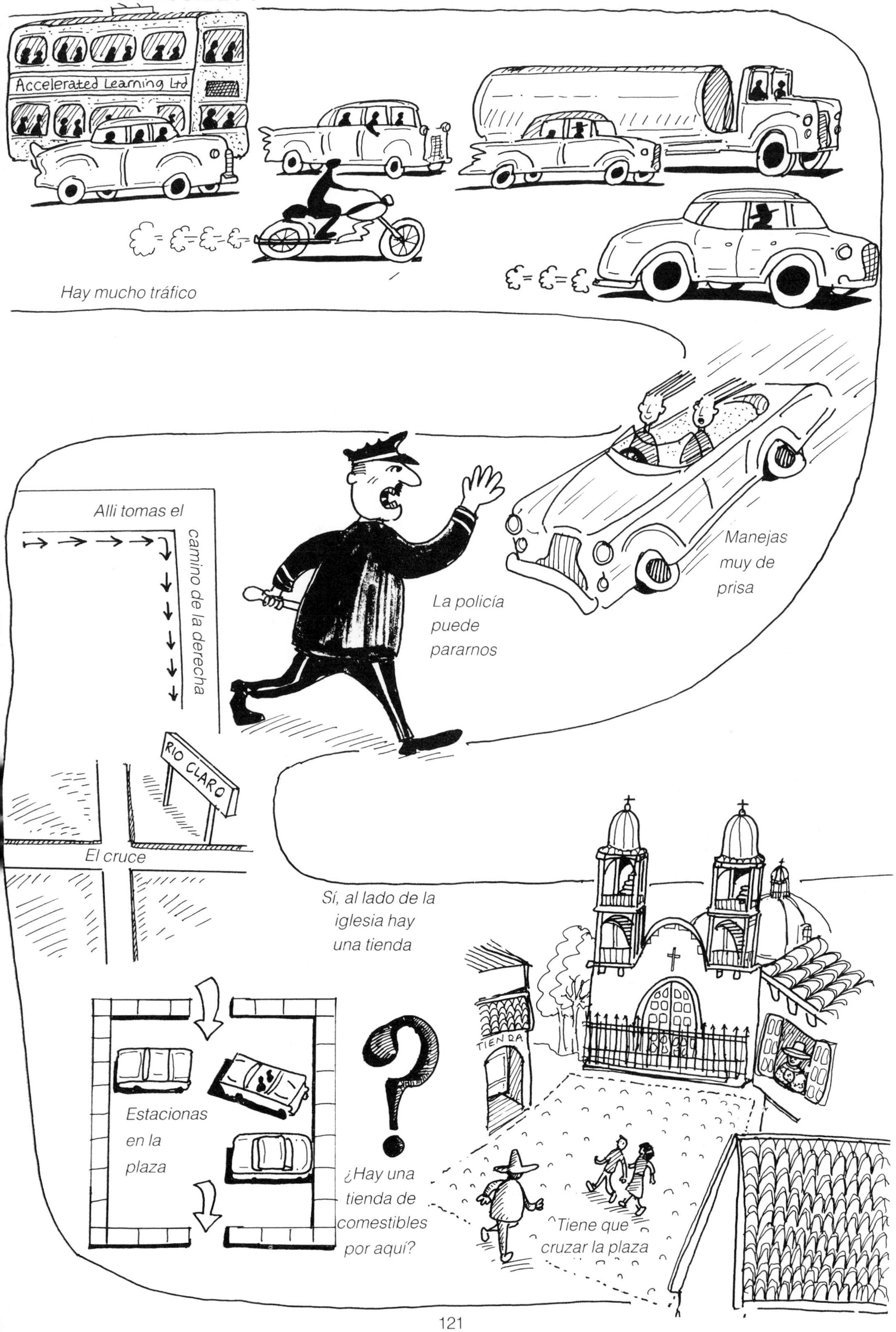
Accelerated Learning Ltd
Hay mucho tráfico
Manejas muy de prisa
La policía puede pararnos
Alli tomas el camino de la derecha
RIO CLARO
El cruce
Sí, al lado de la iglesia hay una tienda
TIENDA
Estacionas en la plaza
¿Hay una tienda de comestibles por aquí?
Tiene que cruzar la plaza

Part Two : Functional Dialogues
Sección Dos : Diálogos

1.   Listen to Peter saying what he would like to do in Guadalajara.

Adela:	What would you like to do tomorrow?	**Adela:**	**¿Qué te gustaría hacer mañana?**
Peter:	I would like to go out of the city, to the countryside. Would you like to come with me? If you are free, of course.	**Peter:**	**Me gustaría salir fuera de la ciudad, al campo. ¿Te gustaría venir conmigo?** **Si estás libre, por supuesto.**
Adela:	Yes, I would like to go out with you. I have nothing to do tomorrow.	**Adela:**	**Sí, me gustaría salir contigo. No tengo nada que hacer mañana.**

2.   Listen to señora Felisa talking to a new guest.

Sra.F:	Would you like to have breakfast in your room tomorrow?	**Sra.F:**	**¿Le gustaría tomar el desayuno en su habitación mañana?**
Sr.	Yes please. I am very tired and I would like to get up late.	**Sr:**	**Sí, por favor. Estoy muy cansado y me gustaría levantarme tarde.**

3.   Two friends discussing how they would like to spend the afternoon.

She:	I would like to go to the cinema this afternoon. At the Plaza Cinema they are showing a film by Saura. Would you like to see it?	**Ella:**	**Me gustaría ir al cine esta tarde. En el Cine Plaza dan una película de Saura.** **¿Te gustaría verla?**
He:	I would rather go to the stadium. I would like to see the game between Mexico and Brazil.	**El:**	**Prefiero ir al estadio. Me gustaría ver el partido entre México y Brasil.**

4.   Señora Felisa describes Adela and Peter to one of her guests.

Sra.F:	Did you see Mr. Wilson this morning?	**Sra.F:**	**¿Vio usted al Sr. Wilson esta mañana?**
Sr.	No, I did not see him. I was in the dining room.	**Sr.**	**No, no lo vi. Yo estaba en el comedor.**
Sra.F:	He looked very handsome. He was wearing a blue shirt and white trousers. He seemed very happy. He went out with a girl.	**Sra.F:**	**Estaba muy guapo. Llevaba una camisa azul y pantalones blancos. Parecía muy contento. Salió con una chica.**
Sr.	And what was she like?	**Sr.**	**¿Y qué tal era ella?**
Sra.F:	She was very pretty. She was tall and dark with dark eyes. She was wearing a yellow summer dress.	**Sra.F:**	**Era muy bonita. Era alta, morena y tenía ojos negros. Llevaba un vestido de verano de color amarillo.**
Sr.	Was she also American?	**Sr.**	**¿Era norteamericana también?**
Sra.F:	No, I think she was Mexican.	**Sra.F:**	**No, no, me parece que era mexicana.**

5.   Listen to the description of doña Felisa made by one of the guests on his return home.

| Sra: | What was the hotel owner like? | **Sra:** | **¿Cómo era la dueña del hotel?** |
| Sr: | She was a very nice lady. She was about thirty eight years old. She was married but she did not have any children. She was very friendly and she liked to talk to people very much. Her name was Felisa. | **Sr:** | **Era una señora muy simpática. Tenía unos treinta y ocho años. Estaba casada pero no tenía hijos. Era muy amable y le gustaba mucho hablar con la gente.**

Se llamaba Felisa. |

6.   Listen to these directions given to Peter by Adela while they are driving.

| Adela: | About two kilometres ahead there is a diversion. Take the road on the right. Then go on to the next crossroads. Turn left and carry on to the town which you can see. That is Rio Claro. Park in the square which is at the end of the main street. | **Adela:** | **A unos dos kilómetros de aquí hay una desviación. Allí tomas el camino de la derecha. Luego continúas hasta el próximo cruce. Allí doblas a la izquierda y sigues hasta el pueblo que se ve allí. Ese es Río Claro. Estacionas en la plaza que está al final de la calle principal.** |

7.   Adela asks a passerby whether there is a baker's nearby.

Adela:	Excuse me, is there a bakery near here?	**Adela:**	**Perdone, ¿hay una panadería por aquí?**
Sr:	Yes, next to the drugstore there is one. You have to continue along this street, then turn left, cross the road and the bakery is right there.	**Sr:**	**Sí, al lado de la farmacia hay una. Tiene que continuar por esta calle, luego doblar a la izquierda, cruzar la calle y allí está la panadería.**
Adela:	Thank you very much.	**Adela:**	**Muchas gracias.**
Sr:	You're welcome.	**Sr:**	**De nada.**

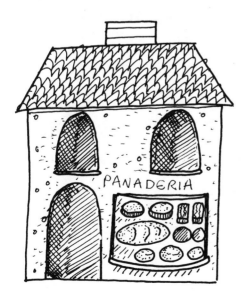

¿Hay una panaderia por aquí?

Part Three : Grammar Notes
Sección Tres : Notas gramaticales

1.   Remember these phrases?

decidió comprar el vestido rojo	(decidir)
¿dormiste un rato?	(dormir)
subí a mi habitación	(subir)

If not, study Act 6 Grammar Notes 1-4 again.
And remember these?

piensa ⎫		(pensar)
quiere ⎬ **pasar otro día aquí**		(querer)
prefiere ⎭		(preferir)

If not, study Act 3, Grammar Note 2
again.
Most verbs in Spanish follow the
pattern shown in Act 5 Grammar
Note 1 for the past. But some do
not:

pensó ⎫		(pensar)
quiso ⎬ **pasar otro día aquí**		(querer)
prefirió ⎭		(preferir)

The verbs in the **ir** group that change **e-ie (preferir)** or **o-ue (dormir),** also have a change in the past.

	preferir (prefer)		**pedir** (ask for)		**dormir** (sleep)	
	present	past	present	past	present	past
(I)	**prefiero**	**preferí**	**pido**	**pedí**	**duermo**	**dormí**
(you-friendly)	**prefieres**	**preferiste**	**pides**	**pediste**	**duermes**	**dormiste**
(s/he, you polite)	**prefiere**	**prefirió**	**pide**	**pidió**	**duerme**	**durmió**
(we)	**preferimos**	**preferimos**	**pedimos**	**pedimos**	**dormimos**	**dormimos**
(you, they)	**prefieren**	**prefirieron**	**piden**	**pidieron**	**duermen**	**durmieron**

There are not many of these verbs. Here's a list of the commonest:

dormir (ue,u)	sleep		**seguir (i,i)**	follow, continue, go on
morir (ue,u)	die		**sentir (ie,i)**	feel, be sorry
pedir (i,i)	ask for		**sonreír (i,i)**	smile
preferir (ie,i)	prefer			

2.   Some verbs are quite irregular in the past:

estar	(be):	**estuve, estuviste, estuvo, estuvimos, estuvieron**
tener	(have):	**tuve, tuviste, tuvo, tuvimos, tuvieron**

poder	(can, be able):	**pude** (etc.)
poner	(put):	**puse** (etc.)
saber	(know, understand):	**supe** (etc.)

hacer	(do, make):	**hice, hiciste, hizo, hicimos, hicieron**
querer	(want):	**quise** (etc.)
venir	(come):	**vine** (etc.)

decir	(say, tell):	**dije, dijiste, dijo, dijimos, dijeron**
traer	(bring):	**traje** (etc — like **decir**)

dar	(give):	**di, diste, dio, dimos, dieron**
ir	(go) and **ser** (be):	**fui, fuiste, fue, fuimos, fueron**

3.   Remember these phrases?

parecía muy contento   **(parecer)**
y sonreía   **(sonreír)**
mientras hablaba   **(hablar)**

This is a second past in Spanish. Notice the forms:

<u>**ar**</u>   <u>**er/ir**</u>

	hablar	**parecer**	**sonreír**
(I)	**hablaba**	**parecía**	**sonreía**
(you-friendly)	**hablabas**	**parecías**	**sonreías**
(s/he, you- polite)	**hablaba**	**parecía**	**sonreía**
(we)	**hablábamos**	**parecíamos**	**sonreíamos**
(you, they)	**hablaban**	**parecían**	**sonreían**

The only verbs that differ from this pattern are:

ir   (go): **iba, ibas, iba, íbamos, iban**
ser (be): **era, eras, era, éramos, eran**
ver (see): **veía, veías, veía, veíamos, veían.**

4.   Notice how these two past forms are used.

Adela y Peter terminaron el primer   **Había un guitarrista**
plato y llego el segundo.   **que tocaba y cantaba**
                                                canciones mexicanas.

The first past is for actions in the past, telling a story, what happened, and often in a limited period of time. We can call it the narrative past.

The second past is for what went on before, during and after the actions, or what used to happen regularly or over an indefinite period of time in the past. We can call it the descriptive past.

You can say most of what you need to say in Spanish if you can understand the present, the narrative past and the descriptive past, and use them correctly.

Part Four : Games
Sección Cuatro : Juegos

1. First study Grammar Note 1 of Act 6 and notes 1, 2 and 3 of Act 7.

Here is the story of what Peter and Adela did when they went for a drive that day. But it is all in the present — see if you can write it out in the past, using both narrative and descriptive. The illustrations should help you understand the scenes.

We have put the correct forms of the verbs on word cards for you, in alphabetical order. Your task is to find and place the correct words to the illustrations, i.e. to replace the present tense with the past tense.

To make it easier,, we have coloured the narrative past in red, the descriptive past in blue.

Hoy Peter y Adela deciden salir de la ciudad.

Adela está muy guapa.

Peter habla con la Sra Felisa . . .

mientras la espera a Adela en el hotel.

Peter parece muy contento . . .

cuando Adela llega al hotel.

Salen en seguida.

El coche está abierto al aire . . .

porque hace mucho calor.

Adela le da unas instrucciones a Peter.

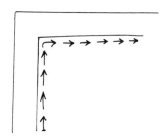

Peter dobla a la derecha . . .

y deja la carretera principal.

Sigue hasta el pueblo de Río Claro . . .

y estaciona en la plaza.

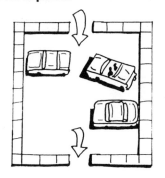

No hay gente en el pueblo, y está muy tranquilo

Preguntan por una tienda.

Cruzan la plaza y van a la tienda . . .

y allí hacen sus compras.

Read this information about a summer school in México.

EL INSTITUTO DE IDIOMAS DE LA
UNIVERSIDAD AUTONOMA DE QUERETARO MEXICO

ofrece

CURSO DE ESPAÑOL
Y CIVILIZACION
MEXICANA

del 15 de julio al 15 de agosto de 1986

DIRIGIDO A ESTUDIANTES QUE DESEEN MEJORAR SUS
CONOCIMIENTOS DE LA LENGUA ESPAÑOLA Y VISITAR MEXICO

EL CURSO COMPRENDE:
CURSO DE ESPAÑOL
ANALISIS DE LA LITERATURA MEXICANA
MEXICO PREHISPANICO EN MIL IMAGENES
ANALISIS SOCIOECONOMICO DE MEXICO
VISITAS CULTURALES GUIADAS

INFORMACION:

16 de Septiembre Ote. Nú 63, Querétaro, Oro. C.P.76000

tel.25256 MEXICO

Solicita en esta oficina el folleto con la descripción detallada del curso.

En cuanto al alojamiento, se ofrecen las siguientes opciones:

Hoteles:	Habitación Sencilla	Habitación Doble
. Señorial	$3,450·00	$4,025·00
. Mirabel	4,600·00	7,900·00
. Amberes	3,800·00	6,350·00
. San Francisco	1,300·00	2,500·00
. San Agustín	1,700·00	2,400·00
. Impala	2,500·00	4,000·00

Estos hoteles están cerca del Instituto y sus cuartos tienen baño privado, los precios corresponden al mes de marzo, están dados en pesos mexicanos por día y no incluyen alimentos.

ALOJAMIENTO EN CASA DE FAMILIAS MEXICANAS

A. - Cuarto individual con alimentos.
$ 25,000.00

B. - Cuarto compartido con alimentos.
$ 20,000.00

C. - Cuarto individual o compartido con alimentos. Posibilidades de inter cambio.
Reservación limitada hasta el 30 de mayo de 1986.
GRATUITO

3. Now fill in this simple form to reserve a place at the school and your accommodation (**alojamiento**).

**INSTITUTO DE IDIOMAS
DE LA UNIVERSIDAD AUTONOMA
DE QUERETARO**

16 de Septiembre 63 Ote.
Querétaro, Qro. México
C.P. 76000 Tel. 25256

FICHA DE RESERVACION DE ALOJAMIENTO

Llene con letra clara los siguientes datos:

Nombre y Apellidos ....

Edad ....

Código Postal ....

Cuidad ....

Dirección ....

Sexo ....

Teléfono ....

País ....

Adjunto cheque por la cantidad de
15 dólares (o equivalente en Moneda Nacional)
a favor de: Universidad Autónoma de Querétaro,
para que a mi nombre se haga la reservación
de alojamiento en:

HOTEL ....
                     Cuarto sencillo   Cuarto doble
Alojamiento en casa de Familia Mexicana

Opción A

Opción B

Opción C

A partir de la fecha ....

....
                                             firma

(The answers are at the back of the book)

Part Five : Personalised Dialogues

Sección Cinco : Diálogos

1. You and a friend are talking about what you would like to do tonight (**esta noche**).

Usted: (Ask your friend what he would like to do tonight.)
Amigo: **Me gustaría ir a una discoteca a bailar. ¿Y a ti qué te gustaría hacer?**
Usted: (Say you would like to have dinner in a restaurant.)
Amigo: **En ese caso, ¿por qué no cenamos primero en un restaurante y después vamos a bailar? ¿Te parece bien?**
Usted: (Excellent idea! Let us go.)

2. You are staying in a hotel. Talk to the receptionist **(Recep.)** and say you would like breakfast in your room.

Usted: (Say good evening and tell her you would like to have breakfast in your room tomorrow.)
Recep: **Sí, cómo no. ¿A las nueve le parece bien?**
Usted: (Yes, that is all right. Say you are very tired and you would like to get up late tomorrow.)
Recep: **¿Qué desea tomar para el desayuno?**
Usted: (Say you want white coffee and toast with butter and marmalade and orange juice.)
Recep: **Perfectamente señor.**
Usted: (Good night. Thank you.)
Recep: **De nada. Buenas noches.**

3. At a party you saw someone you liked. A friend asks you to describe him.

Amiga: **¿Cómo era?**
Usted: (Say he was tall, dark and had blue eyes.)
Amiga: **¿Era guapo?**
Usted: (Yes, he was very good looking. He was wearing blue trousers and a white shirt.)
Amiga: **¿Te gustó, verdad?**
Usted: (Yes, you liked him very much.)

4. Now describe one of the female guests at the party.

Amiga: **¿Cómo era?**
Usted: (Say she was very nice. She was dark and had green eyes. She was wearing a black dress. She looked very pretty.)

5. You have just arrived in a new town and are looking for a food shop (**una tienda de comestibles**).

Usted: (Say excuse me and ask a passerby if there is a food shop near here.)

Now ask in a similar way:

— if there is a bakery near here
(**una panadería**)

— if there is a butcher's near here
(**una carnicería**)

— if there is a garage near here
(**un taller**)

— if there is a gas station near here
(**una gasolinera**)

—if there is a bank near here
(**un banco**)

6.   You are familiar with the town now. A passerby stops you to ask for directions.

Sr: **Perdone, ¿hay una carnicería por aquí?**
Usted: (Say he has to turn right, cross the road and next to the bakery there is a butcher's.)
Sr: **Muchas gracias.**
Usted: (You are welcome.)

7.   A driver stops to ask you for directions.

Srta: **Buenos días. ¿Hay un taller por aquí?**
Usted: (Say she has to continue to the next crossroads, then turn right on the main street.
             The garage is opposite the bar.)
Srta: **Muy amable, gracias.**
Usted: (You are welcome.)

¿Hay una tienda de comestibles por aquí?

ACT 8   ACTO 8

SCENE 1   ESCENA 1

In the grocery store they bought bread, cheese, ham and orange juice and in the bar they bought beer. They went to the market to buy fruit: peaches, bananas and grapes.	**En la tienda de comestibles compraron pan, queso, jamón y jugo de naranja y en el bar compraron cerveza. Después fueron al mercado a comprar fruta: duraznos, plátanos y uvas.**
A few kilometres away from the village there was a river with very clear water. It was the river Claro. On the river bank there were trees and wild flowers of many colours: white, red, green and yellow. It was a very nice and quiet place. Only the water of the river and the singing of the birds could be heard.	**A pocos kilómetros del pueblo había un río de agua muy clara. Era el río Claro. A la orilla del río había árboles y flores silvestres de muchos colores: blancas, rojas, verdes y amarillas. Era un lugar muy bonito y tranquilo. Solo se oía el agua del río y el canto de los pájaros.**
There wasn't a single cloud in the sky and the air was pure.	**En el cielo no había ni una nube y el aire era puro.**
They parked the car next to a very large house which was by the river. It was a country house, colonial style, very elegant and it was surrounded by gardens.	**Estacionaron el coche junto a una casa muy grande que estaba frente al río. Era una casa de campo, estilo colonial, muy elegante y estaba rodeada de jardines.**
In front of the house there was a terrace and next to the terrace there was a large swimming pool. The house seemed empty.	**Delante de la casa había una terraza y junto a la terraza había una gran piscina. La casa parecía vacía.**

Peter:	It is a lovely place.	**¡Es un lugar muy bonito!**
Adela:	Yes, it is wonderful. When I was small I used to come here with my parents. I used to swim in the river and play under that willow.	**Sí, ¡es precioso! Cuando era pequeña venía aquí con mis padres. Nadaba en el río y jugaba en aquel sauce.**

	My father used to make a fire and my mother used to roast some delicious meat.	**Mi padre hacía fuego y mi madre preparaba un asado muy rico.**
	After eating my father would sleep for a while or would play cards with my mother.	**Después de comer mi padre dormía un rato o jugaba a las cartas con mi madre.**
	I used to stroll along the river bank or sit down to rest under a tree.	**Yo paseaba por la orilla del río o me sentaba a descansar debajo de un árbol.**
	We stayed here until dusk and got back home very tired.	**Estábamos aquí hasta el atardecer y volvíamos a casa muy cansados.**

	SCENE 2	**ESCENA 2**
Adela:	Are you hungry?	**¿Tienes hambre?**
Peter:	Yes, I'm hungry and I am thirsty.	**Sí, tengo hambre y tengo sed.**
Adela:	Why don't you open a couple of beers?	**¿Por qué no abres un par de cervezas?**
	I am also thirsty.	**Yo también tengo sed.**
Peter:	Cheers!	**¡Salud!**
Adela:	Cheers!	**¡Salud!**
	Now I will make some sandwiches.	**Ahora prepararé unas tortas.**
	I will make two with cheese and two with ham.	**Haré dos de queso y dos de jamón.**
Peter:	While you make the sandwiches I will wash the fruit in the river.	**Mientras tú haces las tortas yo lavaré la fruta en el río.**
	The water is very clean.	**El agua está muy limpia.**
	Adela and Peter sit down to eat and to talk.	**Adela y Peter se sientan a comer y a conversar.**
	They are very happy.	**Están muy contentos.**
Peter:	Do you know who lives in that house?	**¿Sabes quién vive en aquella casa?**
Adela:	Yes, I know the people who live there very well.	**Sí, conozco muy bien a la gente que vive allí.**
	That is why I brought you to this place.	**Por eso te traje a este lugar.**
	I will show you the house.	**Te mostraré la casa.**
	The owners are away, but I will introduce you to my cousin.	**Los dueños no están, pero te presentaré a mi primo.**
	He will probably be there.	**Seguramente estará ahí.**
	He lives in the city but will spend the whole summer in the country.	**El vive en la ciudad pero pasará todo el verano en el campo.**
	He will not return to Guadalajara until the end of the summer.	**No volverá a Guadalajara hasta el final del verano.**

134

	Once again Peter was surprised.	**Una vez más Peter estaba sorprendido.**
	Everything Adela did seemed to have a purpose.	**Todo lo que Adela hacía parecía tener un propósito.**
	After eating they went up to the house.	**Después de comer fueron hasta la casa.**
	The main door was made of wood.	**La puerta principal era de madera.**
	It was big and very heavy.	**Era grande y muy pesada.**
	Adela rang the bell.	**Adela llamó al timbre.**
	A young man about twenty five years old opened the door.	**Un joven de unos veinticinco años abrió la puerta.**

	SCENE 3	**ESCENA 3**
Enrique:	Hello, Adela. How are you?	**Hola, Adela. ¿Cómo estás?**
	I'm glad to see you.	**Me alegro mucho de verte.**
Adela:	Hello, Enrique.	**Hola, Enrique.**
	Let me introduce you to Peter Wilson.	**Te presento a Peter Wilson.**
	Peter this is Enrique Alvarez, my cousin.	**Peter, éste es Enrique Alvarez, mi primo.**
Peter:	How do you do?	**Mucho gusto.**
Enrique:	Pleased to meet you.	**Encantado.**
	Come this way.	**Pasen por aquí.**
	They went into a huge parlour with large windows.	**Entraron en un enorme salón con grandes ventanas.**
	It was a cheerful and bright room.	**Era una habitación alegre y con mucha luz.**
Enrique:	Where are you from?	**¿De dónde eres?**
Peter:	I am an American, from Omaha.	**Soy norteamericano, de Omaha.**
Enrique:	And what do you do?	**¿Y a qué te dedicas?**
Peter:	At the moment I do not do anything.	**Por el momento no hago nada.**
	I finished a course in Business Management at the University of Wisconsin.	**Terminé mis estudios de Administración de Empresas en la Universidad de Wisconsin.**
	Now I will look for work.	**Ahora buscaré un trabajo.**
	I think it will not be difficult to find something.	**Creo que no será difícil encontrar algo.**
	I would like to work in a marketing or export company.	**Me gustaría trabajar en una empresa de marketing o de exportaciones.**
Enrique:	Will you stay in Wisconsin?	**¿Te quedarás en Wisconsin?**
Peter:	No. I'll probably go to New York or California.	**No, posiblemente me iré a Nueva York o a California.**

No hago nada

	Enrique asked Peter many questions about his family and his interests. He also told Peter that he was married and that he had a daughter and a son.	**Enrique le hizo muchas preguntas a Peter sobre su familia y sus intereses. También le dijo a Peter que era casado y que tenía una hija y un hijo.**
	Peter was very surprised when Enrique said he worked in an import export company.	**Peter se sorprendió mucho cuando Enrique dijo que trabajaba en una empresa de importaciones y exportaciones.**
Peter:	What a coincidence! Adela does the same.	**¡Qué coincidencia! Adela hace lo mismo.**
Enrique:	I know. I work with her.	**Ya lo sé. Trabajo con ella.**

	SCENE 4	**ESCENA 4**
Peter:	Why didn't you tell me that Enrique worked with you?	**¿Por qué no me dijiste que Enrique trabajaba contigo?**
	Adela smiled and said:	**Adela sonrió y dijo:**
Adela:	I forgot to tell you. The important thing is that you have now met Enrique.	**Se me olvidó decirte. Lo importante es que ya conoces a Enrique.**
	It was still hot when they arrived in Guadalajara. It was a beautiful summer evening.	**Todavía hacía calor cuando llegaron a Guadalajara. Era una hermosa noche de verano.**
	When they arrived at Adela's house they found a message from Sr. Alvarez which said:	**Cuando llegaron a casa de Adela encontraron un recado del Sr. Alvarez que decía:**
	"I will have to stay another day. I will return the day after tomorrow. Peter will have to delay his return to the United States."	**"Tendré que quedarme un día más. Volveré pasado mañana. Peter tendrá que postergar su vuelta a los Estados Unidos."**
Peter:	I'm a little tired. I'll go back to the hotel. I'll phone you tomorrow after breakfast.	**Estoy un poco cansado. Me iré al hotel. Te llamaré por teléfono mañana después del desayuno.**
	Thank you for the drive. I enjoyed it very much.	**Gracias por el paseo. Me gustó mucho.**

It's very strange, thought Peter as he was going back to the hotel.	**Es muy extraño, pensaba Peter mientras iba al hotel.**
But I'm glad to be with Adela another day.	**Pero me alegro de estar con Adela un día más.**
This way I will be able to know her better.	**Así podré conocerla mejor.**

Pronunciation/Intonation

Listen carefully to the Spanish speaker, imitate and repeat. Pay special attention to **b** and **v**.

no había ni una sola nube
estaba debajo de un árbol

bebía cerveza en el bar
un joven de unos 25 (veinticinco) años abrió la puerta

no volverá hasta el final del verano

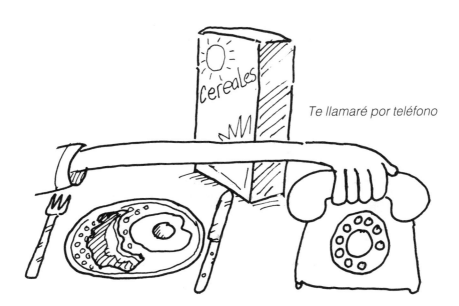

Te llamaré por teléfono

después del desayuno

Compraron pan

Jamón

Fueron al mercado a comprar fruta

Plátanos

Duraznos y

uvas

Queso

A pocos kilómetros del pueblo

Flores silvestres

A la orilla del río había árboles

Era el río Claro

Un río de agua muy clara

El aire era puro

a una casa muy grande

El canto de los pájaros

Estacionaron el coche junto

Una gran piscina

Rodeada de jardines

Junto a la terraza

Cuando era pequeña

Nabada en el río

Jugaba en aquel sauce

Mi madre preparaba un asado

Mi padre hacía fuego

Jugaba a las cartas

Me sentaba a descancar

Estábamos aquí hasta el atardecer

Tengo hambre y tengo sed

Abres un par de cervezas

Yo lavaré la fruta

Se sientan a comer

Te mostraré

la casa

Los dueños no están

Te presentaré a mi primo

Peter estaba sorprendido

Grande

Un joven abrió la puerta

Din Don

Adela llamó al timbre

¿Por que no me dijiste que Enrique trabajaba contigo?

Cuando llegaron a casa de Adela encontraron un recado

del Sr. A. Alvarez

Volveré pasado mañana

Martes 2

Miércoles 3

Lunes 1

Estoy un poco cansado

Zzzz

Te llamaré por teléfono

cereales

Me gusto mucho

Gracias por el paseo

después del desayuno

142

Part Two : Functional Dialogues
Sección Dos : Diálogos

1. Listen to Adela talking to Peter about her childhood.

Peter:	It's a lovely place.	**Peter:**	**¡Es un lugar muy bonito!**
Adela:	Yes, it's wonderful. When I was small I used to come here with my parents. I used to swim in the river and play under that willow. My father would make a fire and my mother would roast some delicious meat. After eating my father would sleep for a while or would play cards with my mother. I used to stroll along the river bank or sit down to rest under a tree. We stayed here until dusk and got back home very tired.	**Adela:**	**Sí, ¡es precioso! Cuando era pequeña venía aquí con mis padres. Nadaba en el río y jugaba en aquel sauce. Mi padre hacía fuego y mi madre preparaba un asado muy rico. Después de comer mi padre dormía un rato o jugaba a las cartas con mi madre. Yo paseaba por la orilla del río o me sentaba a descansar debajo de un árbol. Estábamos aquí hasta el atardecer y volvíamos a casa muy cansados.**

2. This is how Peter talks about his school days in Omaha.

Adela:	Where did you study when you lived in Omaha?	**Adela:**	**¿Dónde estudiabas cuando vivías en Omaha?**
Peter:	I attended a school which was half an hour away from home. My father worked near there and used to take me to school in his car. In the afternoon I would return home on the bus. I studied for a while and then I would go out with my friends. I had a lot of friends in the area.	**Peter:**	**Estudiaba en un colegio que estaba a media hora de mi casa. Mi padre trabajaba cerca de allí y me llevaba al colegio en el coche. En la tarde volvía a casa en el autobús. Estudiaba un rato y luego salía con mis amigos. Tenía muchos amigos en el barrio.**
Adela:	And when did you go to Wisconsin?	**Adela:**	**¿Y cuándo te fuiste a Wisconsin?**
Peter:	When I was eighteen years old. But I used to go to my parents' house every summer.	**Peter:**	**Cuando tenía dieciocho años. Pero iba todos los veranos a casa de mis padres.**

3. Adela and Peter are getting their picnic ready. Adela will make some sandwiches and Peter will wash the fruit.

Adela:	Now I will make some sandwiches. I will make two cheese and two ham.	**Adela:**	**Ahora prepararé unas tortas. Haré dos de queso y dos de jamón.**
Peter:	While you make the sandwiches I will wash the fruit in the river. The water is very clean.	**Peter:**	**Mientras tú haces las tortas yo lavaré la fruta en el río. El agua está muy limpia.**

4. While they were having lunch, Adela and Peter talked about the house by the river.

| Peter: | Do you know who lives in that house? | **Peter:** | **¿Sabes quién vive en esa casa?** |
| Adela: | Yes, I know the people who live there very well. That is why I brought you to this place. I will show you the house. The owners are away, but I will introduce you to my cousin. He will probably be there. He lives in the city but will spend the whole summer in the country. He will not return to Guadalajara until the end of the summer. | **Adela:** | **Sí, conozco muy bien a la gente que vive allí. Por eso te traje a este lugar. Te mostraré la casa. Los dueños no están, pero te presentaré a mi primo. Seguramente estará ahí. El vive en la ciudad pero pasará todo el verano en el campo. No volverá a Guadalajara hasta el final del verano.** |

5. Peter tells Enriqueta (Enr.) about his plans for the future.

Enr:	What do you do?	**Enr:**	**¿A qué te dedicas?**
Peter:	At the moment I do not do anything. I finished a course on Business Management at the University of Wisconsin. Now I will look for work. I think it will not be difficult to find something. I would like to work in a marketing or export company.	**Peter:**	**Por el momento no hago nada. Terminé mis estudios de Administración de Empresas en la Universidad de Wisconsin. Ahora buscaré un trabajo. Creo que no será difícil encontrar algo. Me gustaría trabajar en una empresa de marketing o de exportaciones.**
Enr:	Will you stay in Wisconsin?	**Enr:**	**¿Te quedarás en Wisconsin?**
Peter:	No, I will probably go to New York or California.	**Peter:**	**No, posiblemente me iré a Nueva York o California.**

6. Adela tells Peter about the message from her uncle.

Adela:	There is a message from my uncle. He says he will have to stay one more day. He will return the day after tomorrow. You will have to delay your return to the United States.	**Adela:**	**Hay un recado de mi tío. Dice que tendrá que quedarse un día más. Volverá pasado mañana.** **Tendrás que postergar tu vuelta a los Estados Unidos.**
Peter:	It is all right. I am very happy to be here. Now I am very tired. I will go to the hotel. I will phone you tomorrow after breakfast. Thank you for the drive. I liked it very much.	**Peter:**	**Está bien. Estoy muy contento de estar aquí. Ahora estoy muy cansado. Me iré al hotel. Te llamaré por teléfono mañana después del desayuno. Gracias por el paseo. Me gustó mucho.**
Adela:	Till tomorrow.	**Adela:**	**Hasta mañana.**
Peter:	Good night.	**Peter:**	**Buenas noches.**

7. This is how Peter was introduced to Enriqueta.

Adela:	Hello Enriqueta. Let me introduce you to Peter Wilson. Peter, this is Enriqueta Alvarez, my cousin.	**Adela:**	**Hola Enriqueta. Te presento a Peter Wilson. Peter ésta es Enriqueta Alvarez, mi prima.**
Peter:	How do you do?	**Peter:**	**Mucho gusto.**
Enr:	Pleased to meet you.	**Enr:**	**Encantada.**

8.   Here is a formal introduction. A man introduces his wife to his boss.

Man:	Good afternoon Senor Olmedo. Let me introduce you to my wife.	**Esposo:**	**Buenas tardes, señor Olmedo. Le presento a mi esposa.**
Sr. O:	How do you do?	**Sr. O:**	**Mucho gusto, señora.**
Wife:	Pleased to meet you.	**Esposa:**	**Encantada.**

9.   Here is another informal introduction. Carmen introduces her friend Luis to Marta.

Marta:	Hello Carmen. How are you?	**Marta:**	**Hola Carmen. ¿Qué tal?**
Carmen:	Fine, thank you. This is Luis, whom I told you about.	**Carmen:**	**Bien, gracias. Este es Luis, de quien te hablé.**
Marta:	Hello. Pleased to meet you.	**Marta:**	**Hola. Encantada.**
Luis:	Hello. How are you?	**Luis:**	**Hola. ¿Cómo estás?**

REMINDER

* Are you following the Step by Step instruction sheet?
* Don't forget the visualisation exercise – the exercise where you close your eyes and describe what is happening during the Act – using your own words in Spanish.
* Also don't forget to treat your tape recorder as your partner – using the pause button to answer before the presenter does.
* And don't forget to 'act out' the scenes.

If you do all this you will ensure visual, sound and physical associations are formed with your Spanish.

Part Three   : Grammar Notes
Sección Tres   : Notas gramaticales

1.   In Scene 2 of this Act you heard Adela and Peter say:

   Adela: **Prepararé unas tortas**   (preparar)
   Peter: **Lavaré la fruta**   (lavar)

   and, about cousin Enrique:

   estará ahí   (estar)
   pasará todo el verano en el campo   (pasar)
   no volverá a Guadalajara   (volver)

   In Scene 3 Enrique asks Peter:

   ¿te quedarás en Wisconsin?   (quedarse)

   and Peter replies:

   me iré a Nueva York   (irse)

   And in Scene 4 the telegram from Adela's uncle reads:

   tendré que quedarme un día más   (tener)
   volveré pasado mañana   (volver)
   Peter tendrá que postergar su vuelta   (tener)

2.   This is the future 'will' in Spanish:

	lavar	**volver**	**ir**
(I)	**lavaré**	**volveré**	**iré**
(you-friendly)	**lavarás**	**volverás**	**irás**
(s/he, you-polite)	**lavará**	**volverá**	**irá**
(we)	**lavaremos**	**volveremos**	**iremos**
(you-plural, they)	**lavarán**	**volverán**	**irán**

Notice all the verbs have the same endings, which are simply added onto the verb:
lavar/volver/ir + é, ás, á, etc.

There are only a few exceptions to this. Here's one you've seen already:

	tener
(I)	**tendré**
(you-friendly)	**tendrás**
(she/he, you-polite)	**tendrá**
(we)	**tendremos**
(you-plural, they)	**tendrán**

The endings are the same, but instead of **tener+é,** etc it's **tendr+é,** etc. There's a similar change in these verbs:

poner:	**pondré,** etc
salir:	**saldré,** etc
venir:	**vendré,** etc

and a slightly different change in these:

poder:	**podré,** etc
querer:	**querré,** etc

but these two are quite different:

decir:	**diré,**	etc
hacer:	**haré,**	etc

3. This is the future: I will wash **(lavaré)**, you will come back **(volverás)**, she will go **(irá)**, etc. But don't forget the other ways of expressing future ideas and intentions that you saw in Acts 3 and 4:

pienso		(I plan to . . .)
prefiero		(I prefer to . . .)
puedo		(I can . . .)
quiero	**pasar otro día aquí**	(I want to . . .)
voy a		(I am going to . . .)
also		
espero		(I hope to . . .)

4. Writing letters in Spanish is a little different from writing in English. First of all, you do not usually give your full address, just the city you are writing from and the date:

Guadalajara, el 21 de abril de 1986

Then how you open and close the letter depends on how well you know the person to whom you're writing.

If it's to a friend you can begin:

> **Querido Antonio:**   **Querida Adela:**
> or **Querido amigo:**   **Querida amiga:**

and end:

Un abrazo,

If it's more formal, to someone you know, but would address as **usted:**

> **Estimado Sr. Alvarez:**   **Estimada Sra./Srta. Alvarez:**
> or **Estimado señor:**   **Estimada señora/señorita:**

and end:

Le saluda cordialmente,

If it's a business letter you should begin:

> **Muy señor mío:**   **Muy señores míos:**
> (to an individual)   (to a company)

and end:

> **Le saluda atentamente,**   **Les saluda atentamente,**
> (individual)   (company)

Yo lavaré la fruta

Part Four : Games
Sección Cuatro : Juegos

1. Look back at the advertisement for the Summer School in Act 6 Games and at the application form you completed in Act 7 Games.

    Now write a letter to the Instituto de Idiomas, Universidad de Puerto Vallarta, Jalisco. Tell them you would like to improve your knowledge of Spanish and visit Mexico, ask them for a booklet with a detailed description of the Course (see the poster in Act 6 Games), and give them some information about yourself — how old you are, where you're from, what level of Spanish you have, what other language you speak, and at what level. Don't forget that your address, and the address you're writing to, appear on the front and back of the envelope.

2. Study these Mexican cinema ads — you might recognise some of the films!

PEDREGAL   VERSALLES
70

GABRIEL   PECIME
FIGUEROA   UNO

CINEMA 2002 .SAT
4.00 6.10 8.20 10.00

LORD GRADE *Presenta Un Filme*
ITC/Una Producción IPC Filmes

JANE FONDA
KATHARINE HEPBURN
HENRY FONDA

HOY REESTRENO
el mejor momento de la vida . .
¡cuando el amor está en plenitud!

GANADORA DE 3 OSCARES
MEJOR ACTOR – MEJOR ACTRIZ

MEJOR ADAPTACION
CINEMATOGRAFICA

**Los Años
Dorados**

¡HOY!   *¿Habrá James Bond encontrado su contraparte?*

81a
SEMANA

CIUDADELA
BUCARELI
JAVIER SOLIS
JUAN OROL UNO
PLAZA ARAGON 2
PALOMAS DOS
C. NEZA 2001
C. Vallejo LINDAVISTA 1
TULYEHUALCO
LOS TORRES CUATRO

ALBERT R. BROCCOLI presenta
ROGER MOORE como
JAMES BOND 007 de Ian
Fleming en
*007 EN LA MIRA DE
LOS ASESINOS*

3.00 5.20 7.40 10.00

3. Now imagine a Mexican friend is asking what your plans are for tonight. Choose one of the films in the ads and answer your friend's questions.

Amigo: **¿Qué piensas hacer esta noche?**	**Usted:**
Amigo: **¿Ah sí? ¿A qué cine quieres ir?**	**Usted:**
Amigo: **¿Qué pelicula vas a ver?**	**Usted:**
Amigo: **¿A qué función piensas ir?**	**Usted:**
Amigo: **¿Y vas a volver a casa muy tarde?**	**Usted:**
Amigo: **¿Qué te parece si vamos juntos?**	**Usted: ¡Estupendo, vamos!**

4. Now repeat the conversation using the future form for each verb.

e.g.   **Amigo: ¿Qué harás esta noche?**   Now continue:

(The answers are at the back of the book)

¿Qué plensas hacer esta noche?

Part Five : Personalised Dialogues

Sección Cinco : Diálogos

1.   Answer these questions (**preguntas**) about yourself.

Pregunta: **¿Dónde vivías cuando tenías quince años?**
Usted: (Say where you used to live.)
Pregunta: **¿En qué colegio estudiabas?**
Usted: (Say what school you attended.)
Pregunta: **¿Cuántos años tenías cuando terminaste el colegio?**
Usted: (Say how old you were when you finished secondary school.)

2.   Look at Scene 1 and answer these questions about Adela.

       (a)   **¿Con quién venía Adela al río cuando era pequeña?**
       (b)   **¿Dónde nadaba?**
       (c)   **¿Dónde jugaba?**
       (d)   **¿Quién hacía fuego?**
       (e)   **¿Qué hacía su madre?**
       (f)   **¿Qué hacía su padre después de comer?**
       (g)   **¿Dónde paseaba Adela?**
       (h)   **¿Dónde se sentaba a descansar?**

3.   A friend of yours used to live in Argentina many years ago. Ask questions about her life there.

Usted: (Ask where she used to live.)
Amiga: **Vivía en Buenos Aires.**
Usted: (Ask where she worked.)
Amiga: **Trabajaba en un banco.**
Usted: (Ask whether she liked the work.)
Amiga: **Sí, me gustaba mucho. Era un trabajo muy interesante.**

4.   Just as you are going to see a film a friend phones you to ask what you're going to do that evening. Answer his questions.

Amigo: **¿Qué harás esta noche?**
Usted: (Say you're going to the cinema.)
Amigo: **¿A qué función irás?**
Usted: (Say you will go to the nine o'clock show.)
Amigo: **¿Volverás a casa muy tarde** (late)**?**
Usted: (Yes, you will come back home at 11 o'clock.)

5.   You introduce your friend Karen to Mario, a Spanish speaking friend.

Usted: (Say hello to Mario. Ask him how he is.)
Mario: **Bien, ¿y tú?**
Usted: (Say you are well, thank you. Now introduce Karen.)
Mario: **Mucho gusto.**
Karen: **Encantada.**

6.   You are with your friend Angela at a bar and you come across an old acquaintance who speaks Spanish. Introduce Angela to him. Use the formal form of address.

Conocido: **Buenas tardes. ¿Cómo está usted?**
Usted: (Say you are fine, thank you. Ask how he is.)
Conocido: **Muy bien.**
Usted: (Introduce Angela to him.)
Conocido: **Encantado.**
Angela: **Mucho gusto.**

ACT 9   ACTO 9
SCENE 1   ESCENA 1

It is breakfast time at the hotel.
Peter greets the waitress.

En el hotel es la hora del desayuno.
Peter saluda a la mesera.

Peter: Good morning.
Buenos días.

Waitress: Good morning, Mr. Wilson. Did you sleep well?
Buenos días, señor Wilson. ¿Ha dormido bien?

Peter: Yes, I slept very well, thank you.
I was very tired last night. Has the newspaper arrived?
**Sí, he dormido estupendamente, gracias.
Estaba muy cansado anoche. ¿Ha llegado el periódico?**

Waitress: Yes, they have already brought it. I left it on your table.
Sí, ya lo han traído. Lo he dejado en su mesa.

Peter looks at the weather page.
According to the forecast today it will be sunny and warm.
It will be a good day to go out for a walk in the city.

Peter mira la página del tiempo.
Según el pronóstico hoy hará sol y calor.
Será un buen día para salir de paseo por la ciudad.

Peter feels happy.
Like yesterday, he will have nothing to do today and he will see Adela again.
After having breakfast he calls her.

Peter se siente feliz.
Como ayer, hoy no tendrá ninguna obligación y otra vez verá a Adela.
Después de desayunar la llama por teléfono.

Peter: Where shall we go today?
¿Adónde iremos hoy?

Adela: First we can see the Cabañas Orphanage.
There are some murals there which are very interesting.
**Primero podemos ver el Hospicio Cabañas.
Allí hay unos murales que son muy interesantes.**

Peter: Is it possible to walk?
¿Se puede ir a pie?

Adela: Well, it's a bit far from your hotel.
But we can go in the car to the centre.
Suppose we meet outside the hotel within half an hour?
**Bueno, está un poco lejos de tu hotel.
Pero podemos ir en el coche hasta el centro.
¿Qué te parece si nos encontramos en la puerta del hotel dentro de media hora?**

Peter: O.K. It's nine o'clock.
I'll go up to my room and I'll come down at half past nine.
**De acuerdo. Son las nueve.
Subiré a mi habitación y bajaré a las nueve y media.**

Before going up to his room Peter speaks to Sra. Felisa.

Antes de subir a su habitación Peter habla con la Sra. Felisa.

Peter:	I have decided to stay in Guadalajara one more day. Today I will take a walk around the city.	**He decidido quedarme en Guadalajara un día más. Hoy daré un paseo por la ciudad.**
Sra. Felisa:	Yes, that's no problem. The room is available. Have you visited the Cathedral?	**Sí, no hay ningún problema. La habitación está disponible. ¿Ha visitado usted la Catedral?**
Peter:	I haven't had time. But I hope to do it today.	**No he tenido tiempo. Pero espero hacerlo hoy.**
Sra. Felisa:	It's beautiful. I'm sure that you will like it.	**Es muy bonita. Estoy segura que le gustará.**

SCENE 2	ESCENA 2

	Outside the hotel Peter meets Adela who is waiting for him in the car.	**En la puerta del hotel Peter se encuentra con Adela que lo espera en el coche.**
Adela:	You got up very early this morning.	**Te has levantado muy temprano esta mañana.**
Peter:	Yes, I woke up at seven thirty and I got up immediately.	**Sí, me he despertado a las siete y media y me he levantado enseguida.**
	And you?	**¿Y tú?**
Adela:	I slept until eight o'clock.	**He dormido hasta las ocho.**
Peter:	Have you had breakfast?	**¿Has desayunado?**
Adela:	Yes, I had some coffee and toast before leaving.	**Sí, he tomado un café y pan tostado antes de salir.**
	It was sunny and warm. There were lots of people in the street and it was difficult to find a place to park in the centre.	**Hacía sol y calor. Se veía mucha gente en la calle y en el centro fue difícil encontrar estacionamiento.**
Peter:	In front of that building there is a place.	**Delante de ese edificio hay un lugar.**
Adela:	No, we can't park there. It is not allowed.	**No, allí no se puede estacionar. Está prohibido.**
Peter:	Is it possible to park in the square?	**¿Se puede estacionar en la plaza?**
Adela:	At this time it is difficult. But near the square there is a private parking lot. We can leave the car there.	**A esta hora es difícil. Pero cerca de la plaza hay un estacionamiento privado. Podemos dejar el coche allí.**

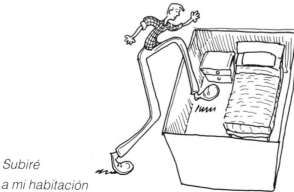

Subiré a mi habitación

	Peter and Adela walked to the orphanage which was very near.	**Peter y Adela caminaron hasta el Hospicio que estaba muy cerca de allí.**
Peter:	Two tickets, please.	**Quiero dos entradas, por favor.**
Employee:	That's four hundred pesos.	**Son cuatrocientos pesos.**
Peter:	Can I take photographs?	**¿Está permitido tomar fotografías?**
Employee:	Yes, but you can't use a flash.	**Sí, señor, pero no se puede usar flash.**
	It's not allowed.	**Está prohibido.**
	There were few people in the Orphanage.	**Había poca gente en el Hospicio.**
	The rooms were big and cool and were well lit.	**Las salas eran grandes y frescas y estaban bien iluminadas.**
Adela:	Have you ever seen an Orozco mural?	**¿Has visto algún mural de Orozco alguna vez?**
Peter:	No, I've never seen one.	**No, no he visto ninguno.**
	But I have heard about Mexican muralists and I would like to see them.	**Pero he oído hablar de los muralistas mexicanos y me interesa mucho conocerlos.**
	They were there for quite a time.	**Estuvieron bastante tiempo.**
	Peter liked the murals very much and Adela, who knew them well, explained to him the meaning of some of them.	**A Peter le gustaron mucho los murales y Adela, que los conocía bien, le explicó el significado de algunos de ellos.**
Adela:	What's the time?	**¿Qué hora es?**
Peter:	It's twelve-fifteen.	**Son las doce y cuarto.**
Adela:	What about going to see the Cathedral?	**¿Qué te parece si vamos a ver la Catedral?**
	It's very near here in the Plaza Mayor.	**Está muy cerca de aquí, en la Plaza Mayor.**
Peter:	Let's go.	**Vamos.**
	I have never been inside a Mexican cathedral and Señora Felisa told me that Guadalajara Cathedral is very interesting.	**No he estado nunca en una catedral mexicana y la señora Felisa me ha dicho que la Catedral de Guadalajara es muy interesante.**

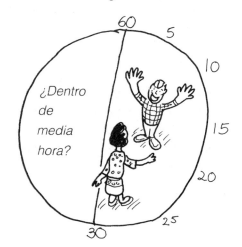

153

SCENE 3   **ESCENA 3**

| | They left the Orphanage and they walked to the Cathedral. | **Salieron del Hospicio y caminaron hasta la Catedral.** |

Peter: Your uncle seems very mysterious.
Do you think I will ever be able to see him?

Tu tío parece muy misterioso.

¿Crees que podré verlo alguna vez?

Adela: Don't worry.
You will definitely be able to see him this afternoon.
You will see that he is a very nice person.

No te preocupes.
Podrás verlo esta tarde seguramente.
Ya verás que es una persona muy amable.

Suddenly they saw a group of people who were looking at something.

De repente vieron un grupo de gente que observaba algo.

Peter: What has happened?

¿Qué ha pasado?

Adela: It seems there has been an accident.

Parece que ha habido un accidente.

They went closer and a girl explained to them:

Se acercaron y una muchacha les explicó:

Girl: There has been an accident.
A car knocked down a child who was on a bicycle.

Ha habido un accidente.
Un coche ha atropellado a un niño que iba en bicicleta.

Adela: How is the boy?

¿Cómo está el niño?

Girl: He seems to have a broken leg.

The car has disappeared but someone took down the licence number.

Parece que se ha roto una pierna.
El coche ha escapado, pero alguien ha tomado el número de la placa.

Adela: Is there a doctor around here?

¿Hay algún doctor por aquí?

Girl: No, unfortunately there is not but someone has called an ambulance.
It will come soon.

No, desgraciadamente no hay ninguno, pero han llamado una ambulancia.
Vendrá enseguida.

Adela and Peter went on their way to the Cathedral.
They were there for a while and then they decided to return home.

Adela y Peter continuaron su camino hasta la Catedral.
Allí estuvieron un rato y luego decidieron volver a casa.

Adela: I am tired of walking so much.

Let's go home to eat something.
I'm hungry.
What's the time?

Estoy cansada de tanto caminar.
Vamos a casa a comer algo.
Tengo hambre.
¿Qué hora es?

Peter: It's one-thirty.

Es la una y media.

154

As they went into the house a tall gentleman greeted them. 'Uncle Antonio', exclaimed Adela and hugged him.	**Al entrar a casa un señor alto los saludó.** **'Tío Antonio', exclamó Adela y lo abrazó.**

Pronunciation/Intonation

Listen carefully to the Spanish speaker and imitate him. Pay special attention to **d** when you repeat.

después de la hora del desayuno
Buenos días. He dormido estupendamente.
¿Ha llegado el periódico?
He decidido quedarme en la cuidad un día más.

Un señor alto los saludó

HOTEL MARIACHI

En la puerta del hotel

He tomado un café y pan tostado antes de salir

Se veía mucha gente en la calle y en el centro

Adela lo espera en el coche

Difícil encontrar estacionamiento

Quiero dos entradas

$m 200 Hospicio Cabañas $m 200

Son cuatrocientos pesos

¿Está permitido tomar fotografías?

¿Qué te parece si vamos a ver la Catedrál?

He oído hablar de los muralistas mexicanos

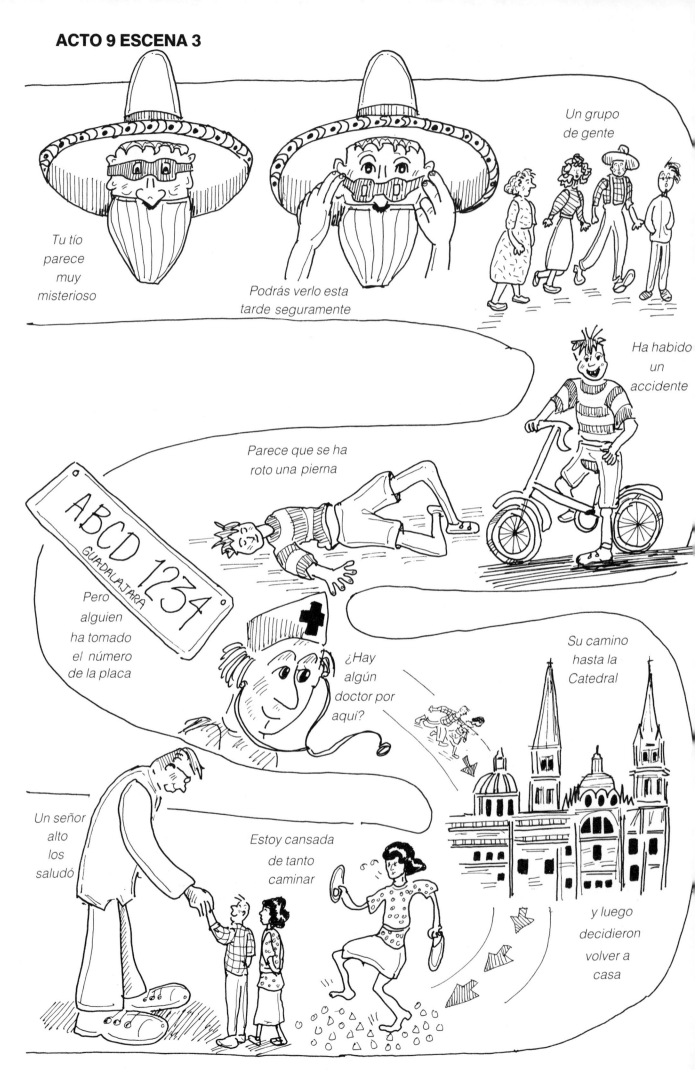

Tu tío parece muy misterioso

Podrás verlo esta tarde seguramente

Un grupo de gente

Ha habido un accidente

Parece que se ha roto una pierna

ABCD 1234
GUADALAJARA

Pero alguien ha tomado el número de la placa

¿Hay algún doctor por aquí?

Su camino hasta la Catedral

Un señor alto los saludó

Estoy cansada de tanto caminar

y luego decidieron volver a casa

Part Two : Functional Dialogues
Sección Dos : Diálogos

1. Listen to Peter greet the Waitress (Wtrss) at the hotel. She asks whether he has slept well.

Peter:	Good morning.	**Peter:**	**Buenos días.**
Wtrss:	Good morning Mr. Wilson. Did you sleep well?	**Mesera:**	**Buenos días, señor Wilson. ¿Ha dormido bien?**
Peter:	Yes, I slept very well, thank you. Has the newspaper arrived?	**Peter:**	**Sí, he dormido estupendamente, gracias. ¿Ha llegado el periódico?**
Wtrss:	Yes, they have already brought it. I left it on your table.	**Mesera:**	**Sí, ya lo han traído. Lo he dejado en su mesa.**

2. Peter tells Señora Felisa he has decided to stay one more day.

Peter:	Good morning Señora Felisa. I have decided to stay one more day. Today I will go for a walk in the city.	**Peter:**	**Buenos días, señora Felisa. He decidido quedarme un día más. Hoy daré un paseo por la ciudad.**
Sra.F:	That's no problem. The room is available. Have you visited the cathedral?	**Sra.F:**	**No hay ningún problema. La habitación está disponible. ¿Ha visitado usted la Catedral?**
Peter:	I have not had time but I hope to do it today.	**Peter:**	**No he tenido tiempo, pero espero hacerlo hoy.**

3. Peter asks Señora Felisa if there is any mail for him.

Peter:	Excuse me, has a letter arrived for me?	**Peter:**	**Perdone, ¿ha llegado alguna carta para mí?**
Sra.F:	No, it hasn't arrived.	**Sra.F:**	**No, no ha llegado ninguna.**

4. A new guest arrives at the hotel.

Sr:	Good morning. My name is Alfredo Ahumada. I reserved a room on the telephone.	**Sr:**	**Buenos días. Me llamo Alfredo Ahumada. He reservado una habitación por teléfono.**
Sra F:	Oh yes, Señor Ahumada. I have given you room number thirty on the third floor. It is a very quiet room.	**Sra F:**	**Ah sí, señor Ahumada. Le he dado la habitación número treinta en el tercer piso. Es una habitación muy tranquila.**

5. In the hotel lounge two tourists talk about the places they have visited.

Sra:	Have you visited the Anthropology Museum?	**Sra:**	**¿Ha ido usted al Museo de Antropología?**
Sr:	No, I haven't been yet. But this morning I went to the Government Palace. It's very interesting. Have you seen it?	**Sr:**	**No, todavía no he ido. Pero esta mañana he estado en el Palacio de Gobierno. Es muy interesante. ¿Lo ha visto usted?**
Sra:	No, I haven't had time. But I hope to go there tomorrow.	**Sra:**	**No, no he tenido tiempo. Pero espero ir mañana.**

6.   Peter meets Adela outside the hotel. Adela comments on how early he has got up that morning.

Adela:	You got up very early this morning.	**Adela:**	**Te has levantado muy temprano esta mañana.**
Peter:	Yes, I woke up at seven-thirty and I got up immediately. And you?	**Peter:**	**Sí, me he despertado a las siete y media y me he levantado enseguida. ¿Y tú?**
Adela:	I slept until eight o'clock.	**Adela:**	**He dormido hasta las ocho.**
Peter:	Have you had breakfast?	**Peter:**	**¿Has desayunado?**
Adela:	Yes, I had a cup of coffee and some toast.	**Adela:**	**Sí, he tomado una taza de café y pan tostado.**
Peter:	I have had a good breakfast and then I read the newspaper.	**Peter:**	**Yo he tomado un buen desayuno y después he leído el periódico.**

7.   Adela and Peter are trying to find a place to park.

Peter:	In front of that building there is a place.	**Peter:**	**Delante de ese edificio hay un lugar.**
Adela:	No, we can't park there. It is not allowed.	**Adela:**	**No, allí no se puede estacionar. Está prohibido.**
Peter:	Is it possible to park in the square?	**Peter:**	**¿Se puede estacionar en la plaza?**
Adela:	At this time it is difficult, but near the square there is a private parking lot. We can leave the car there.	**Adela:**	**A esta hora es difícil, pero cerca de la plaza hay un estacionamiento privado. Podemos dejar el coche allí.**

8.   Peter buys tickets for the Museum and asks if he can take photographs.

Peter:	Two tickets, please.	**Peter:**	**Quiero dos entradas, por favor.**
E:	That's four hundred pesos.	**E:**	**Son cuatrocientos pesos.**
Peter:	Can I take photographs?	**Peter:**	**¿Está permitido tomar fotografías?**
E:	Yes, sir, but you can't use a flash. It's forbidden.	**E:**	**Sí, señor, pero no se puede usar flash. Está prohibido.**

9.   Adela asks Peter the time and suggests going to see the Cathedral.

Adela:	What is the time?	**Adela:**	**¿Qué hora es?**
Peter:	It is a quarter past twelve.	**Peter:**	**Son las doce y cuarto.**
Adela:	What about going to see the Cathedral? It is very near here, in the Plaza Mayor.	**Adela:**	**¿Qué te parece si vamos a ver la Catedral? Está muy cerca de aquí, en la Plaza Mayor.**
Peter:	Yes, let us go.	**Peter:**	**Sí, vamos.**

10.   Listen to these people asking and telling the time.

10a.

She:	What time is it please?	**Ella:**	**¿Qué hora es, por favor?**
He:	It's one o'clock.	**El:**	**Es la una.**
She:	Thank you.	**Ella:**	**Gracias.**
He:	You're welcome.	**El:**	**De nada.**

10b.

El:	Have you got the time, please?	**El:**	**¿Tiene hora, por favor?**
Ella:	It's a quarter to two.	**Ella:**	**Son las dos menos cuarto.**
El:	Thank you.	**El:**	**Gracias.**

Part Three : Grammar Notes
Sección Tres : Notas Gramaticales

1. In this Act Peter said:

    he dormido estupendamente   (dormir)
    no he tenido tiempo   (tener)
    .no he estado nunca en una catedral mexicana   (estar)

    Adela said to him:

    Te has levantado muy temprano.   (levantarse)

    The waitress said:

    ¿Ha dormido bien?   (dormir)

    And Sra Felisa said to him:

    ¿Ha visitado usted la Catedral?   (visitar)

    While in Scene 3 the girl said:

    Han llamado una ambulancia.   (llamar)

2. This is the recent past (have) in Spanish:

		ar	**er**	**ir**
		visitar	tener	dormir
(I)	**he**			
(you-friendly)	**has**			
(you-polite, s/he)	**ha**	visitado	tenido	dormido
(we)	**hemos**			
(you-plural, they)	**han**			

    This time an extra verb is used, as in English (have/has), and it is this verb that changes according to whether it is I, she, you, etc. Look back at Act 8 and compare this verb with the future endings.

    Notice: **no he tenido tiempo**

    and: **(el periódico) lo he dejado en su mesa**

    Notice also: **levantarse**

(I)	**me he**	
(you-friendly)	**te has**	
(you-polite, she/he)	**se ha**	**levantado**
(we)	**nos hemos**	
(you-plural, they)	**se han**	

3.   There are a few exceptions:

¿Has visto algún mural de Orozco?   **(ver)**
La Sra. Felisa me ha dicho que ...   **(decir)**
Se ha roto una pierna.   **(romper)**

Here are some more common verbs which have a different ending to **...ado/...ido** in the recent past:

abrir:	**abierto** (opened)	**escribir:**	**escrito** (written)
hacer:	**hecho** (done)	**morir:**	**muerto** (dead)
poner:	**puesto** (put)	**volver:**	**vuelto** (returned)

4.   You've seen **se** used as part of a verb like **¿Como se llama usted?, Peter se siente feliz**
     (Act 2)
     Now you've also seen **'se puede'** to ask or give information about possibility, permission,
     authorisation.

¿Se puede ir a pie?   Is it possible to walk?
No se puede estacionar.   We/You cannot park there.
No se puede usar flash.   Using a flash is forbidden.

¿Se puede comer aquí?

Part Four   : Games
Parte Cuatro   : Juegos

1.   Here's an advertisement for the Argentine airline, **Aerolineas Argentinas**, and one of their tours to Peru. Study the tour carefully.

LIMA
y
BUENOS AIRES

UNICOS CON

JUMBOS 747

.

AHORA	**MEXICO** **Llegada**	**LIMA** **Salida**	**B. AIRES** **Salida**
con horarios más cómodos de salida con las mejores conexiones a toda Sudamérica.	Miércoles Viernes Sábado	3.10 PM.	12.50 PM.	7.30 AM.

Consulte al experto....su agente de viajes.

AEROLINEAS ARGENTINAS

VISITANDO: PERU: Lima, Cuzco, Machu Picchu, Iquitos   Reservaciones 566-1344

---

*   *   *   *   *   *   *

PROGRAMA

1er día.   **SALIDA DE MEXICO**

A las 5 de la tarde salida en avión Jumbo 747 de línea regular hacia Lima.
Cena a bordo. Llegada por la noche a la 'Ciudad de los Reyes'. Traslado
al Hotel Conquistador y alojamiento en el mismo.

2° día   **LIMA**

Por la mañana visita de la 'Ciudad de los Reyes'; la Catedral con la
tumba de Pizarro, el Palacio Presidencial, Edificio del Congreso, Palacio
de la Torre Tagle,Plaza de las Armas. Por la tarde visita de los barrios
residenciales de San Isidro, Miraflores y Barranco, y visita a la playa para
admirar la costa del Pacífico peruano.

3er día   **LIMA — EL CUZCO**

Después del desayuno traslado al aeropuerto para salir en avión
hacia Cuzco. Traslado al Hotel Atahuallpa. Almuerzo, cena y
alojamiento en el mismo.
Debido a la altura de la cuidad recomendamos dedicar el resto de la
mañana al descanso para prevenir la fatiga causada por la altura. Por la
tarde visita de la ciudad, antigua capital del Gran Imperio Inca. Las
construcciones típicas de la ciudad colonial contrastan con las murallas
formadas por enormes bloques de granito ensamblados por los Incas
sin cemento alguno y, a pesar de ello, siguen resistiendo el paso de los
siglos. La visita incluye el Baño de los Incas, las ruinas Ken Ko, la
fortaleza de Sacsayhuamán, impresionante construcción megalítica
formada por tres murallas sucesivas,la Catedral, Iglesia de la Compañía,
Convento de Santo Domingo y la calle de Loreto.

4° día   **EL CUZCO — MACHU PICCHU**

Después del desayuno inicio de la excursión al Machu Picchu, la ciudad
perdida de los Incas, descubierta en 1911 por el norteamericano Hiram
Bingham. Salida en tren por el Valle de Urubamba para llegar a Machu
Picchu sobre media mañana. Visita detallada de las famosas ruinas de
incomparable belleza. Templos, palacios, casas con salas de baño están
comunicadas entre sí por numerosas escaleras de sutil ordenamiento,
en medio de la vegetación tropical que emerge del suelo. Almuer-
zo, cena y alojamiento en el Hotel Sapa Inca, situado en la misma
entrada a las ruinas.

5° día   **MACHU PICCHU — EL CUZCO**

Desayuno y almuerzo en el Hotel. Por la tarde traslado a la estación de ferrocarril para salir hacia Cuzco. Durante este trayecto se puede admirar las impresionantes montañas que en algunos tramos forman túneles naturales. Cena y alojamiento en el Hotel Atahuallpa.

6° día   **EL CUZCO — LIMA**

Desayuno en el Hotel. Traslado al aeropuerto para salir en avión hacia Lima. Traslado al Hotel Conquistador. Tarde libre para descansar, dar paseos o realizar compras.

7° día   **LIMA — IQUITOS**

Desayuno en el Hotel y traslado al aeropuerto para salir hacia Iquitos. A la llegada se realiza un breve recorrido por la ciudad y en seguida traslado en lancha rápida por el Río Amazonas hasta el Lodge. Almuerzo, cena y alojamiento en el mismo. Por la tarde, excursión para visitar un campamento de los indios Yaguas, en donde se puede observar a sus nativos soplando con singular destreza sus cerbatanas para lanzar las flechas a gran distancia.

8° día   **IQUITOS**

Pensión completa. Visitas a varios poblados para admirarse de varios poblados con sus diferentes sistemas de vida, enteramente rodeados de una espesa vegetación selvática.

9° día   **IQUITOS — LIMA, LIMA — MEXICO**

Desayuno en el hotel y traslado al aeropuerto, para volver en avión a Lima. Salida inmediata de Lima en avión Jumbo 747 de línea regular hacia México. Almuerzo a bordo: llegada por la tarde.

2.   Now write to a friend in Mexico, telling him/her of the vacation you've planned for the two of you, visiting these interesting sights in Peru. Tell your friend what you'll do on the vacation — what time you'll leave, where you'll stay, what cities you'll see, etc. Begin like this:

Tengo una noticia maravillosa. He reservado dos plazas, una para ti y otra para mí, en un tour all Perú. Saldremos de México a las 5 de la tarde en avión Jumbo 747. Cenaremos a bordo, y llegaremos a Lima a las 11.20 de la noche. Nos alojaremos en el Hotel Conquistador. El segundo dia...

3.   Now imagine you've just met someone during your trip, and describe to him/her what you've done that day. Use the recent past, eg:

Esta mañana he (<u>or</u> hemos) visitado la 'Ciudad de los Reyes' — he (<u>or</u> hemos) visto la Catedral . . .

4.

Look at the signs and questions on the word card for this Act. Match the questions to the signs.

5.   Now give answers to the questions in 4.

e.g.

¿Se puede estacionar aqui?
No, no se puede. Está prohibido.
(o Sí se puede, cómo no.)

(The answers are at the back of the book)

Part Five : Personalised Dialogues 🔘

Parte Cinco : Diálogos

1.   At the breakfast table in a Spanish speaking country you are greeted by the waiter.

Camarero: **Buenos días.**
Usted: (Say good morning.)
Camarero: **¿Ha dormido usted bien?**
Usted: (Say yes, you slept very well. Your room is very quiet.)
Camarero: **¿Qué va a tomar?**
Usted: (Say you would like a cup of coffee and some toast.)
Camarero: **¿El café lo quiere con leche o sin leche?**
Usted: (Say you want white coffee. And you also want an orange juice.)
Camarero: **¿Algo más?**
Usted: (No, that is all, thank you.)

2.   You have enjoyed your holiday so much you have decided to stay an extra week. Tell the hotel receptionist of your decision.

Usted: (Greet the receptionist and say you have decided to stay one more week.)
Recep: **¿Una semana más? Naturalmente, no hay ningún problema. La habitación está disponible hasta el día veintidós.**
Usted: (Now ask whether there is a letter for you.)
Recep: **Carta no, pero hay una postal para usted que ha llegado esta mañana. Aquí tiene usted.**
Usted: (Thank you very much.)

3.   In the hotel lounge you talk to another guest.

Señor: **¿Ha visitado usted la ciudad?**
Usted: (Say you have visited the museum (**el museo**), the cathedral and the Plaza Mayor.)
Señor: **Yo también he estado en el museo. Me ha gustado muchísimo. ¿Y no ha visto usted el Palacio de Gobierno?**
Usted: (Say you have not seen it yet. You haven't had time, but you hope to see it this week.)
Señor: **He salido de paseo esta mañana. He estado en el Parque de San Agustin. Es maravilloso.**
Usted: (Ask where it is.)
Señor: **Está muy cerca de la estación. Es muy fácil llegar. Se puede ir en autobús.**
Usted: (Ask if it is far.)
Señor: **Está a unos quince minutos del hotel.**

4.   Answer these questions, first in the affirmative, then in the negative, following the examples.

>   **Ejemplo:**   **¿Ha desayunado usted?**
>   **Sí, ya he desayunado.**
>   **No, todavía no he desayunado.**

>   **1.**   **¿Ha ido usted al museo?**
>   **2.**   **¿Ha tomado usted café?**
>   **3.**   **¿Ha visto usted la catedral?**
>   **4.**   **¿Ha reservado usted la habitación?**
>   **5.**   **¿Ha visitado usted el parque?**
>   **6.**   **¿Ha leído usted el periódico?**

5.   You are driving in a Spanish speaking country. On the Plaza Mayor you ask a policeman where you can park your car.

Usted: (Say excuse me. Ask the policeman whether you can park in the Calle Mayor.)
Policía: **No, en la Calle Mayor no se puede estacionar a ninguna hora. Está prohibido.**
Usted: (Ask whether you can park in the Plaza Mayor.)
Policía: **No, allí tampoco se puede estacionar.**
Usted: (Ask where you can park.)
Policía: **Al final de esta calle hay un estacionamiento. Allí puede dejar su coche.**

6. You are going into a Museum.

Usted: (Ask whether it is allowed to take photographs.)
Recep: **Sí, está permitido, pero no se puede usar flash.**
Usted: (Ask whether you may smoke (**fumar**).
Recep: **No, no se puede fumar. Está prohibido.**

7. Look at the clock faces and ask and say the time like this:

¿Qué hora es?

Es la una.

¿Qué hora es?

Es la una y cuarto.

¿Qué hora es?

Es la una y media.

¿Qué hora es?

Son las tres menos cuarto.

¿Qué hora es?

Son las cinco y media.

¿Qué hora es?

Son las siete menos cuarto.

¿Qué hora es?

Son las ocho y veinte.

¿Qué hora es?

Son las diez menos diez.

Now you say:

1. 12.45
2. 3.00
3. 4.20
4. 5.35
5. 7.15
6. 9.30

168

ACT 10
SCENE 1

Uncle Antonio was tall and strong.
He was very well dressed and he wore glasses.
He was very pleased to see Adela and Peter.

Antonio: I am very sorry, but it was impossible to return earlier. I have been very busy.

Peter: It doesn't matter. I like Guadalajara very much and I have had a very good time. I am glad to be here.

Antonio: I am afraid your holiday will come to an end tomorrow. You will have to work.

Peter: What a pity! But one can't always be on holiday.

SCENE 2

Uncle Antonio took out two packages from his desk.
The one Peter had brought from the United States and another one.

Antonio: I'd like you to take these two packages to Caracas tomorrow. I will give you the address. I'd like you to deliver them before six o'clock in the evening. Naturally I will give you money for the fare and expenses.

Peter: I'm sorry, but I do not understand why you want me to take the packages in person. Why don't you send them by post which is much cheaper?

Peter expected Uncle Antonio to be angry, but instead he smiled and said to him:

ACTO 10
ESCENA 1

El tío Antonio era alto y fuerte.
Vestía muy bien y llevaba gafas.
Estaba muy contento de ver a Adela y a Peter.

Antonio: Lo siento mucho, pero me fue imposible volver antes. He estado ocupadísimo.

Peter: No importa. Me gusta mucho Guadalajara y lo he pasado muy bien. Me alegro de estar aquí.

Antonio: Me temo que mañana se terminarán tus vacaciones. Tendrás que trabajar.

Peter: ¡Qué lástima! Pero no se puede estar siempre de vacaciones.

ESCENA 2

El tío Antonio sacó dos paquetes de su escritorio.
El que Peter había traído de los Estados Unidos y otro.

Antonio: Quiero que lleves estos dos paquetes a Caracas mañana. Te daré la dirección. Quiero que los entregues antes de las seis de la tarde. Naturalmente, te daré dinero para el pasaje y los gastos.

Peter: Perdone, pero no entiendo por qué quiere que lleve los paquetes personalmente. ¿Por qué no los envía por Correo que es mucho más barato?

Peter pensó que el tío Antonio se enfadaría, pero éste sonrió y le dijo:

Antonio:

Don't worry.	**No te preocupes.**
Please trust me.	**Por favor confía en mí.**
Everything will be all right.	**Todo saldrá bien.**
You should take the packages	**Es necesario que lleves los**
and deliver them personally	**paquetes y que se los**
to Señor Eduardo Rodríguez.	**entregues personalmente al**
	señor Eduardo Rodríguez.
Here is the address.	**Aquí tienes la dirección.**
Here's enough money so that	**Aquí hay dinero suficiente**
you can pay for the hotel and	**para que pagues el hotel y**
for the journey to Caracas.	**para el viaje a Caracas.**
I'd like you to return to	**Quiero que vuelvas a México**
Mexico tomorrow if possible.	**mañana mismo si es posible.**
Peter was still doubtful but	**Peter todavía tenía dudas,**
he agreed.	**pero aceptó.**
Señor Alvarez put the packages	**El señor Alvarez puso los**
in a very elegant leather	**paquetes en un maletín de**
briefcase and gave it to	**cuero muy fino y se lo dio a**
Peter.	**Peter.**
That night they had dinner	**Esa noche cenaron juntos y**
together and then Peter	**luego Peter volvió al hotel**
returned to the hotel quite	**bastante**
early.	**temprano.**
Señor Alvarez had told him	**El señor Alvarez le había**
that the flight was already	**dicho que el vuelo ya estaba**
booked.	**reservado.**
However, he needed to get up	**Sin embargo, tenía que**
early to pick up the ticket	**levantarse temprano para**
from the Aeroméxico office in	**recoger el boleto de la**
Corona Avenue.	**oficina de Aeroméxico en la**
	Avenida Corona.

SCENE 3	**ESCENA 3**
Next morning Peter paid the	**A la mañana siguiente Peter**
hotel bill with some of the	**pagó la cuenta del hotel con**
money that Señor Alvarez had	**dinero que le había dado el**
given him.	**señor Alvarez.**
Then he caught a taxi to	**Luego tomó un taxi hasta la**
Corona Avenue and went into	**Avenida Corona y entró en la**
the Aeroméxico office.	**oficina de Aeroméxico.**

Peter:

Good morning. I have come to	**Buenos días. Vengo a buscar un**
collect a ticket for Caracas	**boleto para Caracas que está**
which is booked in the name of	**reservado a nombre de**
Peter Wilson.	**Peter Wilson.**
It is for the flight which	**Es para el vuelo que sale a**
leaves at ten-fifteen.	**las diez y cuarto.**

Employee:	Yes, here is your ticket Mr. Wilson. How would you like to pay, by cash or credit card?	**Sí, aquí está su boleto señor Wilson. ¿Cómo quiere pagar, en efectivo o con tarjeta de crédito?**
Peter:	I'll pay cash. Do you know if the flight will leave on time?	**Lo pagaré en efectivo. ¿Sabe usted si el vuelo saldrá a la hora?**
Employee:	Yes, it will leave at ten-fifteen. But you will have to change planes in Mexico City. You will have to be at the airport one hour earlier. In Juárez Avenue there is a special cab service which will take you to the airport.	**Sí, saldrá a las diez y cuarto. Pero tendrá que cambiar de avión en el D.F. Tiene que estar una hora antes en el aeropuerto. En la Avenida Juárez hay un servicio especial de taxis que le lleva hasta el aeropuerto.**
Peter:	I'm sorry but I don't know Guadalajara very well. Where is Juárez Avenue?	**Perdone, pero no conozco muy bien Guadalajara. ¿Dónde está la Avenida Juárez?**
Employee:	Look, when you leave the office, go up this street, walk two blocks to the National Bank, turn right and carry on to the next corner. That's the terminal for the cabs which go to the airport.	**Mire, al salir de la oficina, suba usted por esta misma calle, camine dos cuadras hasta el Banco Nacional, doble a la derecha y siga hasta la próxima esquina. Allí está la terminal de los taxis que van al aeropuerto.**
Peter:	Fine, thank you.	**De acuerdo, gracias.**
Employee:	Have you any luggage?	**¿Tiene equipaje?**
Peter:	I only have hand luggage. I will take it with me. I don't want to lose it.	**Sólo tengo equipaje de mano. Lo llevaré yo mismo. No quiero perderlo.**
Employee:	Smoking or non-smoking?	**¿Fumador o no fumador?**
Peter:	Non-smoking. How long is the flight to Mexico City?	**No fumador. ¿Cuánto tarda el vuelo hasta el D.F.?**
Employee:	Fifty minutes. And the flight to Caracas leaves at eleven forty-five.	**Cincuenta minutos. Y el vuelo para Caracas sale a las once cuarenta y cinco.**
Peter:	I'd like to book the return ticket now. I need to come back tomorrow.	**Quisiera reservar el pasaje de vuelta ahora. Necesito volver mañana.**
Employee:	Well, there is a flight which leaves Caracas at nine-thirty in the morning.	**Bueno, tiene un vuelo que sale de Caracas a las nueve y media de la mañana.**
Peter:	Yes, that's fine.	**Sí, está bien.**
Employee:	In that case I will confirm the booking right now.	**En ese caso le confirmaré la reserva ahora mismo.**

	There was a quarter of an hour left before the bus. Peter bought a postcard for his mother to say he would stay until the weekend.	**Quedaba un cuarto de hora para la salida del autobús. Peter compró una tarjeta postal para mandarla a su madre y decirle que se quedaría hasta el fin de semana.**
Peter:	Excuse me, is there a Post Office around here?	**Perdone, ¿hay algún Correo por aquí?**
Person:	Yes, turn left at the corner, cross the street, carry on to the square. The Post Office is next to the café.	**Sí, en la esquina doble a la izquierda, cruce la calle y siga hasta la plaza. Al lado del café está el Correo.**
Peter:	Thank you.	**Gracias.**
Person:	You're welcome.	**De nada.**
	Peter went to the cab terminus. Before getting in the cab he asked:	**Peter fue hasta la terminal de taxis. Antes de subir al taxi preguntó:**
Peter:	Is this the cab that goes to the airport?	**¿Es éste el taxi que va al aeropuerto?**
Employee:	Yes, sir.	**Sí, señor.**
Peter:	Where can I buy a ticket?	**¿Dónde puedo comprar un boleto?**
Employee:	You'd better get in, it's about to leave. You can pay inside. Have you any luggage?	**Súbase usted, que está por salir. Pague dentro. ¿Tiene equipaje?**
Peter:	No, only this briefcase and this small suitcase.	**No, solamente este maletín y esta maleta pequeña.**

Pronunciation/Intonation 📼

Listen carefully to the Spanish speakers as they say these useful short phrases, then imitate them and repeat in a good Spanish accent.

Buenos días	**¿Hola, qué tal?**	
Adiós	**Hasta luego**	**Hasta mañana**
Gracias	**No, gracias**	**Está bien**
No importa	**De acuerdo**	
Perdone	**Lo siento mucho**	**No te preocupes**
¿cuánto es?	**¿qué hora es?**	
¡qué interesante!	**¡qué lástima!**	

El tío Antonio era alto y fuerte

He estado ocupadísimo

No se puede estar siempre de vacaciones

Te daré la dirección

Señor Rodríguez Caracas

MEXICO

Sacó dos paquetes de su escritorio

Peter pensó que el tío Antonio se enfadaría

sonrió y le dijo:

confía en mí

En un maletín de cuero muy fino

Para recoger el boleto

173

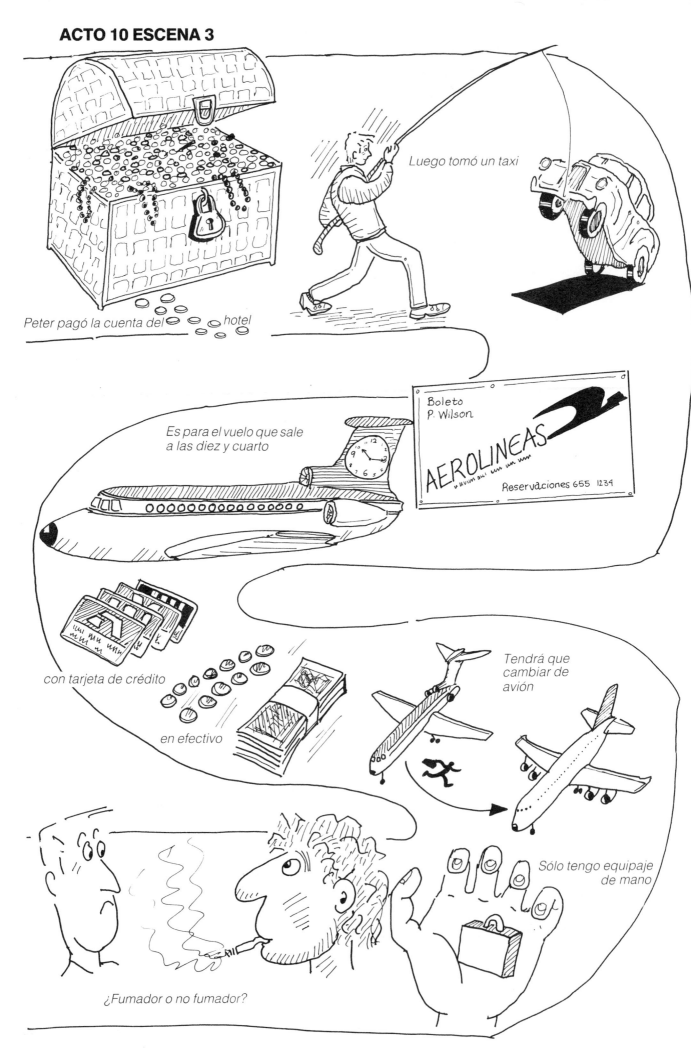

Peter pagó la cuenta del hotel

Luego tomó un taxi

Es para el vuelo que sale a las diez y cuarto

Boleto
P. Wilson

AEROLINEAS

Reservaciones 655 1234

con tarjeta de crédito

en efectivo

Tendrá que cambiar de avión

Sólo tengo equipaje de mano

¿Fumador o no fumador?

Para mandarla

Me quedaría hasta el fin de semana

Mi madre

Peter compró una tarjeta postal

¿Hay algún Correo por aquí?

Antes de subir al taxi preguntó

CAFE

CORREO

Al lado del café

¿Es éste el taxi que va al aeropuerto?

No, solamente este maletín y esta maleta pequeña

¿Tiene equipaje?

Part Two : Functional Dialogues
Sección Dos : Diálogos

1.   Listen again to this conversation between Peter and Señor Alvarez. Pay special attention to the way the following expressions are said in Spanish: I am very sorry, it doesn't matter, I am glad . . . I am afraid . . . what a pity!

Sr. A:	I am very sorry, but it was impossible to return earlier. I have been very busy.	**Sr A:**	**Lo siento mucho, pero me fue imposible volver antes. He estado ocupadísimo.**
Peter:	It doesn't matter. I like Guadalajara very much and I have had a very good time. I am glad to be here.	**Peter:**	**No importa. Me gusta mucho Guadalajara y lo he pasado muy bien. Me alegro de estar aquí.**
Sr. A:	I am afraid your holiday will come to an end tomorrow. You will have to work.	**Sr A:**	**Me temo que mañana se terminarán tus vacaciones. Tendrás que trabajar.**
Peter:	What a pity!	**Peter:**	**¡ Qué lástima!**

2.   Here is another conversation in which similar expressions are used. A tourist tries to book a room at an hotel. Unfortunately the hotel is full.

Sra:	Good afternoon. Have you a single room?	**Sra:**	**Buenas tardes. ¿Tiene alguna habitación individual?**
Recep:	When do you want it for?	**Recep:**	**¿Para cuándo la quiere?**
Sra:	For tonight.	**Sra:**	**Para esta noche.**
Recep:	I am very sorry, but for tonight we haven't any.	**Recep:**	**Lo siento mucho, pero para esta noche no tenemos ninguna.**
Sra:	What a pity! Have you got a double one?	**Sra:**	**¡Qué lástima! ¿Tiene una doble?**
Recep:	Unfortunately we haven't got any double rooms either. The hotel is full.	**Recep:**	**Desgraciadamente tampoco tenemos habitaciones dobles. El hotel está completo.**
Sra:	Do you think I will be able to find a room at another hotel?	**Sra:**	**¿Cree usted que podré encontrar habitación en otro hotel?**
Recep:	I am afraid it will be rather difficult. There is a conference this week and almost all the hotels are full.	**Recep:**	**Me temo que será un poco difícil. Esta semana hay un congreso y casi todos los hoteles están completos.**

3.   Two old friends meet after a long absence.

Marta:	Hello Teresa, how are you? It's so long since I've seen you.	**Marta:**	**Hola Teresa, ¿cómo estás? Tanto tiempo sin verte.**
Teresa:	What a surprise! I heard you got married. I am so glad. Congratulations.	**Teresa:**	**¡Qué sorpresa! Supe que te casaste. No sabes cuánto me alegro. Te felicito.**
Marta:	Thank you. What a pity you didn't come to the wedding. It was wonderful.	**Marta:**	**Gracias. Qué lástima que no hayas venido a la boda. Estuvo estupenda.**
Teresa:	I was very sorry I couldn't come, but it was impossible. My mother was very ill.	**Teresa:**	**Sentí mucho no poder venir, pero me fue imposible. Mi madre estaba muy enferma.**
Marta:	Oh, I am sorry. I hope she's better now.	**Marta:**	**Oh, cuánto lo siento. Espero que se encuentre mejor ahora.**
Teresa:	Fortunately she's better.	**Teresa:**	**Afortunadamente ya está mejor.**
Marta:	Good!	**Marta:**	**¡Qué bueno!**

4. Listen again to Señor Alvarez asking Peter to deliver the two packages to Caracas.

Sr. A: I'd like you to take these two packages to Caracas tomorrow. I will give you the address. I'd like you to deliver them before seven o'clock in the evening

Peter: I'm sorry but I don't understand why you want me to take the packages in person. Why don't you send them by post which is much cheaper?

Sr. A: Quiero que lleves estos dos paquetes a Caracas mañana. Te daré la dirección. Quiero que los entregues antes de las siete de la tarde.

Peter: Perdone, pero no entiendo por qué quiere que lleve los paquetes personalmente. ¿Por qué no los envía por Correo que es mucho más barato?

5. Señora Felisa asks María, a maid at the hotel, to do some errands for her.

Sra F: María!

María Yes madam?

Sra F: Will you come here please? Look, I'd like you to go to the Post office and post these letters. And will you bring me ten fifty peso stamps? After that go to the bank and deposit these cheques in my account. Here is the number of the account. I'd like you to come back as soon as possible to prepare the room for señor Lazcano who will arrive at twelve o'clock.

Sra F: ¡María!

María: ¿Sí señora Felisa?

Sra F: Venga aquí un momento, por favor. Mire, quiero que vaya al Correo y que eche estas cartas. Y tráigame diez estampillas de cincuenta pesos. Después vaya al banco y deposite estos cheques en mi cuenta. Aquí está el número de la cuenta. Quiero que vuelva lo más pronto posible para que prepare la habitación del señor Lazcano que llegará a las doce.

6. Listen again to the instructions given to Peter for finding the Post Office.

Peter: Excuse me, is there a Post Office around here?

Assist: Yes, turn left at the corner, cross the street, and the Post Office is next to the café.

Peter: Thank you.

Assist: You're welcome.

Peter Perdone, ¿hay algún Correo por aquí?

Depend: Sí, en la esquina doble a la izquierda, cruce la calle y al lado del café está el Correo.

Peter: Gracias.

Depend: De nada.

7. Here is a similar dialogue between someone looking for a supermarket and a passerby.

Srta: Excuse me, is there a supermarket around here?

Sr: Yes, there's one in Columbus Avenue. Go on along this street. Two blocks further up you'll find a very large building which is a clinic. Turn left there and go on to the next corner. There's a supermarket there.

Srta: Perdone, ¿hay algún supermercado por aquí?

Sr: Sí, en la Avenida Colón hay uno. Siga usted por esta misma calle. Dos cuadras más arriba hay un edificio muy grande que es una clínica. Allí doble a la izquierda y continúe hasta la próxima esquina. Allí hay un supermercado.

Part Three   :   Grammar Notes

Sección Tres   :   Notas gramaticales

1.   In this Act Peter was given instructions how to get to the cab service for the airport:

suba usted por esta calle	**(subir)**
camine dos cuadras	**(caminar)**
doble a la derecha	**(doblar)**
siga hasta la próxima esquina	**(seguir)**

If he repeated the instructions to say what he had to do, Peter would say:

subo por esta calle
camino dos cuadras
doblo a la derecha
sigo hasta la próxima esquina

Notice the link between I (present tense) and instructions:

(caminar)	**camino**	**camine**
(doblar)	**doblo**	**doble**
(subir)	**subo**	**suba**
(seguir)	**sigo**	**siga**

To give instructions **ar** verbs have the **e** ending; **er** and **ir** verbs have the **a** ending.

Notice also:

(levantarse)	**me levanto**	**levántese**
(subirse)	**me subo**	**súbase**

2.   Check the I (present) endings in Act 5.
Now you can give instructions with all these verbs:

(comprar)	**compro**	**compre**	(buy!)
(beber)	**bebo**	**beba**	(drink!)
(abrir)	**abro**	**abra**	(open!)
(pensar)	**pienso**	**piense**	(think!)
(tener)	**tengo**	**tenga**	(here you are!)
			etc.

But notice the verbs that do not end in **o** for I.

(estar)	**estoy**	**esté** ⎱	(be!)
(ser)	**soy**	**sea** ⎰	
(ir)	**voy**	**vaya**	(go!)
(dar)	**doy**	**dé**	(give!)
(saber)	**sé**	**sepa**	(know!)

3.   Of course, as you saw in Act 4 Grammar Notes, you can make polite instructions or requests with
tiene que . . ., ¿puede . . .?, ¿quiere . . .?:

tiene que pasar otro día aquí	or	**pase otro día aquí (por favor)**
¿puede venir conmigo?	or	**venga conmigo (por favor)**
¿quiere firmar los cheques?	or	**firme los cheques (por favor)**

So the instructions given in Act 10 can also be given using one of these phrases, but notice they do have slightly different meanings and uses:

suba por esta calle	or	**tiene que subir por esta calle,**
camine dos cuadras		**caminar dos cuadras,**
doble a la derecha		**doblar a la derecha,**
y siga hasta la próxima esquina		**y seguir hasta la próxima esquina.**
		(no need to repeat **tiene que . . .**)
súbase usted	or	**¿quiere subirse?**
pague dentro	or	**puede pagar dentro**

178

Part Four : Games
Sección Cuatro : Juegos

1. Let us go to Mexico City — the most populated city in the world, and much harder to find your way around than Guadalajara. Imagine you are leaving your hotel in downtown Mexico City, near the Sevilla subway station. First of all you want to get to the Cathedral. Read the conversation and follow the instructions on the map.

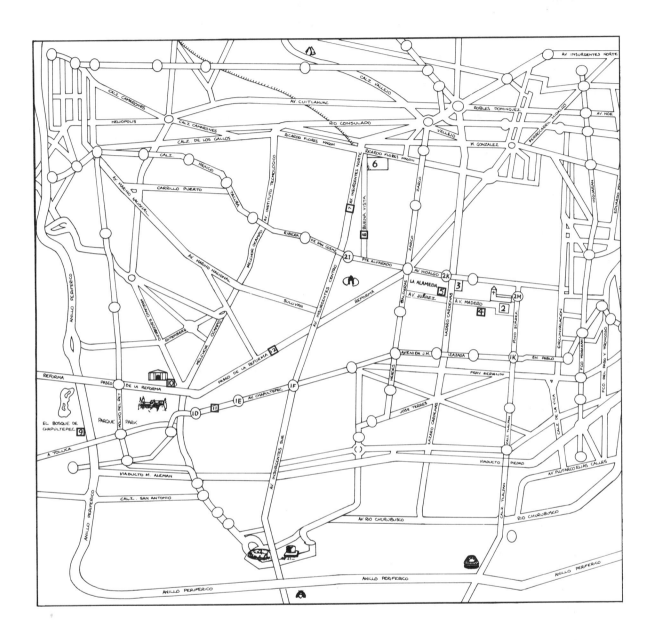

Usted: Perdone, ¿cómo llego a la Catedral?

Transeúnte: Pues, tome el Metro. Suba aquí, en esta estación, y tome la línea
(Passerby) que va hacia el Aeropuerto. Baje en Pino Suárez, y tome la línea que va hacia Tacuba. Baje en Palacio Nacional, salga de la estación, y la Catedral está al otro lado de la plaza. La plaza se llama el Zócalo — es la plaza central de la ciudad.

Usted: A ver si entiendo bien. Para ir a la Catedral tomo el Metro. Subo en esta estación y tomo la línea Aeropuerto. Bajo en Pino Suárez, y tomo la línea Tacuba. Bajo en Palacio Nacional, salgo de la estación, y la Catedral está al otro lado de la plaza. ¿Es así?

Transeúnte: Sí, así es. Usted entiende bien español, ¿no?

Puntos de Interés	**Estaciones de Metro**
2. La Catedral	1D Chapultepec
3. El Palacio de Bellas Artes	1E Sevilla
4. La Avenida Madero	1F Insurgentes
5. La Alameda	1K Pino Suárez
6. La Estacion de Ferrocarril	2I Revolución
7. Avenida Insurgentes	2K Bellas Artes
8. Buenavista	2I Revolución
9. El Bosque de Chapultepec	2M Palacio Nacional
10. El Museo de Antropología	
11. Chapultepec Avenue	
12. Paseo de la Reforma	

2. Now make up your part of the conversation and follow the instructions on the map. You want to get to the Palace of Fine Arts **el Palacio de Bellas Artes**, where you can get tickets for the Folklore Ballet **el Ballet Folklórico** and other spectacles, and admire the famous mural paintings of **Diego Rivera** and **José Clemente Orozco**. You are just outside the Cathedral.

2:1 **Usted:**

Transeúnte: **Bueno, vaya a pie. Siga por esta calle, la Avenida Madero, hasta el parque, que se llama la Alameda. Doble a la derecha, y el Palacio de Bellas Artes está a una cuadra.**

Usted:

Now you want a rail ticket for the exciting train journey to Yucatán. Ask how to get to the railroad station **la Estación de Ferrocarril**, which is on one of the main routes through the city, the **Avenida Insurgentes**. You are just outside **Bellas Artes**. Again, make up your part of the conversation and follow on the map.

2:2 **Usted:**

Transeúnte: **Bueno, está bastante lejos. Mejor vaya en el Metro. Suba aquí en Bellas Artes y tome la línea que va hacia Tacuba. Baje en Revolución. Salga de la estación y camine una cuadra hasta la calle Buenavista. Doble a la izquierda y siga por esa calle hasta el final, y allí enfrente verá la estación.**

Usted:

Finally, you would like to spend the afternoon in beautiful Chapultepec Park **el Bosque de Chapultepec**, where you particularly want to see the splendid National Museum of Anthropology **el Museo de Antropología**. You will be able to stroll back to your hotel through the park and along **Chapultepec Avenue** at the end of an exhausting day seeing the city! You are on **Insurgentes Avenue**, outside the station.

2:3 **Usted:**

Transeúnte: **Pues, cruce la Avenida y tome un camión en la esquina. O mejor tome un pesero, que es un taxi colectivo, y es más cómodo y más cómodo y más cómodo y más rápido. Baje en Chapultepec, que es la avenida grande unas cinco cuadras después de cruzar el Paseo de la Reforma. Allí tome el Metro en la estación Insurgentes, y baje en la estación Chapultepec. Salga de la estación y el Bosque está allí enfrente. El Museo de Antropología está a unos diez minutos a pie, por el parque.**

Usted:

3. You do not need to fly all the way to Peru to see splendid ruins of exotic pre-Spanish civilisations! Imagine you have travelled to **Yucatán** in the far southeast of Mexico, to see **Chichén Itzá**, perhaps the finest example of Mayan architecture. **Chichén Itzá** was a religious and ceremonial centre which brought together the artistic achievements of the **Maya** and the warlike **Toltecs**, who practised human sacrifice. It was dedicated to **Kukulcán**, the man-god feathered serpent, who was known as **Quetzalcóatl** in other parts of ancient Mexico. Here is a map of the site, about 75 miles from **Mérida**, the state capital. Read the tour guide and fill in the names missing from the map, which are underlined in the guide

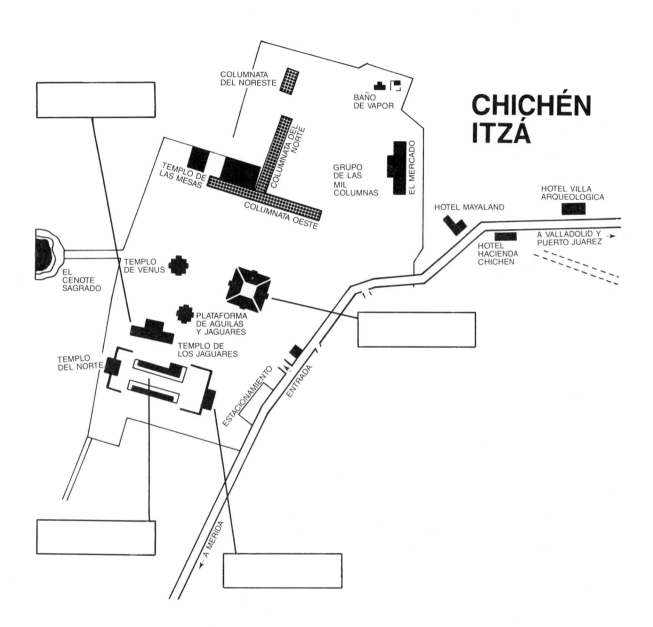

Al entrar en la zona se encuentran a la izquierda, a unos pasos solamente, los varios templos que rodean el <u>Juego de Pelota</u>. El juego de pelota se practicaba entre muchos de los pueblos prehispánicos. El libro sagrado de los mayas, el Popol Vuh, lo menciona. Se realizaba con un doble fin: deportivo y religioso. Los equipos jugaban con pelotas hechas de hule. Los jugadores usaban los codos, las rodillas y la cadera para hacer pasar la pelota por los anillos de piedra que estaban en las paredes. En relación al juego se realizaban ceremonias y ritos

<u>El Templo del Sur</u> se alza sobre una plataforma al lado sur de la cancha de juego. Un hecho sorprendente es el fenómeno acústico que se produce, ya que la voz de quien habla en esta zona se escucha facilmente en el Templo del Norte, en el extremo opuesto de la cancha de juego.

Detrás del Templo de los Jaguares está el **Tzompantli**, que es el monumento que con mayor claridad alude a los sacrificios humanos practicados conforme a la mística guerrero-religiosa propia de las culturas del Altiplano Central. El Tzompantli, literalmente "muro de cráneos", está decorado con símbolos de la muerte: cráneos ensartados en estacas, tal como se hacía con las cabezas de los sacrificados; cuerpos de serpientes; y la ornamentación se completa con águilas comiendo corazones, con guerreros y serpientes emplumadas.

Pasando por un lado de la construcción llamada la "Plataforma de Aguilas y Jaguares", que se encuentra a la derecha y detrás del Tzompantli, se llega al monumento más imponente de esta zona arqueológica, **el Castillo**, o Pirámide de Kukulcán. Tiene 24 metros de altura, y el que llega a su cumbre tiene delante y por todos lados una vista impresionante por encima de la selva que rodea la zona como un mar. El investigador mexicano Luis E. Arochi dedujo que la pirámide fue construida con fines astronómicos. En los equinoccios de primavera y otoño (20 de marzo y 21 de septiembre), hacia las tres de la tarde, la luz del sol se proyecta en el lado noroeste y se forma en seguida una ondulación. Conforme el sol sigue su curso, se van integrando de arriba hacia abajo, siete triángulos de luz y sombra, las que configuran el cuerpo de una gran serpiente de más de 34 metros de largo. Los triángulos se unen a la cabeza de serpiente situada al pie de la pirámide. Este efecto de luz, "el descenso simbólico de Kukulcán", quizás significó el comienzo del ciclo agrario.

Los Guerreros

Al otro extremo de este sector de la zona se encuentra el Grupo de las Mil Columnas, llamada así por la profusión de columnas y pilares que rodean una gran plaza cuadrangular. Entre la Columnata Oeste y la Columnata del Norte está el <u>Templo de los Guerreros</u>, cuyo basamento es de 12 metros de altura y está esculpida con guerreros, jaguares y águilas devorando corazones humanos. Al templo se sube por una escalera grabada con serpientes emplumadas. En los muros exteriores del templo se mezclan los motivos religiosos mayas y toltecas.

Bajando del Templo de los Guerreros, a la derecha, y justo enfrente del Castillo, está una calzada de aproximadamente 300 metros de largo que sale de la gran plaza de El Castillo hacia el norte. Al final de la calzada se encuentra el <u>Cenote Sagrado</u>. La parte norte de la Península de Yucatán es excesivamente seca debido a la escasa precipitación y al extenso desagüe subterráneo. La mayor parte del agua es suministrada por los cenotes, cavidades de forma natural que dejan al descubierto el agua del subsuelo. El Cenote Sagrado fue empleado exclusivamente con fines religiosos y dedicado al culto del dios chac de la lluvia; en él llevaban a cabo los sacrificios humanos. Se han realizado diversas exploraciones en el fondo del cenote, y se han encontrado valiosos objetos y piezas arqueológicas de diferentes procedencias, que atestiguan las peregrinaciones que desde lejanos pueblos, como Panamá, se emprendían para depositar las ofrendas en el cenote.

Enfrente de la entrada de la zona arqueológica de Chichén Itzá, está un camino que conduce a la zona llamada <u>Chichén Viejo,</u> donde se encuentra una agrupación de numerosos templos, algunos ya muy derruidos, pero que también tienen sus puntos de interés.

**adaptado de Chichén Itzá, Panorama Editorial SA,
México DF, 2a edición 1983.**

El Castillo

Part Five : Personalised Dialogues

Sección Cinco : Diálogos

1.   You are trying to book a flight to Buenos Aires. Unfortunately, you don't have much luck.

Empleada: **Buenos días. ¿Qué desea?**
Usted: (Say you would like to travel (**viajar**) to Buenos Aires this week.)
Empleada: **¿Esta semana? Lo siento mucho, pero todos los vuelos están completos.**
Usted: (What a pity! Say you have to be in Buenos Aires on Saturday. It is your sister's wedding.)
Empleada: **Desgraciadamente no puedo hacer nada. Pero vuelva usted mañana para ver si hay alguna cancelación.**

2.   A friend of yours has just won the lottery!

Amiga: **¡Hola! ¿Cómo estás?**
Usted: (Very well, thank you. Ask how she is.)
Amiga: **Muy bien. ¿Sabes que he ganado diez millones de pesos en la lotería?**
Usted: (Ten million pesos! Congratulations! Say you are very glad. Ask her what she is going to do with the money.)
Amiga: **Voy a comprarme un apartamento muy grande, un coche último modelo y voy a viajar a Europa con mi novio de vacaciones. ¿Y tú vas a ir de vacaciones este año?**
Usted: (Say unfortunately not because you don't have any money. You will have to work.)
Amiga: **¡Qué lástima!**

3.   You have been in a Spanish resort for a month and you know the town well enough to tell people how to get around when they ask.

Señor: **Buenos días, señorita. ¿Puede decirme dónde está el Hotel El Nopal?**
Usted: (Say it is in the Plaza San Luis. Tell him to carry on along the same street, turn right at the end of the street and walk as far as the next corner. The Hotel El Nopal is on the other side of the road.)
Señor: **Muchas gracias.**
Usted: (You're welcome.)

4.   You must get up early in the morning and you ask the maid at the hotel to call you at 7.00a.m.

Usted: (Say you have to get up early tomorrow and you'd like her to call you at 7.00, please.)
Muchacha: **A las siete de la mañana. Por supuesto, no se preocupe usted. Yo le despertaré. ¿Se va usted?**
Usted: (No, you are not leaving. You are going on an excursion and you have to leave the hotel at 7.30.)
Muchacha: **¿Quiere que le traiga el desayuno a la habitación?**
Usted: (Yes, please. Tell her to bring you a white coffee, some toast and an orange juice.)
Muchacha: **Un café con leche, pan tostado y un jugo de naranja. Muy bien señor. ¡Hasta mañana! ¡Que duerma bien!**
Usted: (Thank you. Good night.)

5.   You are leaving your hotel and you ask the porter to help you with the luggage.

Usted: (Say good morning to him. Say you want him to help you with the luggage please. It is very heavy. (**pesado**).)
Portero: **Sí, por supuesto. ¿Este es todo el equipaje que tiene?**
Usted: (Yes, that is all.)
Portero: **¿Quiere que le llame un taxi?**
Usted: (Yes, please. Say you want to go to the airport. The plane leaves at 9.00 o'clock but you have to be there at 8.00.)

(The answers are at the back of the book)

ACT 11   ACTO 11
SCENE 1   ESCENA 1

	The cab journey to the airport took about forty minutes.	**El viaje en taxi hasta el aeropuerto duró unos cuarenta minutos.**
	Flight AE 725 left on time.	**El vuelo AE 725 (setecientos veinticinco) salió a la hora.**
	Peter was looking through the window when suddenly he heard a voice.	**Peter estaba mirando por la ventanilla cuando de repente oyó una voz.**
Enrique:	Hello Peter. How are you?	**Hola Peter. ¿Cómo estás?**
	Peter was surprised to see Enrique, Adela's cousin, but he answered quickly:	**Peter se sorprendió de ver a Enrique, el primo de Adela, pero respondió rápidamente:**
Peter:	I'm fine thank you, and how are you?	**Bien gracias, ¿y tú cómo estás?**
Enrique:	There's an empty seat beside me.	**Hay un asiento libre a mi lado.**
	Would you like to sit with me?	**¿Quieres sentarte conmigo?**
Peter:	O.K.	**Bueno.**
Enrique:	What a surprise to meet you here! Where are you going?	**¡Qué sorpresa encontrarte aquí! ¿Adónde vas?**
Peter:	I'm going to Caracas.	**Voy a Caracas.**
Enrique:	What a coincidence!	**¡Qué coincidencia!**
	I'm also going to Caracas.	**Yo también voy a Caracas.**
	At that moment the stewardess went by and Enrique said to her:	**En ese momento pasó la aeromoza y Enrique le dijo:**
Enrique:	Excuse me, could you bring us two whiskies?	**Por favor, ¿podría traernos dos whiskies?**
Peter:	Thank you, but it's a bit early for me.	**Gracias, pero es un poco temprano para mí.**
	I would prefer a coffee.	**Preferiría un café.**
	Peter turned to look at Enrique.	**Peter se volvió para mirar a Enrique.**
Peter:	Why are you going to Caracas?	**¿Por qué vas a Caracas?**
Enrique:	I have an important meeting with a customer who buys a lot of our products.	**Tengo una reunión muy importante con un cliente que compra muchos de nuestros productos.**
	From Caracas I will have to travel to Quito.	**Desde Caracas tendré que viajar a Quito.**
	I often make this trip.	**Hago este viaje a menudo.**
	On average, twice a month.	**Dos veces por mes más o menos.**
	And why are you going to Caracas?	**¿Y por qué vas tú a Caracas?**
	Peter was sure that Enrique knew why he was going to Caracas, but he gave a polite answer.	**Peter estaba seguro de que Enrique sabía por qué iba a Caracas, pero le respondió cortesmente.**

Enrique: Which hotel are you going to stay at?
¿En qué hotel te vas a quedar?

I always stay at the Hotel Bolivar.
Yo siempre me quedo en el Hotel Bolívar.

It's right in the centre.
Está en pleno centro.

You'd better stay there too.
Es preferible que te quedes allí también.

Peter: I don't think I'll spend more than one night in Caracas.
No creo que pase más de una noche en Caracas.

The truth is that all I want to do is deliver these packages and return to Guadalajara as soon as possible.
La verdad es que lo único que quiero es entregar estos paquetes y volver a Guadalajara lo antes posible.

Enrique was about to say something when the stewardess brought them something to eat and during the rest of the trip they remained silent.
Enrique iba a decir algo, cuando la aeromoza les trajo algo de comer, y durante el resto del viaje los dos jóvenes permanecieron en silencio.

Peter had been worried from the beginning about the packages.
Desde un principio Peter había estado preocupado por los paquetes.

Now he was sure that the Alvarez family were hiding something from him.
Ahora estaba seguro de que los Alvarez le ocultaban algo.

Perhaps they are criminals, Peter thought.
Quizás sean delincuentes, pensó Peter.

But it is difficult to believe that Adela could do anything wrong.
Pero es difícil creer que Adela pueda actuar mal.

It's probably just my imagination.
Probablemente no sea más que mi imaginación.

He decided to read for a while and he called the stewardess to ask for a magazine or a newspaper.
Decidió leer un rato y llamó a la aeromoza para pedirle una revista o un periódico.

Peter: Could you bring me something to read please?
¿Podría traerme algo para leer, por favor?

Stewardess: Would you like a magazine or a newspaper?
¿Prefiere una revista o un periódico?

Peter: What newspapers have you got?
¿Qué periódicos tiene?

Llamó a la aeromoza para pedirle una revista o un periódico

Stewardess:	We only have Mexican newspapers.	**Sólo tenemos periódicos mexicanos.**
Peter:	Bring me 'El Excelsior' please.	**Tráigame El Excelsior, por favor.**
Stewardess:	Just a moment sir. I'll bring it right away.	**Sí, un momentito, señor. Ahora mismo se lo traigo.**

Peter read the newspaper and went on thinking of the briefcase and its contents.

Peter leyó el periódico y siguió pensando en el maletín y en su contenido.

In Mexico City they changed planes and on the trip to Caracas Peter slept most of the time.
He felt tired.
The plane arrived five minutes late.
Peter looked at Enrique and said to him:

En la Ciudad de México cambiaron de avión y en el viaje a Caracas Peter durmió la mayor parte del tiempo. Se sentía cansado. El avión llegó con cinco minutos de retraso. Peter miró a Enrique y le dijo:

Peter:	Excuse me, but I have to hurry. I dont want to be late for my appointment.	**Perdona, pero tengo que apurarme. No quiero llegar tarde a mi cita.**

SCENE 3 **ESCENA 3**

Peter went through the customs.

Peter pasó por la Aduana.

Officer:	Excuse me, sir. Have you anything to declare?	**Perdone, señor. ¿Tiene usted algo que declarar?**
Peter:	No, I have nothing to declare.	**No, no tengo nada que declarar.**
Officer:	What is in the suitcase?	**¿Qué lleva usted en la maleta?**
Peter:	Clothes and personal effects.	**Ropa y efectos personales.**
Officer:	And in the briefcase?	**¿Y en el maletín?**

Just what Peter was afraid of. The briefcase looked too expensive for a young person like Peter who looked like a student. That is why they had stopped him perhaps.

Justo lo que Peter temía. El maletín parecía muy caro para una persona joven como Peter con aspecto de estudiante, y quizás por eso lo habían parado.

How awful! I hope there is nothing illegal in the briefcase, thought Peter. His heart beat fast, and he had a bad feeling in his stomach. He tried to answer as naturally as possible.	**¡Qué terrible! Ojalá no haya nada ilegal en el maletín, pensó Peter. Su corazón latía apresuradamente y sintió un leve malestar en el estómago. Trató de responder de la manera más natural posible.**

Peter: I have two packages with some documents.
Llevo dos paquetes con documentos.

Officer: Could you open the briefcase, please?
¿Podría abrir el maletín, por favor?

Peter: Certainly.
Sí, cómo no.

Officer: Now please open the packages too.
Ahora abra los paquetes también.

Peter opened the two packages. He was now sure there would be trouble. But no. Uncle Antonio had assured him that the packets only contained papers and that is how it was.	**Peter abrió los dos paquetes. Estaba seguro de que ahora las cosas se complicarían. Pero no. El tío Antonio le había asegurado que en los paquetes sólo había papeles y en realidad así era.**

Officer: You may close the briefcase.
Puede cerrar el maletín.

Peter: Would you like me to open the suitcase too?
¿Quiere que abra la maleta también?

Officer: No, you don't need to open it.
No, no es necesario que la abra.

You may go.
Puede salir.

Peter took his luggage and left the Customs. He looked at his watch. It was almost four o'clock. He had very little time to reach the office.	**Peter tomó su equipaje y salió de la Aduana. Miró su reloj. Eran casi las cuatro de la tarde. Tenía muy poco tiempo para llegar a la oficina.**

Un poco temprano para mí

188

	At the Information Office in the Airport, Peter asked an employee:	**En la Oficina de Información del Aeropuerto Peter preguntó a una funcionaria:**
Peter:	Is the Airport very far from the centre of Caracas? I have to be there before six o'clock.	**¿Está muy lejos el aeropuerto del centro de Caracas? Tengo que estar allí antes de las seis.**
Employee:	Yes, it's quite far. You'd better take a taxi. I don't think you'll get there on time on the bus.	**Sí, está bastante lejos. Es mejor que tome un taxi. En el autobús no creo que llegue a tiempo.**
Peter:	Thank you.	**Gracias.**
	Peter called a porter.	**Peter llamó a un mozo.**
Peter:	Could you get me a taxi, please?	**¿Podría buscarme un taxi, por favor?**
Porter:	Certainly sir. Right away.	**Cómo no, señor. Enseguida.**
	Peter tipped the porter and got into the cab.	**Peter le dio una propina al mozo y se subió al taxi.**
Peter:	I'd like you to take me to this address. I have to be there before six o'clock.	**Quiero que me lleve a esta dirección. Tengo que estar allí antes de las seis.**
Driver:	Don't worry sir. We have enough time.	**No se preocupe, señor. Tenemos tiempo suficiente.**

Pronunciation/Intonation

Now you've learned how to speak Spanish with a good accent, you can practise with this popular song. Remember to listen to the Spanish speakers, imitate, and repeat.

First the chorus.

Bamba, Bamba, Bamba, Bamba
Bamba, Bamba, Bamba, Bamba
para bailar la Bamba,
para bailar la Bamba,
se necesita una poca de gracia.
Sí, una poca de gracia y otra cosita.
¡ay! ¡arriba y arriba!
¡ay! ¡arriba y arriba!
yo no soy marinero
yo no soy marinero
por ti seré, por ti seré, por ti seré

There are many verses to this song, in fact each singer usually makes up clever new verses to suit the occasion. Here's a favourite Mexican nonsense rhyme.

Remember to listen, imitate, and repeat.

Cosilón, cosilón, cosilongo,
el sombrero me lo quito y me lo pongo.
Cosilón, cosilón, cosilongo,
el sombrero me lo quito y me lo pongo.

And now you can go back to the chorus, then make up another verse!

El viaje en taxi hasta el aeropuerto duró unos cuarenta minutos

Peter estaba mirando por la ventanilla

Cuando de repente oyó una voz

Hay un asiento libre a mi lado

En ese momento pasó la aeromoza

¿Podría traernos dos whiskies?

Mayo

1 2 3 4 5 6 7
8 9 10 11 12 13 (14)
15 16 17 18 19 20 21
22 23 24 25 26 27 28
(29) 30 31

Dos veces por mes más o menos

Un poco temprano para mí

190

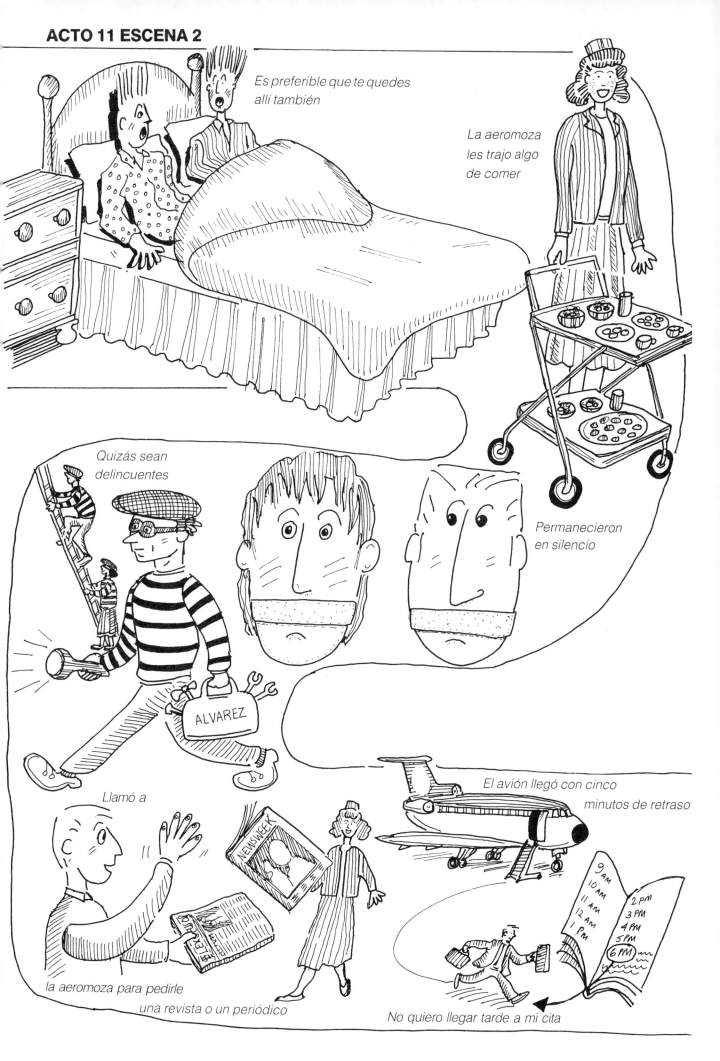

Es preferible que te quedes allí también

La aeromoza les trajo algo de comer

Quizás sean delincuentes

Permanecieron en silencio

ALVAREZ

Llamó a

la aeromoza para pedirle una revista o un periódico

El avión llegó con cinco minutos de retraso

No quiero llegar tarde a mi cita

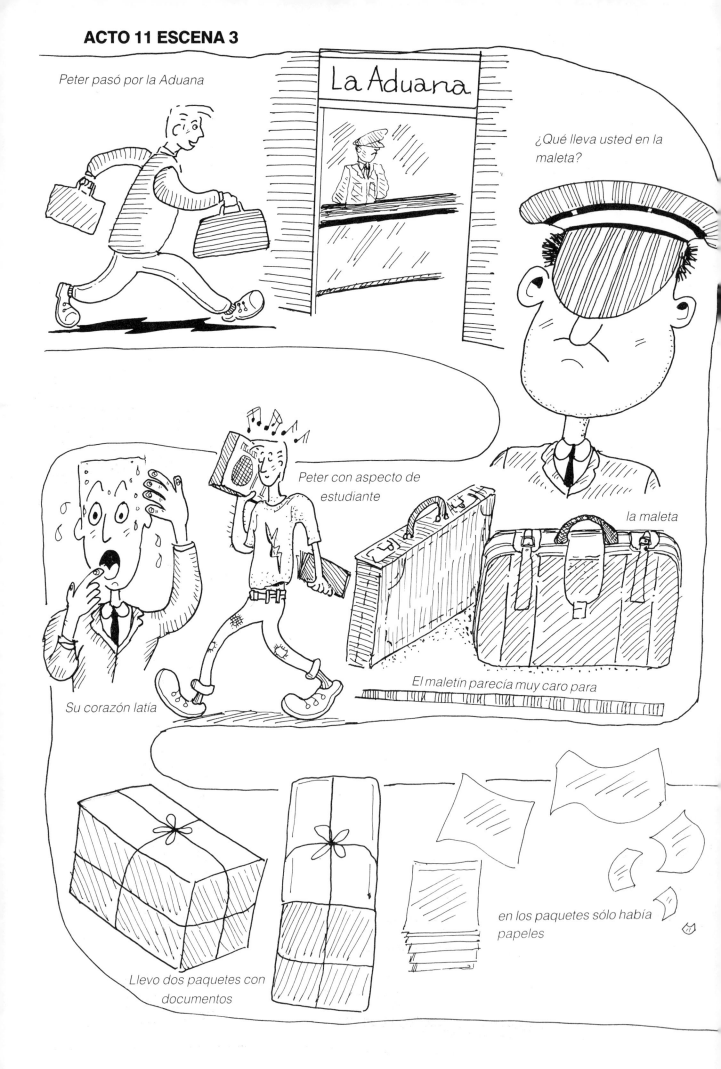

Peter pasó por la Aduana

La Aduana

¿Qué lleva usted en la maleta?

Peter con aspecto de estudiante

la maleta

Su corazón latía

El maletín parecía muy caro para

Llevo dos paquetes con documentos

en los paquetes sólo había papeles

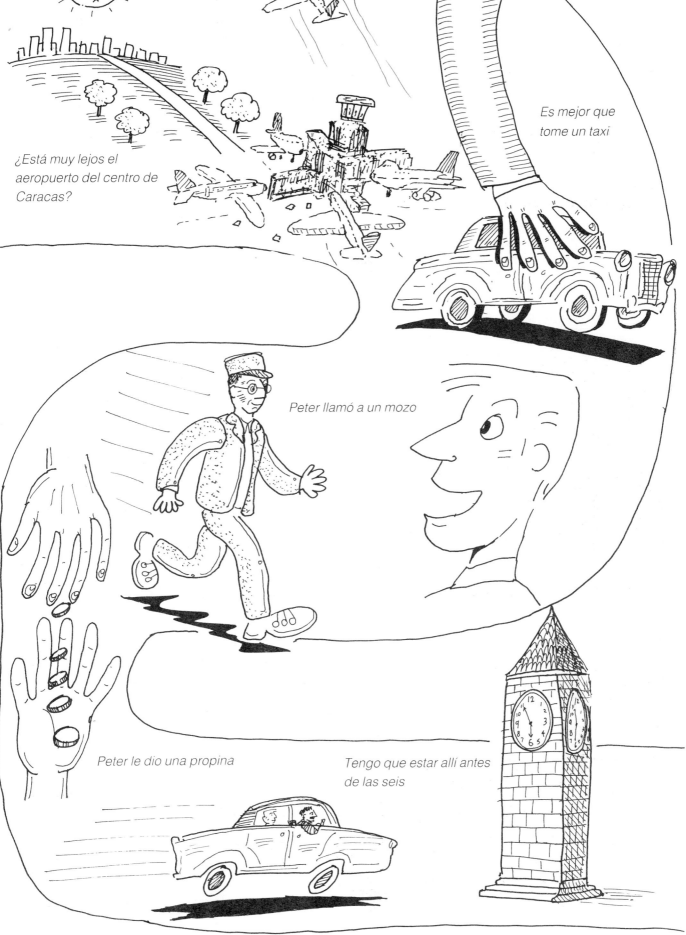

¿Está muy lejos el aeropuerto del centro de Caracas?

Es mejor que tome un taxi

Peter llamó a un mozo

Peter le dio una propina

Tengo que estar allí antes de las seis

Part Two : Functional Dialogues
Sección Dos : Diálogos

1.   Listen to Enrique asking the stewardess for drinks. Peter refuses politely.

Enrique:	Excuse me, could you bring us two whiskies?	**Enrique:**	**Por favor, ¿podría traernos dos whiskies?**
Peter:	Thank you, but it's a bit early for me. I would prefer a coffee.	**Peter:**	**Gracias, pero es un poco temprano para mí. Preferiría un café.**

2.   Now Peter asks the stewardess (**Aeromoza**=**Aero**) for something to read.

Peter:	Could you bring me something to read please?	**Peter:**	**¿Podría traerme algo para leer por favor?**
Ste:	Would you like a magazine or a newspaper?	**Aero:**	**¿Prefiere una revista o un periódico?**
Peter:	What newspapers have you got?	**Peter:**	**¿Qué periódicos tiene?**
Ste:	We only have Mexican newspapers.	**Aero:**	**Sólo tenemos periódicos mexicanos.**
Peter:	Bring me El Excelsior, please.	**Peter:** ·	**Tráigame El Excelsior, por favor.**
Ste:	Just a moment, sir. I'll bring it right away.	**Aero:**	**Sí, un momentito, señor. Ahora mismo se lo traigo.**

3.   At the newspaper kiosk someone is trying to get change.

Sta:	Could you change these five thousand pesos for me?	**Sta:**	**¿Podría cambiarme estos cinco mil pesos?**
Sr:	I am sorry but I don't have any change. There is a bank on the corner. They can change it for you there.	**Sr:**	**Lo siento, señorita, pero no tengo cambio. En la esquina hay un banco. Allí pueden cambiarle.**

4.   At an hotel, a guest asks a porter to help her with the luggage.

Sra:	Excuse me, could you help me bring down my luggage?	**Sra:**	**Perdone, ¿podría ayudarme a bajar mi equipaje?**
Porter:	Certainly. In which room are you?	**Portero:**	**Por supuesto. ¿En qué habitación está usted?**
Sra:	I'm in three hundred and forty.	**Sra:**	**Estoy en la trescientos cuarenta.**
Porter:	I'll go up immediately.	**Portero:**	**Subo inmediatamente.**

5.   A foreign tourist (F.T. = **Señor**) goes through Customs in a Spanish speaking country. He speaks to the Customs Officer (C.O.= **Funcionaria**).

C.O:	Excuse me, sir.	**Func:**	**Por favor, señor.**
F.T:	Yes?	**Señor:**	**¿Sí?**
C.O:	Just a moment. Have you anything to declare?	**Func:**	**Un momento. ¿Tiene usted algo que declarar?**
F.T:	No, I have nothing.	**Señor:**	**No, no tengo nada.**
C.O:	Could you open the bag, please?	**Func:**	**¿Podría abrir el bolso, por favor?**
F.T.	Certainly.	**Señor:**	**Sí, por supuesto.**
C.O:	You have three bottles of whisky and you are only allowed to bring in one litre.	**Func:**	**Usted lleva tres botellas de whisky y sólo está permitido traer un litro.**
F.T:	I'm sorry but I didn't know.	**Señor:**	**Perdone, pero no sabía.**
C.O:	I'm very sorry but you will have to pay for the two bottles.	**Func:**	**Lo siento mucho, pero tendrá que pagar las dos botellas.**

6.   Listen to the way in which suggestions and uncertainty are expressed in this conversation between Peter and Enrique.

| Enrique: | Which hotel are you going to stay at? I always stay at the Hotel Bolivar. It's right in the centre. You'd better stay there too. | **Enrique:** | **¿En qué hotel te vas a quedar? Yo siempre me quedo en el Hotel Bolívar. Está en pleno centro. Es preferible que te quedes allí también.** |
| Peter: | I don't think I'll spend more than one night in Caracas. | **Peter:** | **No creo que pase más de una noche en Caracas.** |

7.   Here is another conversation in which people make suggestions and express uncertainty. Peter is asking for information at the Airport.

Peter:	Is the airport very far from the centre of Caracas?	**Peter:**	**¿Está muy lejos el aeropuerto del centro de Caracas?**
C.O:	Yes, it's quite far. You'd better take a taxi. I don't think you'll get there on time on the bus.	**Func:**	**Sí, está bastante lejos. Es mejor que tome un taxi. En el autobús no creo que llegue a tiempo.**
Peter:	Thank you.	**Peter:**	**Gracias.**

8.   Señora Morales is trying to make an appointment with a doctor.

Sra:	Good morning. I'd like an appointment with doctor Muñoz for this afternoon.	**Sra:**	**Buenos días, señorita. ¿Podría darme hora con el doctor Muñoz para esta tarde?**
Recep:	I don't think it will be possible for this afternoon. The doctor has a lot of patients today.	**Recep:**	**Para esta tarde no creo que sea posible. El doctor tiene muchos pacientes hoy.**
Sra:	And for tomorrow?	**Sra:**	**¿Y para mañana?**
Recep:	Yes, you'd better come tomorrow afternoon. Is six thirty all right?	**Recep:**	**Sí, es mejor que venga mañana por la tarde. ¿A las seis y media está bien?**
Sra:	Yes, that's fine.	**Sra:**	**Sí, está bien.**
Recep:	Your name please?	**Recep:**	**¿Su nombre, por favor?**
Sra:	Elena Morales.	**Sra:**	**Elena Morales.**
Recep:	Very well then señora Morales. Till tomorrow.	**Recep:**	**Muy bien, señora Morales. Hasta mañana.**
Sra:	Goodbye. Thank you.	**Sra:**	**Adiós. Gracias.**

9.   Raúl is looking for his friend Elba. Elba's mother opens the door.

Raúl:	Good afternoon. Is Elba in?	**Raúl:**	**Buenas tardes, señora. ¿Está Elba?**
Sra:	No, Elba is not in. I think she has gone to Luisa's.	**Sra:**	**No, Elba no está. Creo que está en casa de Luisa.**
Raúl:	Do you know what time she will be back?	**Raúl:**	**¿Sabe usted a qué hora vuelve?**
Sra:	I'm not sure but I think she will be back a bit late. You'd better come back tomorrow. You'll certainly find her here. Would you like to leave a message for her?	**Sra:**	**No estoy segura, pero me parece que volverá un poco tarde. Es mejor que regrese mañana. Seguramente la encontrará aquí. ¿Quiere dejarle algún recado?**
Raúl:	Could you tell her that Raúl was here and that I will come round tomorrow after lunch?	**Raúl:**	**¿Podría decirle que vino Raúl y que pasaré por aquí mañana después del almuerzo?**
Sra:	Fine. I'll tell her when she comes back.	**Sra:**	**De acuerdo. Se lo diré cuando llegue.**
Raúl:	Thank you very much. Goodbye.	**Raúl:**	**Muchas gracias. Hasta luego.**
Sra:	Goodbye.	**Sra:**	**Hasta luego.**

Part Three : Grammar Notes
Sección Tres : Notas gramaticales

1. In Acts 10 and 11 you heard these phrases:

Uncle Antonio to Peter:

quiero que lleves estos dos paquetes a Caracas.
(I want you to take these two packages to Caracas.)

quiero que los entregues antes de las seis de la tarde.
(I want you to hand them over before 6pm.)

quiero que vuelvas a México mañana mismo.
(I want you to come back to Mexico tomorrow.)

Peter to the cab driver:

quiero que me lleve a esta dirección
(I want you to take me to this address.)

Peter to the Customs Officer:

¿quiere que abra la maleta?
(Do you want me to open the suitcase?)

2. This is known as the subjunctive. It does not have an equivalent in English. These are the forms of the subjunctive:

	ar	**er**	**ir**
	llevar	**volver**	**abrir**
(I)	**lleve**	**vuelva**	**abra**
(you-friendly)	**lleves**	**vuelvas**	**abras**
(you-polite, s/he)	**lleve**	**vuelva**	**abra**
(we)	**llevemos**	**volvamos**	**abramos**
(you-plural, they)	**lleven**	**vuelvan**	**abran**

Notice the **o — ue** change in **volver**, just as in the present. This applies to all verbs with similar changes (check Act 5 Grammar Notes).

Notice also that the polite 'you' is exactly the same as the form for instructions you saw in Act 10 Grammar Notes. So you can work out the forms of the subjunctive for different verbs in the same way as the form for instructions (see Act 10 Grammar Notes.)

3. The subjunctive is used after several verbs, as well as **quiero que . . . :**

espero que } (I hope that)
(she/he/you feel/s better)

no creo que } (I don't think that)
(she/he/you will arrive on time)

{ **se encuentre mejor**

{ **llegue a tiempo**

4. The use of the subjunctive can seem quite complicated to a non-Spanish speaker, but there are certain basic rules:

4.1 The second verb normally refers to a different person than the first verb.

quiero que lleves estos dos paquetes.
(I want you to take these two packages.)

¿quiere que abra la maleta?
(Do you want me to open the suitcase?)

If both verbs refer to the same person, simply say:

quiero llevar estos dos paquetes.
(I want to take these two packages.)

¿quiere abrir la maleta?
(Would you open the suitcase?)

4.2 Another basic rule for the use of the subjunctive is that the first verb must give some idea of request, suggestion, doubt, hope, etc — as you find other examples of the use of the subjunctive you can add to this short list.

5. There are also many impersonal phrases that are followed by the subjunctive, but they must conform to 4.2:

es necesario que lleves los paquetes
(You must take the packages.)

es preferible que te quedes allí
(You should stay there.)

es mejor que tome un taxi
(You should take a cab.)

and notice also:

quizás sean delincuentes
(They may be criminals.)

ojalá no haya nada ilegal en el maletín
(I hope there is nothing illegal in the briefcase.)

6. You will see and hear many more uses of the subjunctive in Spanish. So remember, the best way to learn good Spanish is to listen and look; imitate; use what you have heard and seen to speak and write good Spanish.

Es mejor que tome un taxi

Part Four : Games

Sección Cuatro : Juegos

1. Read this advertisement for a sales person in Guadalajara, then read what the company representative, Licenciado Moreno, says they are looking for.

ORGANIZACION PROFESIONAL Z E T A. S.A.

Solicita

PERSONAL PARA VENTAS

Ambos sexos

REQUISITOS:

* Mayores de 25 años (preferentemente casados).
* Estudios mínimos secundaria (no indispensable).
* Disponibilidad absoluta.
* Tiempo completo.
* Deseos de superación.
* Excelente presentación.

OFRECEMOS:

* **Sueldo o comisión.**
* **Ingresos superiores a $28,000.00.**
* **Automóvil.**
* **Entrenamiento pagado.**
* **Ascensos rápidos.**
* **Amplia proyección de desarrollo dentro de la Empresa.**

Interesados presentarse en: CORONA No. 71, PRIMER PISO, CON EL LIC. MORENO. De 11.00 a 2.00P.M. y de 5.00 a 7.00P.M.

Lic. Moreno: **Buscamos personal para trabajar en Ventas. Necesitamos personas que sean mayores de 25 años, y preferimos que estén casadas, que tengan estudios mínimos de secundaria, aunque este requisito no es indispensable, que estén absolutamente disponibles, que trabajen tiempo completo, que deseen superarse, que tengan excelente presentación, y que sean hombres o mujeres.**

2. Now speak for Licenciada Luz María González, the representative of a mining company in the state of Jalisco, and say what kind of personnel your company is looking for, according to your advertisement.

POR CONSTANTE EXPANSION ESTAMOS BUSCANDO EXPERTOS EN:

MANTENIMIENTO MECANICO
ELECTRICO E INSTRUMENTACION
PROCESOS PRODUCTIVOS
QUIMICOS, METALURGICOS
MINEROS O SEMEJANTES
EXPLOTACION DE MINAS

LOS CANDIDATOS DEBERAN:

* Tener experiencia preferentemente en la Industria Pesada.
* Conocer y manejar bien sus áreas de trabajo.
* Funcionar bajo presión.
* Tener inquietudes profesionales de desarrollo,
* Percibir actualmente ingresos entre 500,000 y 900,000 pesos anuales como minimo.
* Estar dispuesto a radicar en el Estado de Jalisco.

A LOS CANDIDATOS LES OFRECEMOS:

- Programa intensivo de entrenamiento técnico y gerencial.
- Agresivo plan de prestaciones.
- Posibilidad de desarrollo profesional.
- Un medio de alto nivel profesional con ambiente constructivo de trabajo.

Si le interesa participar en nuestro grupo favor de presentarse con Curriculum los días 11, 12 y 13 en el hotel HOLIDAY INN de Guadalajara, Jalisco, con la LIC. LUZ MARIA GONZALEZ de las 9:30 a las 19:00 horas.

Garantizamos absoluta confidencialidad

3. Here is a recipe for a popular Mexican breakfast:

Huevos a la mexicana

Ingredientes (para 2 personas)

1 cebolla (75 gramos)

1-2 dientes de ajo

1 chile serrano

1/2 pimiento

3 jitomates

frijoles cocidos *

(se pueden añadir otros ingredientes a gusto, por ejemplo:) *

champiñones *

chícharos *

1 cucharada de aceite de oliva

6 huevos

Método

1. **picar la cebolla, el ajo y el chile**

3. **cortar los jitomates**

5. **caliente el aceite en una sartén**

7. **añadir el ajo y chile picados y freír hasta que esté dorado el ajo.**

9. **freír los jitomates**

2. **cortar el pimiento en rebanadas**

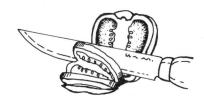

4. **batir los huevos**

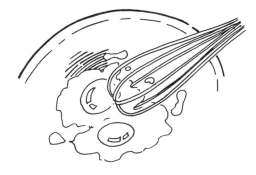

6. **freír la cebolla hasta que esté bien dorada**

8. **freír el pimiento**

10. **añadir los huevos batidos y mezclar.**

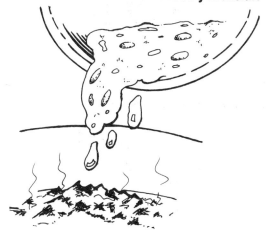

11. agitar unos 3-4 minutos hasta que los huevos estén cocidos pero todavía blandos

12. servir con pan integral o con tortillas

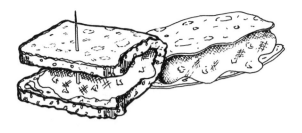

4. Now here are the ingredients for a well-known Mexican dish:

Guacamole

1 cebolla pequeña **(50 gramos)**

2 jitomates **(100 gramos)**

1/2 chile serrano **(20 gramos)**

1 aguacate grande **(250 gramos)**

1 cucharada de aceite de oliva

2 cucharadas de jugo de limón **sal a gusto**

5. Give instructions on how to prepare the guacamole like the instructions in 3., following the drawings.

1.chop tomatoes, onion and chile finely

2.mash avocado — **majar el aguacate** —

3.mix olive oil, lemon juice

4.add chopped tomatoes, onion, chile

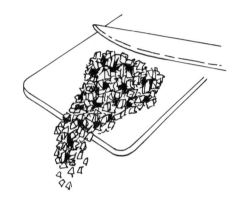

5.add salt

6.serve with wholemeal bread   or   7. serve as a salad with steak

Part Five : Personalised Dialogues

Sección Cinco : Diálogos

1. You are leaving for the airport and you need a taxi.

Usted: (Say good morning and ask the porter to find a taxi for you.)

Portero: **Sí, cómo no. ¿Lo quiere inmediatamente?**

Usted: (Yes, you want it now. You have to be at the airport at 9.00 o'clock and it is already 8.15.)

Portero: **Mire, aquí viene uno. ¡Taxi! ¿ Tiene usted equipaje?**

Usted: (Yes, your suitcases are in the reception.)

Portero: (coming back.) **Son éstas, ¿no?**

Usted: (Yes, that is all you have. Thank the porter.)

Portero: **De nada. ¡Que tenga buen viaje!**

2. You are checking in at the airline desk.

Empleada: **Me da su boleto, por favor.**

Usted: (Here it is.)

Empleada: **¿Cuál es su equipaje?**

Usted: (It's this one.)

Empleada: **¿Lleva equipaje de mano?**

Usted: (Yes, a briefcase.)

Empleada: **¿Fumador o no fumador?**

Usted: (You don't smoke.)

(Ask her if she could give you a seat (**un asiento**.) next to the window.)

Empleada: **Sí, aquí tiene usted su número de asiento y la tarjeta de embarque. Tiene que embarcar por la puerta número veintiuno. Es mejor que se apure porque el vuelo ya está anunciado.**

3. Now you will hear a series of statements. Each time a sentence is said choose from the list below the question or request to which that statement is the answer. Speak after the voice.

a. **¿Podría hablar más despacio, por favor?**

b. **¿Podría decirme si hay algún banco por aquí?**

c. **¿Podría decirme la hora?**

d. **¿Podría traernos dos cafés, por favor?**

e. **¿Podría decirme qué significa 'mesa'?**

f. **¿Podría darme la cuenta?**

4. You are going through Customs in a Spanish speaking country and you are stopped by a Customs Official.

Funcionario:Perdone. ¿Tiene usted algo que declarar?

Usted: (Say you have nothing to declare.)

Func: **¿Qué lleva usted en su equipaje?**

Usted: (Say you are carrying clothes and some presents (**algunos regalos**).)

Func: **¿Qué regalos lleva?**

Usted: (A tie, a scarf and a bottle of whisky.)

Func: **¿Lleva usted cigarrillos?**

Usted: (Yes, you are carrying 200 cigarettes.)

Func: **Está bien. Puede usted pasar.**

5. Reply to each of these questions expressing doubt about what is being asked. Follow the example:

¿Crees que María llamará por teléfono? (llamar)
No, no creo que llame por teléfono.

1. **¿Crees que el avión llegará a la hora?**
(llegar)
2. **¿Crees que Pedro contestará mi carta?**
(contestar)
3. **¿Crees que Inés viajará a España?**
(viajar)
4. **¿Crees que tus amigos escribirán?**
(escribir)
5. **¿Crees que los bancos abrirán mañana?**
(abrir)
6. **¿Crees que Mario responderá?**
(responder)

6. You are saying goodbye to someone you met during your holiday.

Amigo: **Siento mucho que te vayas tan pronto. Espero que hayas disfrutado de tus vacaciones.**

Usted: (Yes, very much. Unfortunately you have to go back to work. But you are sure you will return next year **(el próximo año)**.

Amigo: **Me alegro mucho. Este es un lugar muy bonito.**

Usted: (Ask your friend whether he thinks he will return too.)

Amigo: **No creo que vuelva. Lo he pasado muy bien, pero el próximo año pasaré mis vacaciones en casa de unos amigos en el sur de Chile.**

Usted: (Well, you have to go. Your plane leaves at 4 o'clock and it is already 2.30. You have to be at the airport at 3.00.)

Amigo: **Me alegro mucho de haberte conocido. Y que tengas muy buen viaje.**

Usted: (Thank you very much. Say you will write to him. Goodbye.)

7. You would like to see a play, but it's very popular and it is difficult to get tickets (**entradas**).

Usted: (Say you would like to buy a ticket (**una entrada**) for this evening.)

Empleado: **Desgraciadamente no quedan entradas. Es mejor que venga una hora antes de la función para ver si hay alguna cancelación.**

Usted: (Ask what time the performance (**la función**) is.)

Empleado: **Es a las siete y media.**

Usted: (Say you will come back at 6.30.)

8. A Spanish speaking friend is going to visit your country. She is not sure what clothes to bring with her.

Amiga: **¿Hace mucho frío en tu país en invierno?**

Usted: (Yes, it is normally very cold.)

Amiga: **¿Crees que necesito llevar un abrigo?**

Usted: (Say yes, she'd better bring an overcoat and also an umbrella (**un paraguas**) because it rains a lot.)

(The answers are at the back of the book)

ACT 12 ACTO 12
SCENE 1 ESCENA 1

	It was exactly two minutes before six o'clock when Peter stepped out of the taxi.	**Faltaban exactamente dos minutos para las seis cuando Peter se bajó del taxi.**
	On the front door there was a sign with the name of the person Peter was looking for: Eduardo Rodríguez, Lawyer, third floor.	**En la puerta de entrada había una placa con el nombre de la persona a quien Peter buscaba: Eduardo Rodríguez, Abogado, tercer piso.**
	The lift was not working and Peter climbed up the stairs.	**El ascensor no funcionaba y Peter subió las escaleras a pie.**
	He knocked on the door and he was received by a secretary.	**Llamó a la puerta y lo recibió una secretaria.**
Peter:	Good afternoon. Is Señor Rodríguez in?	**Buenas tardes. ¿Está el señor Rodríguez?**
Secretary:	He's busy right now. He is speaking with a client. Are you Mr. Wilson?	**En este momento está ocupado. Está hablando con un cliente. ¿Usted es el señor Wilson?**
Peter:	Yes, that's me.	**Sí, soy yo.**
Secretary:	Would you like to take a seat please, Mr. Wilson?	**¿Quiere sentarse por favor, señor Wilson?**
Peter:	Thank you.	**Gracias.**
Secretary:	Have you been in Caracas very long?	**¿Hace mucho tiempo que está en Caracas?**
Peter:	No, I have just arrived.	**No, acabo de llegar.**
Secretary:	I hope you like it.	**Espero que le guste.**
	A few minutes later the door to Señor Rodríguez's office opened and a young man came out who then said goodbye to the secretary.	**Minutos más tarde se abrió la puerta de la oficina del señor Rodríguez y salió un hombre joven que se despidió de la secretaria.**
	Then a man of about sixty came up to Peter and spoke to him.	**Luego un señor de unos sesenta años se acercó a Peter y le habló.**
Sr.Rod:	Good afternoon. Come in please. You must be Peter Wilson.	**Buenas tardes. Pase, por favor. Usted debe ser Peter Wilson.**
Peter:	Yes, that's me.	**Sí, soy yo.**
Sr.Rod:	Did you arrive a long time ago?	**¿Hace mucho rato que llegó?**
Peter:	I arrived ten minutes ago. I have brought these two packets for you from señor Antonio Alvarez of Guadalajara.	**Llegué hace diez minutos. He traído estos dos paquetes para usted de parte del señor Antonio Alvarez de Guadalajara.**

	Peter opened the briefcase and he put the two packages on the desk.	**Peter abrió el maletín y puso los dos paquetes sobre el escritorio.**
	The lawyer examined the papers for a few minutes, then he looked at Peter and smiled.	**El abogado examinó los papeles durante unos minutos, luego miró a Peter y sonrió.**
Sr.Rod:	Could you show me your passport, please?	**¿Podría mostrarme su pasaporte, por favor?**
	Peter was very surprised, but he handed his passport to Señor Rodríguez.	**Peter se sorprendió muchísimo, pero le pasó el pasaporte al señor Rodríguez.**
	'Congratulations' said the lawyer eventually.	**Lo felicito, dijo por fin el abogado.**
Sr.Rod:	I am very pleased to tell you that you are now a shareholder in the Alvarez & Co. import/export agency.	**Tengo el placer de informarle que usted es ahora accionista de la empresa de importaciones y exportaciones Alvarez y Cía.**
	Three months ago Mr. Johnson died in a plane crash in Guatemala. I know you didn't know him, but he was, in fact, a relative of yours.	**Hace tres meses el señor Johnson murió en un accidente aéreo en Guatemala. Sé que usted no lo conocía, pero en realidad era pariente suyo.**
Peter:	A relative of mine?	**¿Pariente mío?**
Sr.Rod:	Exactly. And you are his heir.	**Exactamente. Y usted es su heredero.**
	Twenty percent of the company shares are now yours. You also inherit some property, among these a magnificent mansion in Florida.	**El veinte por ciento de las acciones de la compañía son ahora suyas. Además hereda algunas propiedades, entre ellas una magnífica mansión en Florida.**
Peter:	I can't believe it. It's like a dream. Are you sure it's true?	**No lo puedo creer. Me parece un sueño. ¿Está seguro de que es verdad?**
Sr.Rod:	There's no doubt. It's true. We have to celebrate.	**No hay ninguna duda. Es verdad. Esto hay que celebrarlo.**
	The lawyer took a bottle of champagne out of a small refrigerator and he opened it. He served Peter and then he helped himself.	**El abogado sacó una botella de champaña de un pequeño refrigerador y la abrió. Le sirvió a Peter y luego se sirvió él.**

Sr.Rod:	Cheers!	**¡Salud!**
Peter:	Cheers!	**¡Salud!**
	I don't know what to say.	**No sé qué decir.**
	What you have told me is incredible.	**Lo que usted acaba de decirme es increíble.**
	It will be difficult for me to get used to.	**Será difícil acostumbrarme.**
	But why so much mystery from Adela and her uncle?	**¿Pero por qué tanto misterio de parte de Adela y su tío?**
	Why didn't they just tell me?	**¿Por qué no me lo dijeron simplemente?**
	The lawyer explained.	**El abogado explicó.**
Sr.Rod:	You must not forget that this is a small company, run by a family.	**No debe olvidar que se trata de una pequeña compañía, administrada por una familia.**
	They wanted to see what sort of person you were.	**Ellos querían ver qué tipo de persona era usted.**
	Whether you could do the job properly and whether you would get on well with the others.	**Si sería capaz de hacer bien su trabajo y si se llevaría bien con los demás.**
	Now they know that, in fact, they can work with you.	**Ahora saben que en realidad pueden trabajar con usted.**
	Peter sat down.	**Peter se sentó.**
	Perhaps it was the champagne, or perhaps the idea that he would work with Adela, or perhaps the fact that he was now rich, but the truth is that he felt good, very good.	**Quizás era el efecto del champaña, o quizás la idea de que trabajaría con Adela, o quizás el hecho de que ahora era rico, pero la verdad es que se sentía bien, muy bien.**

Pronunciation/Intonation

Finally, you must know the tune of **"La Cucaracha"**. There are also many versions of this song — see if you can repeat this polite version. Listen, imitate, and repeat.

First the chorus.

**La cucaracha, la cucaracha
ya no puede caminar,
porque no tiene, porque le faltan
las dos patitas de atrás.**

And a verse which refers to the Mexican Revolution of 1910-1917 and two opposing bands of revolutionaries, the **villistas** of **Pancho Villa** and the **carrancistas** of **Venustiano Carranza**.

**Una cosa me da risa
Pancho Villa sin camisa.
¿Por qué van los carrancistas?
Porque vienen los villistas.**

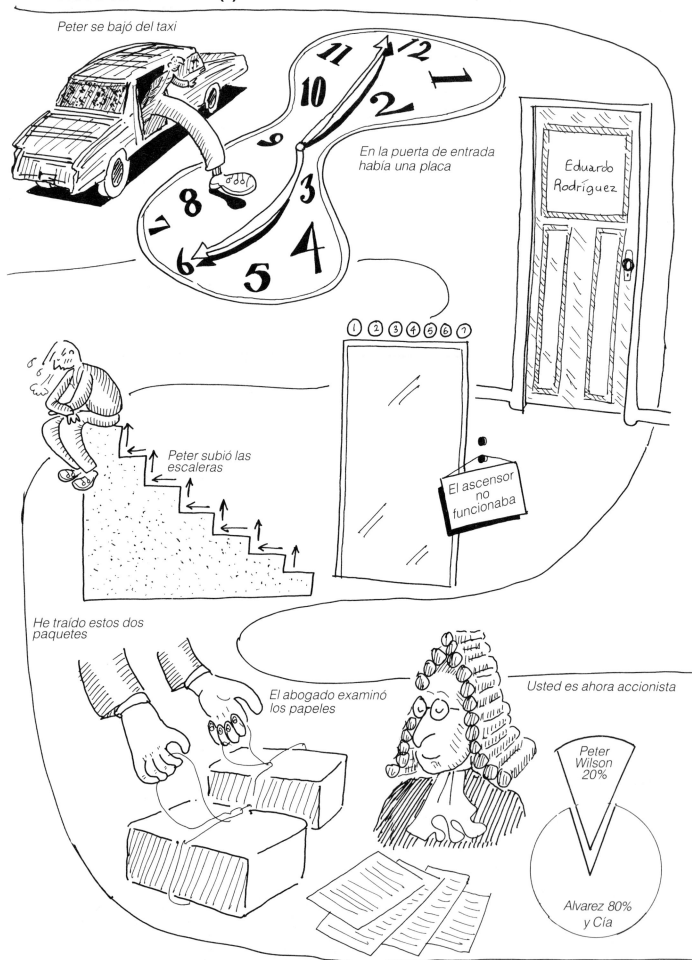

Peter se bajó del taxi

En la puerta de entrada había una placa

Eduardo Rodríguez

Peter subió las escaleras

El ascensor no funcionaba

He traído estos dos paquetes

El abogado examinó los papeles

Usted es ahora accionista

Peter Wilson 20%

Alvarez 80% y Cía

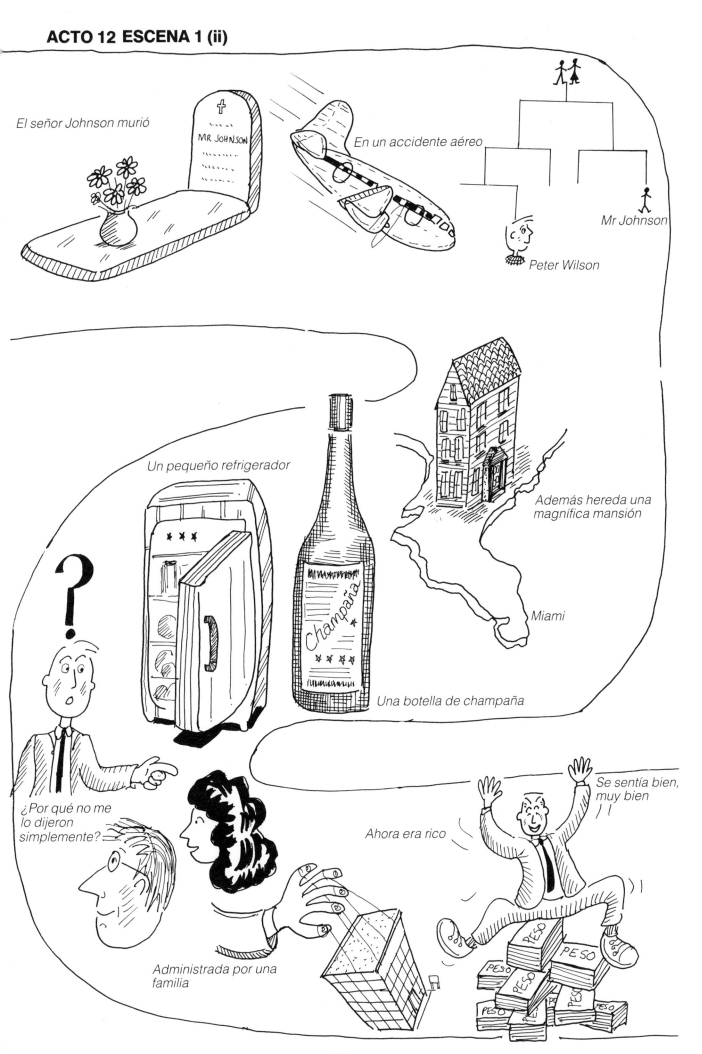

El señor Johnson murió

En un accidente aéreo

Mr Johnson

Peter Wilson

Un pequeño refrigerador

Champaña

Una botella de champaña

Además hereda una magnífica mansión

Miami

¿Por qué no me lo dijeron simplemente?

Administrada por una familia

Ahora era rico

Se sentía bien, muy bien

211

Part Two : Functional Dialogues
Parte Dos : Diálogos

1. Listen again to this conversation between Peter and Señor Rodriguez. Pay attention to the way possession is expressed.

Sr. R:	Three months ago Mr. Johnson died in a plane crash in Guatemala. I know you didn't know him, but he was, in fact, a relative of yours.	**Sr. R:**	**Hace tres meses el señor Johnson murió en un accidente aéreo en Guatemala. Sé que no lo conocía, pero en realidad era pariente suyo.**
Peter:	A relative of mine?	**Peter:**	**¿Pariente mío?**
Sr. R:	Exactly. And you are his heir. Twenty percent of the company shares are now yours.	**Sr. R:**	**Exactamente. Y usted es su heredero. El veinte por ciento de las acciones de la compañía son ahora suyas.**

2. At the Lost Property Office **(En la Oficina de Objetos Perdidos)**

Emp:	Is this your briefcase?	**Empleada:**	**¿Es éste su maletín?**
Sr:	No, it isn't mine. Mine is black.	**Señor:**	**No, no es el mío. El mío es negro.**
Emp:	This must be yours.	**Empleada:**	**Este debe ser el suyo.**
Sr:	Yes, it's that one.	**Señor:**	**Sí, es ése.**

3. Juan and Marta see Fernando Olmedo, a film director.

Juan:	Look, there's Fernando Olmedo, the Spanish film director.	**Juan:**	**Mira, allí está Fernando Olmedo, el director de cine español.**
Marta:	Yes, I know him very well. He's a friend of mine.	**Marta:**	**Sí, lo conozco muy bien. Es amigo mío.**
Juan:	A friend of yours?	**Juan:**	**¿Amigo tuyo?**
Marta:	We met at a party at Ana María's house. He is a cousin of hers.	**Marta:**	**Nos conocimos en una fiesta en casa de Ana María. Es primo de ella.**

4. Listen to Peter asking the secretary (**secretaria**) for Señor Rodríguez. Señor Rodríguez is busy, speaking to a client.

Peter:	Good afternoon. Is Señor Rodriguez in?	**Peter:**	**Buenas tardes. ¿Está el señor Rodríguez?**
Sec:	He is busy now. He is speaking with a client. Are you Mr. Wilson?	**Sec:**	**En este momento está ocupado. Está hablando con un cliente. ¿Usted es el señor Wilson?**
Peter:	Yes, that's me.	**Peter:**	**Sí, soy yo.**

5. Here is another conversation betwen a secretary and a client who has come to see her boss.

Sr:	Good morning. Is Señora del Valle in?	**Señor:**	**Buenos días. ¿Está la señora del Valle?**
Sec:	Yes, but she's with some clients. Would you like to wait?	**Sec:**	**Sí, pero está atendiendo a unos clientes. ¿Quiere usted esperar?**
Sr:	Is she going to take long?	**Señor:**	**¿Va a demorar mucho?**
Sec:	About twenty minutes.	**Sec:**	**Unos veinte minutos.**
Sr:	In that case I prefer to come back later. Goodbye.	**Señor:**	**En ese caso prefiero volver más tarde. Hasta luego.**
Sec:	Goodbye.	**Sec:**	**Hasta luego.**

6. Teresa has been helping a friend with the gardening. Her husband Raúl is writing a letter.

Raúl:	Hello, where were you?	**Raúl:**	**Hola, ¿dónde estabas?**
Teresa:	I was with Ana. I was helping her in the garden. And what are you doing?	**Teresa:**	**Estaba con Ana. Estaba ayudándole en el jardín. ¿Y tú qué estás haciendo?**
Raúl:	I'm writing a letter to my sister. I've nearly finished.	**Raúl:**	**Estoy escribiendo una carta a mi hermana. Ya estoy terminando.**
Teresa:	Would you like a beer?	**Teresa:**	**¿Quieres una cerveza?**
Raúl:	Yes, thank you.	**Raúl:**	**Sí, gracias.**

7. Señor Rodriguez's secretary is talking to Peter. She asks him how long he has been in Caracas. He tells her he has just arrived.

Sec:	Are you Mr. Wilson?	**Sec:**	**¿Usted es el señor Wilson?**
Peter:	Yes, that's me.	**Peter:**	**Sí, soy yo.**
Sec:	Would you like to take a seat please, Mr. Wilson?	**Sec:**	**¿Quiere sentarse por favor, señor Wilson?**
Peter:	Thank you.	**Peter:**	**Gracias.**
Sec:	Have you been in Caracas very long?	**Sec:**	**¿Hace mucho tiempo que está en Caracas?**
Peter:	No, I have just arrived.	**Peter:**	**No, acabo de llegar.**
Sec:	I hope you like it.	**Sec:**	**Espero que le guste.**

8. At a bus stop (**En la parada del autobús**).

Sra:	Have you been waiting long?	**Sra:**	**¿Hace mucho tiempo que espera?**
Sr:	About fifteen minutes.	**Sr:**	**Hace quince minutos más o menos.**
Sra:	This is too much. It gets worse every day.	**Sra:**	**¡Esto es el colmo! El servicio está cada día peor.**

9. On a beach in Acapulco two people find much in common.

He:	How long have you been living in Acapulco?	El:	**¿Hace cuánto tiempo que vive usted en Acapulco?**
She:	Well, I have been living here for four years. My husband died six years ago and two years later I bought an apartment in Acapulco. And did you come here a long time ago? I had never seen you before.	Ella:	**Pues, vivo aquí desde hace cuatro años. Mi marido murió hace seis años y dos años después compré un apartamento en Acapulco. ¿Y usted hace muchos años que llegó aquí? No lo había visto nunca antes.**
He:	Yes, a long time ago. I came here the same year that my wife and I got divorced.	El:	**Sí, hace muchísimo tiempo. Llegué aquí el mismo año que mi mujer y yo nos divorciamos.**
She:	Oh! Do you live on your own?	Ella:	**¡Oh! ¿Vive usted solo?**
He:	Yes, on my own. And you?	El:	**Sí, solo. ¿Y usted?**
She:	Well, so do I.	Ella:	**Pues, yo también.**

10. Lupita goes to see her friend Martín. Martín's sister opens the door.

Lupita:	Hello Cecilia. Is Martín in? I need to talk to him.	Lupita:	**Hola, Cecilia. ¿Está Martín? Necesito hablar con él.**
Cecilia:	No, he's just gone out. He went to Irene's house.	Cecilia:	**No, acaba de salir. Fue a casa de Irene.**
Lupita:	Do you know what time he will be back?	Lupita:	**¿Sabes a qué hora regresará?**
Cecilia:	He will be back about ten o'clock.	Cecilia:	**Estará de vuelta a las diez más o menos.**
Lupita:	Well, I will phone him up tonight. Goodbye.	Lupita:	**Bueno, lo llamaré por teléfono esta noche. Hasta luego.**
Cecilia:	Goodbye.	Cecilia:	**Adiós.**

Mi marido murió hace seis años

Part Three : Grammar Notes
Sección Tres : Notas gramaticales

You have already begun to make your own notes by collecting examples of the use of **estar** and **ser** (Act 2) and the use of the subjunctive (Act 11). Now see if you can make your own notes for this Act.

1. First collect examples of the use of **estar** in this Act. You should have several examples like:

    está ocupado   **está hablando con un cliente**
    (he is busy)   (he is speaking with a client)

2. Now list the words ending in **ado, ido**, and check what verbs they correspond to (**ar, er,** or **ir**). Do the same for words ending in **ando, iendo**.

    What conclusions can you draw from your lists?
    Are there any exceptions?

3. Look at the meanings of the different examples with **estar**.
    All the examples with **ado, ido** words should refer to a state of affairs.
    All the examples with **ando, iendo** words should refer to a continuing activity.

4. Add these phrases to your list of the use of **estar**.

5. Have you noticed the little word **hay** throughout the Course? It means "there is/are", and it has other forms like a verb:

(present)	**hay**	(there is/are)
(narrative past)	**hubo**	(there was/were)
(descriptive past)	**había**	(there was/were)
(recent past)	**ha habido**	(there has/have been)
(future)	**habrá**	(there will be)
(subjunctive)	**haya**	

    List all the phrases you can find with any of these forms.

6. Work out the meaning and use of:

    1. **mío/suyo**
    2. **hace ... que** + verb
    3. **acabar de** + verb

REMINDER
Are you still following *all* the steps? It will fully repay you to do so.

Part Four   : Games

Sección Cuatro : Juegos

Find the game card for Act 12. It's called **La Cosecha** — the harvest. It's a simple game about farming, and you'll enjoy following the steps that lead to a successful harvest.

LA COSECHA

Part Five : Personalised Dialogues

Sección Cinco : Diálogos

1. Your passport is at reception and you ask for it back.

Usted:	(Say you want your passport.)
Recep:	**¿Es éste el suyo?**
Usted:	(No, it is not yours. Yours is an American passport. It is blue.)
Recep:	**Ah, perdone. Este debe ser el suyo.**
Usted:	(Yes, that's it.)

2. You have parked in the wrong street. A policeman comes up to you.

Policía:	**¿Es suyo este coche?**
Usted:	(Yes, it is yours.)
Policía:	**Está prohibido estacionar en esta calle.**
Usted:	(Say you are sorry. You are a tourist and you don't know the town well. Ask where you can park.)
Policía:	**En la esquina hay un estacionamiento.**
Usted:	(Thank you.)

3. You have gone to collect a pair of shoes you sent for repair but they are not ready (**no están listos**.)

Usted:	(Ask if your shoes are ready.)
Empl:	**Sí, aquí están. Son éstos los suyos ¿no?**
Usted:	(No, those are not yours. Yours are brown.)
Empl:	**Perdone. Entonces deben ser éstos.**
Usted:	(Yes, those are yours.)
Empl:	**Lo siento, pero todavía no están listos.**
Usted:	(Say you need them for tonight. You are going to a disco with some friends.)
Empl:	**Vuelva usted a las cinco. A esa hora estarán listos.**

4. You are busy when a friend comes round to see you unexpectedly.

Amigo:	**Hola. ¿Qué tal?**
Usted:	(Fine, thank you. Ask how he is.)
Amigo:	**Regular. Estoy un poco resfriado. ¿Estás ocupada?**
Usted:	(Yes, you are busy. You are preparing a meal for some friends. Ask him if he wants to eat with you.)
Amigo:	**No gracias. Tengo que ir luego a casa de Elena. Me está esperando.**
	¿ Qué estás haciendo de comer?
Usted:	(Say you are preparing a Mexican dish. It is something special. Offer your friend a beer.)
Amigo:	**Sí, gracias.**

5. A Spanish speaking businessman has come to see your husband at your hotel.

Señor:	**Buenos días. ¿Está su marido?**
Usted:	(Say he is not in. He is talking to a client in the bar. Ask his name.)
Señor:	**Soy Alfonso Valenzuela, de Costa Rica.**
Usted:	(Ask him if he wants to come back later. Your husband will be in the hotel until one o'clock. Afterwards you are both going out to lunch.)
Señor:	**Volveré a las doce. Necesito hablar con su marido sobre un negocio.**
Usted:	(All right. You will tell your husband that he came.)
Señor:	**Hasta luego. Gracias.**
Usted:	(Goodbye.)

6.　At the beach you find a Spanish speaking friend you had not seen for a long time.

Amiga:	**¡Qué sorpresa! ¿Qué haces aquí?**
Usted:	(Say you are here on holiday.)
Amiga:	**¿Hace muchos días que estás aquí?**
Usted:	(Say you have been here for a week.)
Amiga:	**¿Una semana? ¿Y vas a quedarte mucho tiempo?**
Usted:	(You will stay a month. Ask your friend how long she has been in Cancún for.)
Amiga:	**Llegué hace diez días. Estoy con mi novio.Estamos en el Hotel Azteca. ¿Por qué no vienes esta noche a tomar una copa con nosotros?**
Usted:	(Thank your friend. Ask her her room number.)
Amiga:	**Estamos en la habitación 750.¿Te esperamos a las siete y media? ¿Te parece bien?**
Usted:	(Yes, that's fine. You will be there between 7.30 and 7.45.)
Amiga:	**Estupendo.**

7.　You arrive to see some friends while they are still eating.

Usted:	(Say hello.)
Gonzalo:	**Hola.¿Qué tal? Siéntate. ¿Quieres comer algo?**
Usted:	(No thank you. You have just eaten.)
Gonzalo:	**¿Quieres una copa de vino entonces?**
Usted:	(Yes, but only a little. You have to drive.)
	(Gonzalo pours some wine for you.)
Gonzalo:	**¡Salud!**
Usted:	(Cheers.)

(The answers are at the back of the book)

FOREWORD TO THE GLOSSARY:

In all cases throughout this glossary we have referred to and translated the words within the context of this Course. For additional information and/or different meanings of some of them, please refer to a dictionary.

This applies to quite a number of words, i.e. they have a different meaning in the various South American countries with their specific dialects. While the basic meaning of the words will be identical throughout Central and South America, the more specific senses will occur in the different dialects.

Abbreviations in the Glossary:-

(m)	= masculine noun	(gender **el**)
(f)	= feminine noun	(gender **la**)
(v)	= verb	
sing.	= singular	
pl.	= plural	

o/a indicates the masculine and feminine ending of an adjective

e.g. **alto/a** = **alto, alta** (tall)
ambos/as = **ambos, ambas** (both)

(i)
(ie) indicates vowel changes in these verbs.
(ue)

e.g. **pedir** to ask for
pido, pide I, he, she ask(s) for

preferir to prefer
prefiero, prefiere
I, he, she prefer(s)

dormir to sleep
duermo, duerme I, he, she sleep(s)

(See Act 5, Grammar.)

SPANISH/ENGLISH GLOSSARY

A

a at, to
abajo down, below, downstairs
abierto/a open
abogado (m) solicitor, lawyer
a bordo on board
abrazar (v) embrace
abrigo (m) overcoat
abril (m) April
abrir (v) open
acabar (v) finish
acabar de (v) have just
accidente (m) accident
acciones (f) (pl) shares
accionista (m & f) shareholder
aceite (m) oil
aceptar (v) accept
acercarse (v) approach, draw near
acompañar (v) accompany
acordar (ue) (v) agree

acordarse de (ue) (v) remember
acostumbrarse (v) get accustomed, used to
actuar (v) act, work
además besides, moreover
además de as well as
adiós goodbye
administración (f) management
administración de empresas (f) business management
administrar (v) manage, run
admirar (v) admire
adonde (to) where
Aduana (f) customs
aéreo/a aerial, air
Aeroméxico Mexican airline
aeromoza (f) stewardess
aeropuerto (m) airport
afortunadamente fortunately
agosto (m) August
agradable agreeable, pleasant
agua (f) water
aguacate (m) avocado pear

a gusto optional, according to one's taste
ahora now
ahora mismo right away
aire (m) air
ajo (m) garlic
a la hora on time
alegrarse (v) be glad, happy, rejoice
alemán/a German
alemán (m) German language
algo something
algo más anything else
alguien someone, somebody, anybody
algún some, any
alguno/a some, any
alguna vez sometimes
al lado de next to, beside
allí there
almuerzo (m) lunch
alojamiento (m) accommodation
alquilar (v) hire
de alquiler for hire, on hire
alrededor around
alto/a tall
altura (f) height, altitude
amable nice, kind, friendly
amarillo/a yellow
ambiente (m) atmosphere
ambos/as both
ambulancia (f) ambulance
a menudo often
amistad (f) friendship
amplio/a broad, wide
anoche last night
antes (de) before, earlier
añadir (v) add
año (m) year
apellido (m) (sur)name
aperitivo (m) aperitif
a pesar de in spite of, despite
a pie on foot
apresuradamente hurriedly
apurarse (v) hurry, hurry up
aquel/la that
aquí here
árbol (m) tree
armario (m) cupboard
arreglarse (v) get ready
asado (m) roast (meat)
ascenso (m) promotion
ascensor (m) lift
asegurar (v) assure, affirm
así (in) this way, so, thus
asiento (m) seat
aspecto (m) appearance, look
aspirina (f) aspirin
atardecer (m) dusk
atender (ie) (v) attend, pay attention
atentamente politely, (yours) faithfully
atractivo/a attractive
atropellar (v) knock down, run over
aunque although
autobús (m) bus, coach
avenida (f) avenue
aventura (f) adventure
avión (m) plane
ayer yesterday
azúcar (m) sugar
azul blue

B

bajar (v) go down, descend
bajarse (v) get off, out
bajo/a short. low
banco (m) bank
bandeja (f) tray
baño (m) bathroom
barato/a cheap
barra (f) loaf
barrio (m) area, district
bastante fairly, quite
batir (v) beat
beber (v) drink
belleza (f) beauty
beso (m) kiss
bicicleta (f) bicycle
bien well, fine
bienvenido welcome
billete (m) banknote
bistec (m) steak
blanco/a white
blusa (f) blouse
boda (f) wedding
boleto (m) ticket
bonito/a pretty, lovely, nice
botella (f) bottle
breve short
bueno/a good
buscar (v) look for, search for, seek

C

cabeza (f) head
cada each, every
café (m) coffee
caja (f) cash (desk), box
cajero (m) cashier
calcetines (m) (pl) socks
calidad (f) quality
caliente warm
calor (m) warmth
calle (f) street
cama (f) bed
camarera (f) waitress
camarero (m) waiter
cambiar (v) change
cambio (m) change, exchange (rate)
caminar (v) walk
camino (m) way
camisa (f) shirt
campo (m) countryside
cancelación (f) cancellation
canción (f) song
cansado/a tired
cantar (v) sing
canto (m) singing
capaz able, capable
carne (f) meat
carnet de conducir (m) driving licence
carnicería (f) butcher's shop
caro/a expensive
carretera (f) road, highway
carretera principal (f) main road
carta (f) card, letter
cartera (f) handbag
casa (f) house

casado/a married
casi almost
caso (m) case, instance
Catedral (f) cathedral
causado/a caused
cebolla (f) onion
celebrar (v) celebrate
celoso/a jealous
cemento (m) cement, concrete
cena (f) evening meal
cenar (v) have dinner
cenote (m) freshwater deposit deep in a cave
centro (m) centre, middle
cepillo de dientes (m) toothbrush
cerbatana (f) blowpipe
cerca near
cerca de near to
cerrar (ie) (v) close, shut
cerveza (f) beer
ciclo (m) course, term, year
cielo (m) sky
cigarrillo (m) cigarette
cine (m) cinema
cita (f) appointment, date
ciudad (f) city
claro/a clear
cliente (m) customer, client
cocina (f) kitchen
cocinar (v) cook
coche (m) car
coincidencia (f) coincidence
colegio (m) school, college
colmo (m) height, summit, extreme
colonial colonial (style)
color (m) colour
comedor (m) dining room
comer (v) eat
comestibles (m) food, groceries
comida (f) (midday) meal, food
como as, like
cómo how
cómodo/a comfortable
compañía (f) company
completar (v) finish, complete
complicarse (v) get complicated
compra (f) shopping
comprar (v) buy
comunicado/a connected, joined
con with
confiar (v) have faith, trust
confirmar (v) confirm
conmigo with me
conocer (v) know
construcción (f) construction
contener (v) contain
contenido (m) contents
contento/a happy
contestar (v) answer, reply
continuar (v) continue
contrastar (v) contrast
conversar (v) talk, converse
copa (f) wineglass
corazón (m) heart
corbata (f) tie
Correo (m) post, mail, post office
por Correo by post
cortar (v) cut
cortesmente polite
cosa (f) thing

cosecha (f) crop, harvest
costar (ue) (v) cost
creer (v) believe
crema para el sol (f) suntan cream
cristal (m) crystal
cruce (m) crossroad, crossing
cruzar (v) cross
cuadra (f) block (of streets)
cuadro (m) square
de cuadros checked pattern
cuál what, which (one)
cuando when
cuánto/a how much
cuarto de baño (m) bathroom
cuarto (m) quarter
cucaracha (f) cockroach
cucharada (f) tablespoonful
cuchillo (m) knife
cuenta (f) bill, account
cuero (m) leather
cuidado/a careful

CH

champaña (m) champagne
chaqueta (f) jacket
cheque de viajero (m) traveller's cheque
chica (f) girl

D

dar (v) give
de from, of
de acuerdo all right, agreed
debajo de under, beneath
deber must, ought, owe
debido a due to, owing to
decidir (v) decide
decir (v) tell
declarar (v) declare
dedicar (v) devote, give (time)
de dónde where from
dejar (v) leave
delante de in front of
de la tarde in the afternoon, p.m.
delgado/a slim
delincuente (m) criminal
demás (m & f) (pl) others, the rest
demorar (v) delay
de nada you are welcome
dentro de within, inside of
de parte de on behalf of, from
dependienta (f) shop assistant
dependiente (m) shop assistant
deporte (m) sport, game
deportivo/a sporting
derecha (f) right
de repente suddenly
desayunar (v) have breakfast
desayuno (m) breakfast
descansar (v) rest
descubierto/a discovered
descubrir (v) discover, find, detect
desde since, from
desear (v) desire, wish, like

desgraciadamente unfortunately
despedirse de (v) say goodbye
despertar (ie) (v) wake (up), awaken
después de then, after that
desviación (f) diversion
detallado/a detailed
detrás de behind
devolver (ue) (v) return
D.F.,Distrito Federal Mexico City
día (m) day
diciembre (m) December
difícil difficult
dinero (m) money
dirigirse (v) address, speak to
dirección (f) address, direction
director general (m) general manager
disfrutar de (v) enjoy
disponible available
divorciarse (v) divorce, separate from
doblar (v) turn
docena (f) dozen
documento (m) document
dólar dollar
doler (ue) (v) hurt
domicilio (m) home, residence
domingo (m) Sunday
doña (f) used before woman's first name
donde where
dorado/a golden,brown
dormir (ue) (v) sleep
ducha (f) shower
ducharse (v) have a shower
duda (f) doubt
dueño/a (m & f) owner
durante while, during
durar (v) to last
durazno (m) peach
duro/a hard

E

echar (v) post, throw
edificio (m) building
efecto (m) effect
ejercicio (m) exercise
él he
el the
elegante elegant
ella she
emerger (v) emerge, appear
empezar (ie) (v) begin, start
empleado/a (m & f) clerk
empresa (f) firm, business
en in (to)
encantar (v) like very much, delight
encender (ie) (v) switch on
encantado/a pleased to meet you
enchilada (f) rolled tortilla with
    vegetable and/or meat filling
encontrar (ue) (v) find
encontrarse (ue) (v) meet
en efectivo in cash
enero (m) January
enfadarse (v) to become angry
enfrente de opposite
enorme huge, vast
ensalada (f) salad
ensamblar (v) join, assemble

en seguida immediately, at once
enseñar (v) show
enseñanza (f) education, training,
    tuition
entender (ie) (v) understand
entonces then, and so
entrada (f) starter, entree; ticket,
    entrance
entrar (v) enter, go into
entregar (v) deliver, hand over
enviar (v) send
envolver (ue) (v) wrap up
equipaje (m) luggage
escalera (f) stair
escapar (v) escape, disappear
escaparate (m) shop window
escoger (v) choose
escribir (v) write
escritorio (m) desk
escuela (f) school
escuela de verano (f) summer school
ese/a that
ése/a that (one)
español/a Spanish
español (m) Spanish language
especial special
esperar (v) wait
esquina (f) corner
esta/e this
ésta/e this (one)
establecer (v) establish, set up, found
estación (f) station
estacionamiento (m) parking
estacionar (v) park
estado civil (m) marital status
Estados Unidos (m) EE UU United States
estampilla (f) stamp
estar (v) be
estilo (m) style, manner, fashion
estimar (v) esteem, respect
estómago (m) stomach
estudiante (m) student
estudios (m) (pl) studies
estupenda/o wonderful,great, marvellous,
    excellent
exactamente exactly
examinar (v) examine, inspect
excelente excellent
exclamar (v) exclaim, cry out
explicar (v) explain
exportación (f) export(ing)
extraño/a strange

F

fácil easy
falda (f) skirt
faltar lack, be missing
familia (f) family
famosa/o famous
farmacia (f) drugstore, pharmacy
fatiga (f) fatigue, weariness
febrero (m) February
feliz happy
ferrocarril (m) railway
fiesta (f) party
final (m) end

fin de semana (m) weekend
fino/a elegant, fine
firmar (v) sign
flash (m) flash (photo)
flecha (f) arrow
flor (f) flower
fondo (m) bottom
al fondo over, down there
formado/a formed, grown, educated
fortaleza (f) fortress, stronghold
fotografía (f) photograph
francés/a French
francés (m) French language
freír (i) (v) fry
frente a opposite, facing
fresco/a fresh
fruta (f) fruit
fuego (m) fire
fuera de outside, out
fuerte strong
fumador (m) smoking, smoker
funcionario/a (m & f) employee
funcionar (v) work, function
futuro (m) future

G

gafas (f) spectacles
(tener) ganas de desire, wish for, want very much
ganar (v) win
gasolina (f) gas, petrol
gasto (m) expenditure, expense
generalmente usually, generally
gente (f) people
gerente (m & f) manager
gerente de ventas sales manager
gracia (f) style, charm, grace, elegance, wit
gracias (f) thanks
gramo (m) gramme
gran, grande big
granito (m) granite
grupo (m) group
guacamole (m) Mexican avocado salad
guapo/a smart, pretty, goodlooking
guitarrista (m & f) guitarist
gustar (v) like

H

haber (v) have
habitación (f) room
hablar (v) speak, talk
hace . . . it is . . . (weather)
hacer (v) do, make
hacer la compra (v) do the shopping
hacia towards, in the direction of
hambre (f) hunger
hasta up to, until
hasta luego see you later, bye
hay there is, are
hecho/a done, made
hecho (m) fact
heredar (v) inherit

heredero (m) heir, inheritor
hermana (f) sister
hermano (m) brother
hermoso/a beautiful, pretty, lovely
hola hello
hora (f) hour, time
Hospicio (m) orphanage
hotel (m) hotel
hoy today
huevo (m) egg
hule (m) rubber

I

idioma (m) language
iglesia (f) church
igual equal, (the) same
me da igual I don't mind
ilegal illegal
iluminado/a lit up, lighted
imaginación (f) imagination
inmediatamente immediately
importación (f) import(ing)
importante important
importar (v) matter, import
impresionante impressive, striking
incluir (v) include, comprise, contain
increíble incredible
indispensable indispensable, essential
información (f) information
informar (v) inform, tell
inglés/a (m & f) English
inglés (m) English language
ingresos (m) (pl) income
iniciar (v) begin, start
inteligente intelligent
interés (m) interest, concern
interesante interesting
interesar (v) interest
invierno (m) winter
ir (v) go
izquierda (f) left

J

jardín (m) garden
jamón (m) ham
jefe (m) boss
jitomate (m) tomato
joven young
jubilar(se) (v) retire
juego (m) game
jueves (m) Thursday
jugar (ue) (v) play
jugo (m) juice
julio (m) July
junio (m) June
juntos/as together
junto near, close to
justo just

K

kilo (m) kilo (2.2 pds.)

L

la her, it
lado (m) side
al lado de beside
La Habana Havana
lancha rápida (f) speedboat
langostino (m) crayfish
largo/a long, lengthy
lástima (f) pity
latinoamericano/a Latin American
latir (v) beat (heart)
lanzar (v) throw, cast, swing
le (to/for) him, her, it
leche (f) milk
lechuga (f) lettuce
leer (v) read
lejos (de) far away from
lengua (f) language
lentamente slowly
lento/a slow
levantarse (v) rise, get up
leve light, slight, small
libre free
limón (m) lemon
limpio/a clean
listo/a ready
lista (f) list, catalogue
lo him, it
luego then, after that, later
lugar (m) place, spot, position
lunes (m) Monday
luz (f) light

LL

llamar (v) ring, call
llamar por teléfono (v) ring up, phone
llamarse (v) be called, named
llave (f) key
llegada (f) arrival
llegar (v) arrive
llegar a ser (v) become
lleno/a full
llevar (v) carry, take, wear (clothes)
llevarse bien (v) get on well (together)
llover (ue) (v) rain

M

madera (f) wood
de madera wooden
madre (f) mother
magnífico/a magnificent, great
mal wrong

malestar (m) uneasiness, malaise
maleta (f) suitcase
maletín (m) briefcase
por, de la mañana in the morning
manera (f) manner, way, fashion
mano (f) hand
mandar (v) send
manejar (v) drive
mansión (f) mansion
mantel (m) tablecloth
mantequilla (f) butter
manzana (f) apple
mañana tomorrow
mañana (f) morning
maquinilla de afeitar (f) razor
maravilloso/a marvellous, wonderful
marcar (v) dial
margarita (f) chilled tequila with lemon or lime
marisco (m) seafood, shellfish
marrón chestnut, brown
martes (m) Tuesday
marzo (m) March
más more
más o menos more or less
mayo (m) May
mayor older, bigger
mediano/a medium, average
médico (m) doctor
medio/a half
megalítico/a megalithic
mejor better
menor younger
menos less
mercado (m) market
mermelada (f) marmalade
mes (m) month
mesa (f) table
mesera (f) waitress
mesero (m) waiter
metro (m) metre
mexicana/o Mexican
mi my
mientras while, as long as, during
miércoles (m) Wednesday
mirar (v) look at
mismo/a -self, same, very
misterio (m) mystery
misterioso/a mysterious
mixta/o mixed
modelo (m) model
montaña (f) mountain
momento (m) moment
moreno/a dark, brown
morir (ue) (v) die
mostrador (m) desk, counter
mostrar (ue) (v) show
mozo (m) porter
muchacha (f) girl
muchacho (m) boy
muchísimo/a very much, extremely
mucho/a much, many
mueble (m) furniture
muerte (f) death
mural (m) mural, wall painting
muralista (m) muralist
muralla (f) wall
museo (m) museum
muy very

N

nacer (v) be born
nada nothing, at all
nadar (v) swim
naranja (f) orange
nativo/a native
natural natural(ly)
naturalmente certainly, of course
necesario/a necessary
necesitar (v) need, want
negocio (m) business, deal
negro/a black
niña (f) child
ningún no
ninguno/a no, none
niño (m) child
niños children
nivel (m) level, standard
no no
noche (f) night
por, de la noche at night
no importa it does not matter
nombre (m) name
norte (m) North
norteamericano/a (North)American
nota (f) note
noviembre (m) November
novio (m) fiancé
nube (f) cloud
nuestro/a our(s)
nuevo/a new
Nueva York New York
número (m) number
numeroso/a numerous
nunca never, ever

O

obligación (f) obligation, duty
observar (v) look at, observe
octubre (m) October
ocultar (v) hide, conceal
ocupadísimo very, extremely busy
ocupado busy
oír (v) hear
ojalá if only
ojo (m) eye
oler (ue) (v) smell
otro/a (an)other
oficina (f) office
olvidar (v) forget
ordenamiento well arranged
ordenar (v) arrange, put in order
orilla (f) bank, side, shore
otra vez another time, again

P

paciente (m & f) patient
padre (m) father
padres (m) parents
pagar (v) pay
página (f) page
pájaro (m) bird

pan (m) bread
panadería (f) bakerś
pan tostado toast
pãnuelo (m) scarf
papa (f) potato
papel (m) paper
paquete (m) packet, package
par (m) pair, couple
para for, (in order) to
paraguas (m) umbrella
parar (v) stop
parecer (v) seem, appear
me parece que I think (that)
pariente (m) relative, relation
parte (f) part
pasado/a past, last
pasado mañana the day after tomorrow
pasaje (m) fare, flight, journey
pasaporte (m) passport
pasar (v) walk, come in(to), go,
spend (time)
pasatiempo (m) pastime
pase come in
pasear (v) stroll
paseo (m) drive, ride, outing
paso (m) way (through)
pasta de dientes (f) toothpaste
pedir (i) (v) order
pelo (m) hair
pelota (f) ball
pensar (ie) en (v) think (about)
peor worse, worst
perdido/a lost
periódico (m) newspaper
perdon, exucse me
perdonar (v) excuse
permitir (v) permit
me permite lit.: allow me
por favor please
pequeño/a small, little
perder (ie) (v) lose
permanecer (v) remain, stay
pero but
persona (f) person
personalmente in person, personally
pesado/a heavy
pescado (m) fish
peso (m) Mexican currency
pierna (f) leg
piña (f) pineapple
pimiento (m) pepper, capsicum
piscina (f) swimming pool
piso (m) floor
placa (f) plate, sign, car licence
placer (m) pleasure, enjoyment
plan (m) plan, idea, intention
plano (m) map
plátano (m) banana
plato (m) plate, dish, course
playa (f) beach
plaza (f) square
pleno full, complete
poco/a little, few
poder (ue) (v) be able
policía (f) police
pollo (m) chicken
por through, by, for, along
postre (m) dessert
poner (v) set, put

ponerse (v) become
por for, by, along, through
por allí over, along there, that way
por fin at last, eventually
por supuesto certainly, of course
por qué why
porque because
postal (f) postcard
postergar (v) delay, postpone
precioso/a wonderful, pretty, lovely
preferir (ie) (v) prefer
prefijo (m) code
pregunta (f) question
preguntar (v) ask
preocupado/a worried
preocupar (v) worry
preocuparse (de, por) (v) worry, care (about)
preparar (v) prepare
presentar (v) introduce
preuniversitario pre-university
prevenir (v) prevent, provide for
previo/a previous, prior, earlier
primero/a first
primo (m) cousin
principal main
principalmente mainly
principio (m) beginning
prisa (f) speed, haste, hurry
privado/a private
probablemente probably
probar (ue) (v) try
probador (m) fitting room
producto (m) product
profesor/a (m & f) teacher
programa programme
prohibido/a not allowed, forbidden
pronóstico (m) forecast
pronto prompt, quick
propiedad (f) property
propina (f) tip (money)
propósito (m) purpose, aim, intention
¡buen provecho! bon appetit!
próximo/a (the) next
proyección (f) projection
pueblo (m) town
puerta (f) door
pues well (then), so
puesto (m) stall
en punto exactly, on the dot
puro/a pure, clear

QU

qué that
qué what? how?
qué tal how are you?
quedar(se) (v) remain, stay
¡que le vaya bien! have a good time!
querer (ie) (v) wish, like, want
querido/a dear, beloved
queso (m) cheese
quien who?
quíosco (m) news stand, kiosk
quisiera I would like (to)
quizá(s) perhaps

R

ramo (m) bunch, branch
rápidamente quickly, fast
rato (m) while, time. period
realidad (f) reality
realizado/a made, undertaken
rebanada (f) slice, strip
recado (m) message
recepción (f) reception
recibir (v) receive
reciente recent
recoger (v) collect, gather, pick up
recomendar (ie) (v) recommend
recorrido (m) run, journey
refrigerador (m) fridge
regresar (v) come back, return
relajarse (v) relax
reloj (m) watch, clock
reservado/a reserved, booked
reservar (v) reserve, book
resfriado (m) cold, chill
resistir (v) resist
responder (v) reply, answer
restaurante (m) restaurant
resto (m) rest
retirar (v) retire, withdraw
retraso (m) delay
reunión (f) meeting
revista (f) magazine
rico/a delicious, tasty, rich
rincón (m) corner
río (m) river
rodeada/o de surrounded by
rojo/a red
romper (v) break, smash
ropa (f) clothes
rosa (f) rose (flower)
rosado/a pink
roto/a broken, smashed
rubio/a fair, blond(e)
ruidoso/a noisy
ruina (f) ruin

S

sábado (m) Saturday
saber (v) know
sabrosa/o tasty, delicious
sacar (v) take out
sal (f) salt
sala (f) room, hall
saldo (m) balance, left over
salida (f) exit, departure
salir (de) (v) leave, go, come (out)
salón (m) hall, sitting room
sabir (v) know
salud cheers
saludar (v) greet
sartén (f) frying pan
sauce (m) willow
sé I know
secretaria (f) secretary
secundario/a secondary
sed (f) thirst
seda (f) silk
seguido/a continuous, unbroken

seguir (i) (v) carry on, continue
según according to
segundo/a second
seguro/a sure, certain
seguramente probably, possibly, certainly
seguro (m) insurance
seguro a todo riesgo (m) comprehensive insurance
semana (f) week
señor (m) sir, Mister
señora (f) lady, Mrs
señorita (f) Miss
sentarse (ie) (v) sit (down)
sentir (se) (ie) (v) feel, to be sorry
septiembre (m) September
serrano/a from the country
servicio (m) service
servilleta (f) napkin, serviette
servir (i) (v) serve
sí yes
si if
siempre always
siglo (m) century
significado (m) significance, meaning
siguiente following, next
silencio (m) silence
silvestre wild
simpático/a nice, sympathetic
simple simple
sin without
sin embargo however, still, none the less
sistema (m) system
sobre about, on
sobre (m) sachet
sol (m) sun
solamente only
solicitar ask, apply for
solicitante (m. & f.) applicant
solo/a alone, on its own
sólo only
soltero/a single
sonreír (v) smile
sopa de ajo (f) garlic soup
sorprender (v) surprise, amaze, startle
sorprendido/a surprised
sorpresa (f) surprise
soy I am
su its, her, his, your
subir (v) climb, get in(to)
subir (se) (v) go up, come up
sucesivo/a successive, following
suelo (m) ground, surface
sueño (m) dream, tired
suficiente sufficient, enough
supermercado (m) supermarket
sur (m) South
sutil subtle

T

taco (m) rolled pancake, snack
talla (f) size
taller (m) garage, repair shop
también also, too
tampoco neither, nor
tan so
tanto/a so much, as much

tardar take (a long time), last
tarde late
tarde (f) afternoon
tarjeta (f) card
tarjeta de crédito (f) credit card
tarjeta postal (f) postcard
tarta (f) cake
taxi (m) taxi, cab
taxista (m) taxi driver
teatro (m) theatre
telefonear (v) telephone
teléfono (m) telephone
temer (v) fear, be afraid (of)
templo (m) temple
temprano early
tenedor (m) fork
tener (ie) (v) have
tenis (m) tennis
tequila (m) tequila
tercero/a third
terminal (f) terminal
terminar (v) finish, end
terraza (f) terrace
terrible terrible
ti you
tiempo (m) time
tienda (f) shop, store
timbre (m) doorbell
tinto red (wine)
tía (f) aunt
tío (m) uncle
tipo (m) type
tocar (v) touch, play (instrument)
todavía yet, still
todo/a all, every(thing),whole
tomar (v) take
tomate (m) tomato
toronja (f) grapefruit
torta (f) sandwich, tart, flan
tortilla (f) omelette
tortilla a la española (f) Spanish omelette
trabajar (v) work
trabajo (m) work
traer (v) bring
tráfico (m) traffic
traje (m) suit
tramo (m) section, stretch
transeúnte (m & f) passer-by
tranquilo/a quiet, peaceful
traslado (m) transfer
tratar try
triste sad

U

último/a latest, most recent
un, una a, one
unas, os some, about
único/a only, single
universidad (f) university
usted (Vd) you (polite form)
usar (v) use
uva (f) grape

V

vacaciones (f) (pl) holidays, vacation
vacío/a empty
valer (v) cost
vamos we go, let's go
vaso (m) drinking glass
¡vaya! well!
vela (f) candle
vendedor (m) salesman
vendedora (f) saleswoman
vender (v) sell
venir (v) come
ventana (f) window
ventanilla (f) window
ver a (v) see
verano (m) summer
verdad (f) truth
verdura (f) vegetables
vestido (m) dress, clothing
vestir(se) (i) (v) dress, clothe, put on
vez (f) time (frequency)
viajar (v) travel
viaje (m) journey, trip
viejo/a old
viernes (m) Friday
vino (m) wine
visitar (v) visit
vista (f) view
vivir (v) live
volver (ue) (v) return, come back
voz (f) voice
vuelo (m) flight
vuelta (f) return

Y

y and
ya already
yo I

Z

zapato (m) shoe

A

a, one **un, una**
able, capable **capaz**
be able **poder (ue) (v)**
about, on **sobre**
accept **aceptar (v)**
accident **accidente (m)**
accompany **acompañar (v)**
according to **según**
get accustomed, used to **acostumbrarse (v))**
act, work **actuar (v)**
add **añadir (v)**
address, direction **dirección (f)**
adventure **aventura (f)**
aerial, air **aéreo/a**
afternoon **tarde (f)**
agree **acordar (ue) (v)**
agreed, all right **de acuerdo**
air **aire (m)**
airport **aeropuerto (m)**
already **ya**
all, every(thing), whole **todo/a**
allow me **me permite**
almost **casi**
alone, on its own **solo/a**
also, too **también**
although **aunque**
always **siempre**
(North)American **norteamericano/a**
ambulance **ambulancia (f)**
and **y**
(an)other **otro/a**
another time, again **otra vez**
any **alguna/o**
anything else **algo más**
aperitif **aperitivo (m)**
appearance, look **aspecto (m)**
apple **manzana (f)**
appointment, date **cita (f)**
approach **acercarse (v)**
area, district **barrío (m)**
around **alrededor**
arrival **llegada (f)**
arrive **llegar (v)**
arrow **flecha (f)**
as, like **como**
ask **preguntar (v)**
ask, apply for **solicitar (v)**
aspirin **aspirina (f)**
assure, affirm **asegurar (v)**
as well as **además de**
at, to **a**
at last, eventually **por fin**
atmosphere **ambiente (m)**
at night **por la noche**
attend, pay attention **atender (ue) (v)**
attractive **atractivo/a**
available **disponible**
avenue **avenida (f)**
avocado **aguacate (m)**

B

bakerś **panadería (f)**
balance, leftover **saldo (m)**
ball **pelota (f)**
banana **plátano (m)**
bank **banco (m)**
bank, side, shore **orilla (f)**
banknote **billete (m)**
bath(room) **(cuarto de) baño**
be **estar (v)**
beach **playa (f)**
beat (heart) **latir (v)**
beautiful, pretty, lovely **hermoso/a**
because **porque**
be born **nacer (v)**
become **llegar a ser (v)**
become **ponerse (v)**
become angry **enfadarse (v)**
bed **cama (f)**
beer **cerveza (f)**
before, earlier **antes (de)**
begin, start **empezar (ie) (v)**
beginning **principio (m)**
behind **detrás de**
be hungry **tener hambre (v)**
believe **creer (v)**
below **abajo**
beside **al lado de**
besides **además**
better **mejor**
bicycle **bicicleta (f)**
big **grande**
bill **cuenta (f)**
bird **pájaro (m)**
black **negro/a**
block (of streets) **cuadra (f)**
blouse **blusa (f)**
blowpipe **cerbatana (f)**
blue **azul**
bon appetit! **¡buen provecho!**
booked **reservado/a**
boss **jefe (m)**
both **ambos/as**
bottle **botella (f)**
bottom **fondo (m)**
boy **muchacho (m)**
bread **pan (m)**
break, smash **romper (v)**
breakfast **desayuno (m)**
briefcase **maletín (m)**
bring **traer (v)**
broad, wide **amplio/a**
broken, smashed **roto/a**
brother **hermano (m)**
building **edificio (m)**
bunch, branch **ramo (m)**
bus **autobús (m)**
business management **la administración de empresas**
busy **ocupado/a**
very, extremely busy **ocupadísimo**
but **pero**
butcher **carnicerío (m)**
butcher's **carnicería (f)**
butter **mantequilla (f)**
buy **comprar (v)**

C

cab service **servicio de taxis (m)**
cake **tarta (f)**
be called, named **llamarse (v)**
can **poder (ue) (v)**
candle **vela (f)**
car **coche (m)**
card, letter **carta (f)**
card **tarjeta (f)**
careful **cuidado/a**
carry, take, wear(clothes) **llevar (v)**
carry on, continue **seguir (i) (v)**
case, instance **caso (m)**
cash(desk), box **caja (f)**
cashier **cajero (m)**
cathedral **catedral (f)**
caused **causado/a**
champagne **champaña (m)**
change **cambiar (v)**
change, exchange (rate) **cambio (m)**
cheap **barato/a**
checked pattern **de cuadros**
cheers **salud**
cheese **queso (m)**
chestnut, brown **marrón**
chicken **pollo (m)**
child (boy) **niño (m)**
child (girl) **niña (f)**
children **niños (m)**
choose **escoger (v)**
church **iglesia (f)**
celebrate **celebrar (v)**
century **siglo (m)**
certainly, of course **naturalmente**
certainly, of course **por supuesto**
chilled tequila with lemon or lime
  margarita (f)
cigarette **cigarrillo (m)**
cinema **cine (m)**
city **ciudad (f)**
clean **limpio/a**
clear **claro/a**
clerk (m.& f.) **empleado/a**
climb, get in(to) **subir (v)**
close, shut **cerrar (ie) (v)**
clothes **ropa (f)**
cloud **nube (f)**
code **prefijo (m)**
coffee, café **café (m)**
coincidence **coincidencia (f)**
collect, gather, pick up **recoger (v)**
cold, chill **resfriado/a**
colonial(style) **colonial**
colour **color (m)**
come **venir (v)**
come in **pase**
comfortable **cómodo/a**
company **compañía (f)**
get complicated **complicarse (v)**
comprehensive insurance **seguro a todo
  riesgo (m)**
confirm **confirmar (v)**
connected, joined **communicado/a**
contain **contener (v)**
contents **contenido (m)**
continue **continuar (v)**
continuous, unbroken **seguido/a**
cook **cocinar (v)**

corner **esquina (f)**
corner **rincón (m)**
cost **costar (ue) valer (v)**
countryside **campo (m)**
cousin **primo (m)**
crayfish **langostino (m)**
credit card **tarjeta de crédito (f)**
criminal **delincuente (m)**
cross **cruzar (v)**
crossroad, crossing **cruce (m)**
crystal **cristal (m)**
customer, client **cliente (m & f)**
customs **Aduana (f)**
cut **cortar (v)**

D

dark, brown **moreno/a**
day **día (m)**
day after tomorrow **pasado mañana**
dear, beloved **querido/a**
death **muerte (f)**
decide **decidir (v)**
declare **declarar (v)**
delay, postpone **demorar, postergar (v)**
delay **retraso (m)**
delicious, tasty, rich **rico/a**
deliver, hand over **entregar (v)**
departure **salida (f)**
desire, wish, like **desear (v)**
desire, wish for **gana de (f)**
desk **escritorio (m)**
desk, counter **mostrador (m)**
dessert **postre (m)**
detailed **detallado/a**
devote, give (time) **dedicar (v)**
dial **marcar (v)**
die **morir (ue) (v)**
difficult **difícil**
dine, have dinner **cenar (v)**
dining room **comedor (m)**
diversion **desviación (f)**
divorce, separate (from) **divorciarse de (v)**
do, make **hacer (v)**
doctor **médico (m)**
document **documento (m)**
it does not matter **no importa**
dollar **dólar (m)**
done, made **hecho/a**
door **puerta (f)**
doorbell **timbre (m)**
doubt **duda (f)**
down, downstairs **abajo**
dozen **docena (f)**
dream, tired **sueño (m)**
dress, clothing **vestido (m)**
dress, put on **vestir(se) (i) (v)**
drink **beber (v)**
drinking glass **vaso (m)**
drive **manejar (v)**
drive, ride, outing **paseo (m)**
driving licence **carnet de conducir (m)**
drugstore, pharmacy **farmacia (f)**
dusk **atardecer (m)**

E

early **temprano**
easy **fácil**
eat **comer (v)**
effect **efecto (m)**
egg **huevo (m)**
elegant **elegante**
embrace **abrazar (v)**
employee **funcionario/a (m & f)**
empty **vacío/a**
end **final (m)**
English **inglés/a (m & f)**
English language **inglés (m)**
enough, sufficient **suficiente**
enter, go into **entrar (v)**
equal, (the) same **igual**
escape, disappear **escapar (v)**
establish, set up **establecer (v)**
exactly **exactamente**
exactly, on the dot **en punto**
examine, inspect **examinar (v)**
excellent **excelente**
exclaim, cry out **exclamar (v)**
excuse **perdonar (v)**
excuse me **perdon**
exercise **ejercicio (m)**
expenditure, expense **gasto (m)**,
expensive **caro/a**
explain **explicar (v)**
export(ing) **exportación (f)**
eye **ojo (m)**

F

fact **hecho (m)**
fair, blond(e) **rubio/a**
fairly, quite **bastante**
family **familia (f)**
far away, from **lejos (de)**
fare, flight, journey **pasaje (m)**
father **padre (m)**
fear, be afraid (of) **temer (v)**
feel **sentirse (ie) (v)**
find **encontrar (ue) (v)**
fine, elegant **fino/a**
finish **acabar (v)**
finish, complete **completar (v)**
finish, end **terminar (v)**
fire **fuego (m)**
firm, business **empresa (f)**
first **primero/a**
fish **pescado (m)**
fitting room **probador (m)**
flash (photo) **flash (m)**
flight **vuelo (m)**
floor **piso (m)**
flower **flor (f)**
following, next **siguiente**
food, groceries **comestibles (m) (pl)**
for, (in order) to **para**
for, by, along, through **por**
forbidden, not allowed **prohibido/a**
forecast **pronóstico (m)**
forget **olvidar (v)**
fork **tenedor (m)**
formed, grown, educated **formado/a**
free **libre**
French language **francés (m)**
fresh **fresco/a**

freshwater deposit deep in a cave **cenote (m)**
fridge **refrigerador (m)**
friendship **amistad (f)**
from,of **de**
from, on behalf of **de parte de**
fruit **fruta (f)**
fry **fréir (v) (i)**
full **lleno/a**
full, complete **pleno/a**
furniture **mueble (m)**
future **futuro (m)**

G

game **juego (m)**
garage, repair shop **taller (m)**
garden **jardín (m)**
garlic **ajo (m)**
garlic soup **sopa de ajo (f)**
general manager **director general (m)**
get in **súbase**
German **alemán/a**
German language **alemán/a**
get off, out **bajarse (v)**
get on well (together) **llevarse bien (v)**
get ready **arreglarse (v)**
girl **chica, muchacha (f)**
give **dar (v)**
be glad, happy, rejoice **alegrarse (v)**
I am glad **me alegro (mucho)**
(drinking)glass **vaso (m)**
go **ir (v)**
go down, descend **bajar (v)**
go up, come up **subir (se) (v)**
golden, brown **dorado/a**
good **bueno/a**
gramme **gramo (m)**
group **grupo (m)**
goodbye **adiós**
grape **uva (f)**
grapefruit **toronja (f)**
greet **saludar (v)**
guitarist **guitarrista (m & f)**

H

hair **pelo (m)**
half **medio/a**
hall, sitting room **salón (m)**
ham **jamón (m)**
hand **mano (f)**
handbag **cartera (f)**
happy **contento/a, feliz**
hard **duro/a**
Havana **La Habana**
have **haber (v)**
have **tener (v)**
have a drink **tomar algo (v)**
have a good time! **¡que le vaya bien!**
have a shower **ducharse (v)**
have breakfast **desayunar (v)**
have dinner, dine **cenar (v)**
have just **acarbar de + inf. (v)**
have faith, trust **confiar(v)**
he **él**
head **cabeza (f)**
hear **oír (v)**
heart **corazón (m)**
heavy **pesado/a**
heir, inheritor **heredero (m)**
hello **hola**

her, it **la**
here **aquí**
hide, conceal **ocultar (v)**
him, it **lo**
(to) him, her, it **le**
hire **alquilar (v)**
for, on hire **de alquiler**
holidays **vacaciones (f)**
hour, time **hora (f)**
hug, embrace **abrazar (v)**
hurry (up) **apurarse (v)**
hurrriedly **apresuradamente**
hotel **hotel (m)**
house **casa (f)**
how **cómo**
how much **cuánto/a**
huge, vast **enorme**
hunger **hambre (f)**
hurt **doler (ue) (v)**
how are you? **qué tal**
however **sin embargo**

I

I **yo**
I am **soy**
I am sorry **lo siento**
idea **idea (f)**
I do not mind **me da igual**
if, when (cond.) **si**
if only it were so! **ojalá**
I know **(yo) sé**
illegal **ilegal**
imagination **imaginación (f)**
immediately, at once **en seguida**
import(ing) **importación (f)**
important **importante**
in (to) **en**
in cash **en efectivo**
income **ingresos (m) (pl)**
incredible **increíble**
inform, tell **informar (v)**
information **información (f)**
in front of **delante de**
inherit **heredar (v)**
insurance **seguro (m)**
intelligent **inteligente**
interest **interesar (v)**
interesting **interesante**
interest, concern **interés (m)**
in the afternoon, p.m. **de la tarde**
in the morning **por, de la mañana**
introduce **presentar (v)**
it is (weather) **hace...**
its, her, his, your (pers. pron.) **su**
I would like **quisiera**

J

jacket **chaqueta (f)**
journey **viaje (m)**
juice **jugo (m)**
just **justo**

K

key **llave (f)**
kilo (2.2 pds.) **kilo (m)**
kiss **beso (m)**
kitchen **cocina (f)**
knife **cuchillo (m)**
knock down, run over **atropellar (v)**
know **conocer (v)**
know **saber (v)**

L

lack, be missing **faltar**
late **tarde**
lady, Mrs. **señora (f)**
lady (used before woman's first name) **doña (f)**
language **idioma (m)**
last **durar (v)**
last night **anoche**
late **tarde**
later **luego**
lawyer, solicitor **abogado (m)**
leather **cuero (m)**
leave **dejar (a) (v)**
leave, go, come out **salir (v)**
left **izquierda (f)**
leg **pierna (f)**
lemon **limón (m)**
less **menos**
lettuce **lechuga (f)**
licence number **número de la placa (m)**
lift **ascensor (m)**
light **luz (f)**
light, slight, small **leve**
like **gustar (v)**
like very much, delight **encantar (v)**
list, catalogue **lista (f)**
little, few **poco/a**
lit up, lighted **iluminado/a**
live **vivir (v)**
loaf **barra (f)**
long, lengthy **largo/a**
look at **mirar (a) (v)**
look at, observe **observar (v)**
look for, search for, seek **buscar (v)**
lose **perder (ie) (v)**
luggage **equipaje (m)**
lunch **almuerzo (m)**

M

made, undertaken **realizado/a**
magazine **revista (f)**
magnificent, great **magnífico/a**
main **principal**
main road **carretera principal (f)**
manage, run **administrar (v)**
management **administración (f)**
manager **gerente (m)**
manner, way, fashion **manera (f)**
mansion **mansión (f)**
map **plano (m)**
market **mercado (m)**
marmalade **mermelada (f)**
married **casado/a**
marvellous, wonderful **maravilloso/a**
marvellously, wonderfully **estupendamente**
matter, import **importar (v)**
meat **carne (f)**
medium, average **mediano/a**
meet **encontrarse (ue) (v)**

meeting **reunión (f)**
megalithic **megalítico/a**
menu **carta (f)**
message **recado (m)**
metre **metro (m)**
Mexican **mexicano/a**
Mexican airline **Aeroméxico**
midday meal, food **comida (f)**
middle, centre **centro (m)**
milk **leche (f)**
Miss **señorita (f)**
Mister, sir **señor (m)**
mixed **mixta/o**
money **dinero (m)**
moment **momento (m)**
month **mes (m)**
more **más**
more or less **más o menos**
moreover **además**
morning **mañana (f)**
mother **madre (f)**
much, many **mucho/a**
mural, wall painting **mural (m)**
muralist **muralista (m)**
must, ought, owe **deber (v)**
my **mí**
mysterious **misterioso/a**
mystery **misterio (m)**

N

name **nombre (m)**
napkin, serviette **servilleta (f)**
native **nativo/a**
natural **natural**
near (by) **cerca de**
near, close to **junto/a**
necessary **necesario/a**
need, want **necesitar (v)**
never, ever **nunca**
new **nueva/o**
newspaper **periódico (m)**
news stand **quiosco (m)**
New York **Nueva York**
next to **al lado de**
(the)next **próximo/a**
nice, kind, friendly **amable**
nice, sympathetic **simpático/a**
night **noche (f)**
no **no**
no (before m. sing. noun) **ningún**
no, none **ninguno/a**
note **nota (f)**
nothing, at all **nada**
now **ahora**
number **número (m)**
numerous **numeroso/a**

O

obligation, duty **obligación (f)**
office **oficina (f)**
often **a menudo**
oil **aceite (m)**
old **viejo/a**
older,bigger **mayor**
omelette **tortilla (f)**
on behalf of, from **de parte**
on foot **a pie**

onion **cebolla (f)**
only **solamente, sólo**
only, single **único/a**
open **abierto/a**
open **abrir (v)**
on time **a la hora**
opposite **enfrente de**
opposite, facing **frente a**
orange **naranja (f)**
order **pedir (i) (v)**
orphanage **Hospicio (m)**
others, the rest **demás (m & f)**
our(s) **nuestro/a**
outside, out **fuera**
over, along there, that way **por allí**
over there **al fondo**
owner **dueño/a (m & f)**

P

packet, package **paquete (m)**
page **página (f)**
pair, couple **par (m)**
(rolled) pancake **taco (m)**
paper **papel (m)**
parents **los padres**
park **estacionar (v)**
parking **estacionamiento (m)**
part **parte (f)**
passer-by **transeúnte (m & f)**
passport **pasaporte (m)**
past, last **pasado/a**
pastime **pasatiempo (m)**
pay **pagar (v)**
peach **durazno (m)**
people **gente (f)**
pepper, capsicum **pimiento (m)**
perhaps **quizá(s)**
person **persona (f)**
in person, personally **personalmente**
petrol, gas **gasolina (f)**
photograph **fotografía (f)**
pineapple **piña (f)**
pink **rosado/a**
pity **lástima (f)**
place, spot, position **lugar (m)**
plan, idea, intention **plan (m)**
plane **avión (m)**
plate, sign, car licence **placa (f)**
plate, dish, course **plato (m)**
play **jugar (ue) (v)**
please **por favor**
pleased to meet you **encantado/a**
pleasure, enjoyment **placer (m)**
police **policía (f)**
polite **cortesmente**
porter **mozo (m)**
post, discharge, throw **echar (v)**
post, mail, post office **Correo (m)**
postcard **tarjeta postal (f)**
potato **papa (f)**
prefer **preferir (ie) (v)**
prepare **preparar (v)**
pretty, lovely, nice **bonito/a**
private **privado/a**
probably **probablemente**
probably, possibly, certainly **seguramente**
product **producto (m)**
programme **programa (m)**

property **propiedad (f)**
pure, clear **puro/a**
purpose, aim, intention **propósito (m)**

QU

quality **calidad (f)**
quarter **cuarto (m)**
question **pregunta (f)**
quickly, fast **rápidamente**
quiet, peaceful **tranquila/o**

R

rain **llover (ue) (v)**
razor **maquinilla de afeitar (f)**
read **leer (v)**
ready **listo/a**
reality **realidad (f)**
receive **recibir (v)**
reception **recepción (f)**
recommend **recomendar (ie) (v)**
red **rojo/a**
red (wine) **tinto**
relative, relation **pariente (m)**
relax **relajar(se) (v)**
remain, stay **permanecer, quedar(se) (v)**
remember **acordarse de (ue) (v)**
reply, answer **responder (v)**
reserve, book **reservar (v)**
reserved, booked **reservado/a**
resist **resistir (v)**
rest **resto (m)**
rest **descansar (v)**
restaurant **restaurante (m)**
retire **jubilarse (v)**
retire, withdraw **retirar (v)**
return, come back **devolver (ue) (v)**
return **vuelta (f)**
right away **ahora mismo, enseguida**
right **derecha (f)**
ring, call **llamar (v)**
ring up, phone **llamar por teléfono**
rise, get up **levantarse (v)**
river **río (m)**
road, highway **carretera (f)**
roast meat **asado (m)**
rolled tortilla with veg. and/or meat
    filling **enchilada (f)**
room **habitación (f)**
room, hall **sala (f)**
rose (flower) **rosa (f)**
rubber **hule (m)**

S

sad **triste**
salad **ensalada (f)**
salesman **vendedor (m)**
sales manager **gerente de ventas (f)**
saleswoman **vendedora (f)**
salt **sal (f)**
sandwich, tart, flan **torta (f)**
say goodbye **despedirse (v)**
the same (thing) **mismo (m)**
school, college **colegio (m)**
school **escuela (f)**
seafood, shellfish **mariscos (m)**
seat **asiento (m)**
second (course) **segundo (m)**

secondary **secundario/a**
secretary **secretaria (f)**
see you later, 'bye **hasta luego**
see **ver a (v)**
seem, appear **parecer (v)**
-self (with pers. pronoun) **mismo/a**
sell **vender (v)**
send **enviar, mandar (v)**
serve **servir (i) (v)**
service **servicio (m)**
set, put **poner(se) (v)**
shareholder **accionista (m & f)**
shares **acciones (f) (pl)**
she **ella**
shirt **camisa (f)**
shoe **zapato (m)**
shop, store **tienda (f)**
shop assistant **dependiente (m)**
shop assistant **dependienta (f)**
shopping **compra (f)**
shop window **escaparate (m)**
short, low **bajo/a**
show (to) **enseñar (v)**
show **mostrar (ue) (v)**
show, function, performance **espectáculo (m)**
shower **ducha (f)**
side **lado (m)**
sign **firmar (v)**
significance, meaning **significado (m)**
silence **silencio (m)**
silk **seda (f)**
simple **simple, fácil**
simple, plain **sencillo/a**
since, from **desde**
sing **cantar (v)**
singing **canto (m)**
single **soltero/a (m & f)**
sister **hermana (f)**
sit (down) **sentarse (ie) (v)**
size **talla (f)**
skirt **falda (f)**
sky **cielo (m)**
sleep **dormir (ue) (v)**
slim **delgado/a**
slow **lento/a**
slowly **lentamente**
small, little **pequeño/a**
smart, pretty **guapo/a**
smell **oler (ue) (v)**
smile **sonreír(ie) (v)**
smoking, smoker **fumador (m)**
so, (in) this way **así**
socks **calcetines (m) (pl)**
solicitor **abogado (m)**
some, any **algún**
some, someone **alguno/a**
something **algo**
some, about **unas/os**
someone, somebody, anybody **alguien**
sometimes **alguna vez**
so much, as much **tanto/a**
song **canción (f)**
South American **latinoamericano/a**
Spanish **español/a**
Spanish omelette **tortilla a la española**
speak, talk **hablar (v)**
speak to, address **dirigirse a (v)**
special **especial**
spectacles **gafas (f)**

speed, haste, hurry **prisa (f)**
sport, game **deporte (m)**
sporting **deportivo/a**
square **cuadro (m), plaza (f)**
stair **escalera (f)**
stall **puesto (m)**
starter **entrada (f)**
steak **bistec (m)**
stewardess **aeromoza (f)**
stomach **estómago (m)**
stop **parar (v)**
strange **extraño/a**
street **calle (f)**
stroll **pasear (v)**
strong **fuerte**
student **estudiante (m)**
studies **estudios (m) (pl)**
style, charm, grace, elegance, wit **gracia (f)**
style, manner, fashion **estilo (m)**
successive, following **sucesivo/a**
suddenly **de repente**
sufficient, enough **suficiente**
sugar **azúcar (m)**
suit **traje (m)**
suitcase **maleta (f)**
summer **verano (m)**
sun **sol (m)**
supermarket **supermercado (m)**
sure, certain **seguro/a**
surprise, amaze, startle **sorprender (v)**
surprise **sorpresa (f)**
surprised **sorprendido/a**
surrounded by **rodeado/a de**
swim **nadar (v)**
swimming pool **piscina (f)**
switch on **encender (ie) (v)**

T

table **mesa (f)**
tablecloth **mantel (m)**
take **tomar (v)**
take, last **tardar (v)**
take out **sacar (v)**
talk, converse **conversar (v)**
tall **alto/a**
taxi, cab **taxi (m)**
taxi driver **taxista (m)**
teacher **profesor/a (m & f)**
telephone **telefonear (v)**
telephone **teléfono (m)**
tennis **tenis (m)**
terminal **terminal (f)**
terrace **terraza (f)**
terrible **terrible**
thanks **gracias**
that **aquel, aquella**
that **eso/a**
(of) that **éso/a**
the **el**
theatre **teatro (m)**
then, after that, later **luego**
then, after that **después de**
there **allí**
there is, are **hay**
thing, object **cosa (f)**
think (of) **pensar (ie) en (v)**
I think (that) **me parece (que)**
third **tercero/a**

thirst **sed (f)**
this (one) **éste/a**
this **este/a**
this afternoon **esta tarde**
through, by, for, along **por**
thus **así**
ticket **boleto (m)**
ticket, entrance **entrada (f)**
tie **corbata (f)**
time **tiempo (m)**
time (frequency) **vez (f)**
tip **propina (f)**
tired **cansado/a, sueño/a**
toasted **tostado/a**
today **hoy**
together **junto/a(s)**
tomato **tomate (m)**
toothbrush **cepillo de dientes (m)**
toothpaste **pasta de dientes (f)**
touch, play (instr.) **tocar (v)**
town **pueblo (m)**
traffic **tráfico (m)**
travel **viajar (v)**
traveller's cheque **cheque de viajero (m)**
tray **bandeja (f)**
tree **árbol (m)**
truth **verdad (f)**
try **tratar (v)**
try **probar (ue) (v)**
Tuesday **martes (m)**
turn **doblar (v)**
type **tipo (m)**

U

uncle **tío (m)**
under, beneath **debajo de**
understand **entender (ie) (v)**
uneasiness, malaise **malestar (m)**
unfortunately **desgraciadamente**
United States **Estados Unidos EE UU**
university **universidad (f)**
use **usar (v)**
usually, generally **generalmente**
up to, until **hasta**

V

vegetables **verdura (f)**
very **muy**
very much, extremely **muchísimo/a**
view **vista (f)**
visit **visitar (v)**
voice **voz (f)**

W

wait **esperar (v)**
waiter **camarero (m)**
waitress **camarera (f)**
waiter **mesero (m)**
waitress **mesera (f)**
wake up, awaken **despertar (ie) (v)**
walk **caminar (v)**
walk down, descend **bajar (v)**
walk, come in(to), go, spend time **pasar (v)**
walk, go on foot **ir a pie (v)**
warm **caliente**

warmth **calor (m)**
watch, clock **reloj (m)**
water **agua (f)**
way **camino (m)**
week **semana (f)**
weekend **fin de semana (m)**
we go, let's go **vamos**
welcome **bienvenido**
well! **¡vaya!**
well, fine **bien**
what? **qué**
what, which (one) **cuál**
when **cuando**
(to) where **adonde**
where **donde**
while, as long as, during **mientras**
while, during **durante**
while, time, period **rato (m)**
white **blanco/a**
who? **quién**
why **por qué**
wild **silvestre**
willow **sauce (m)**
win **ganar (v)**
window **ventana, ventanilla (f)**
wine **vino (m)**
wineglass **copa (f)**
wine list **lista de vinos (f)**
wish, like, want **querer (ie) (v)**

with **con**
within, inside of **dentro de**
without **sin**
wonderful, great, marvellous **estupendo/a**
wonderful, pretty, lovely **precioso/a**
wood **madera (f)**
wooden **de madera**
work, function **funcionar (v)**
work **trabajar (v)**
work **trabajo (m)**
worried **preocupado/a**
worry, care (about) **preocuparse (v)**
wrap up **envolver (ue) (v)**
write **escribir (v)**
wrong, badly, ill **mal**

Y

year **año (m)**
yellow **amarillo/a**
yes **sí**
yesterday **ayer**
yet, still **todavía**
young **joven**
younger **menor**
you **tí**
you (polite form) **usted (Vd)**
you are welcome **de nada**

ANSWER PAGES

ACT 1 Part Four : Games.

1. ACROSS: **1. SACA 5. LEO 6. LEE 7. MIRA 9. ENTRA 11. ES 14. ABRE 15. ESPERA**

   DOWN: **1. SOY 2. CAMINA 3. LLAMA 4. TENGO 8. SONRIE 10. TIENE 12. SUBE 13. BAJA**

2.

Peter es grande	**Peter es guapo**	**Peter es simpático**	**Peter es tranquilo**	**Peter es alto**
Adela es grande	**Adela es guapa**	**Adela es simpática**	**Adela es tranquila**	**Adela es alta**
El hotel es grande	**El hotel es bonito**	**El hotel es cómodo**	**El hotel es agradable**	**El hotel es tranquilo**
la habitación es grande	**la habitación es bonita**	**la habitación es cómoda**	**la habitación es agradable**	**la habitación es tranquila**

Ace:	**Soy norteamericano/a, de Fénix.**
King:	**Soy norteamericano/a, de Nueva York.**
Queen	**Soy mexicano/a, del DF (de efe).**
Jack:	**Soy cubano/a, de la Habana.**
Ten:	**Soy portorriqueño/a, de San Juan.**
Nine:	**Soy nicaragüense, de Managua.**
Eight:	**Soy costarriqueño/a, de San José.**
Seven:	**Soy venezolano/a, de Caracas.**
Six:	**Soy colombiano/a, de Bogotá.**
Five:	**Soy peruano/a, de Lima.**
Four:	**Soy chileno/a, de Santiago.**
Three:	**Soy uruguayo/a, de Montevideo.**
Two:	**Soy argentino/a, de Buenos Aires.**

Part Five : Personalised Dialogues

1. **Buenas tardes.**
   Yo soy (your name).
   Me llamo
   (your surname).
   Soy (your nationality)
   De nada.

2. **Hola.**
   (Yo) soy (your name).
   Mucho gusto.
   Encantado/Encantada.
   Soy de (your town).
   ¿Es usted ⎱
   ¿Usted es ⎰ mexicana?

3. **Buenos días.**
   ¿Es la casa del señor Miranda?
   Gracias. Tengo un paquete para el señor Miranda.

4. **Buenas noches. Yo soy**
   (your name).
   ¿Es una habitación tranquila?
   Aquí tiene usted.
   Gracias. Buenas noches.

5. **Sí, es morena.**
   Tiene pelo negro y ojos negros.

6. **No, es pequeño, pero muy cómodo.**
   La habitación no es grande, pero es agradable y tranquila.
   Y la cama es muy cómoda.

ACT 2 Part Four : Games

1. 1 **Despierto temprano**.
1. 2 **Abro los ojos**.
1. 3 **Miro alrededor de la habitación** .
1. 4 **Me levanto**.
1. 5 **Entro en el cuarto de baño**.
1. 6 **Enciendo la luz**.
1. 7 **Saco el cepillo de dientes y la pasta de dientes**.
1. 8 **Me lavo los dientes**.
1. 9 **Me ducho**.
1.10 **Bajo las escaleras**.

2.

	en el hotel	limpio	mexicano	bueno	en la habitación	
la maleta	está	está	es	es	está	(limpia/mexicana/buena)
el baño	está	está	es	está	está	(limpio/mexicano/bueno)
la chica	está	está	es	es	está	(limpia/mexicana/buena)
el agua	está	es/está	es	es/está	está	(limpia/mexicana/buena)
la mesa	está	está	es	es	está	(limpia/mexicana/buena)

3. **cinco**

siete

nueve

once

trece

quince

diecisiete

diecinueve

4.

2 dos	**+**	**3** tres	**=**	**5** cinco
3 tres	**+**	**4** cuatro	**=**	**7** siete
4 cuatro	**+**	**5** cinco	**=**	**9** nueve
5 cinco	**+**	**6** seis	**=**	**11** once
6 seis	**+**	**7** siete	**=**	**13** trece
7 siete	**+**	**8** ocho	**=**	**15** quince
8 ocho	**+**	**9** nueve	**=**	**17** diecisiete
9 nueve	**+**	**10** diez	**=**	**19** diecinueve

Part Five : Personalised Dialogues.

1. **Buenos días.**
   /Un/café/con leche/y pan tostado.
   Sí,/quiero/un jugo de naranja.
   No, nada más, gracias.

2. **¿De dónde es usted?**
   ¿Es la primera vez que usted viene aquí?
   Gracias. ¿Usted habla inglés?

3. **Soy de/Omaha.**
   No, ésta es la segunda vez. Cartagena es una ciudad muy bonita.

4. **Buenas tardes. ¿Cómo está usted?**
   /Estoy/muy bien. ¿Cómo está su familia?)

5. **Buenos días. ¿Tiene un plano de Santiago, por favor?**
   ¿Y tiene una lista de hoteles?
   Muchas/gracias./Es usted muy amable./Adiós.

6.1 **En Veracruz hace mucho calor.**
6.2 **En Buenos Aires está nublado.**
6.3 **En Moscú hace mucho frío .**
6.4 **En Guadalajara hace buen tiempo.**
6.5 **En Londres llueve mucho.**

ACT 3 Part Four : Games

1. **tiendas, contento, tarta, simpática, iglesia, guapa, comida, bien, caro, caliente, ¿cuánto, cocina, vino, eso.**

2.1	**este**	2.6	**ese**
2.2	**Éstas**	2.7	**esa**
2.3	**ésta**	2.8	**ésa**
2.4	**estas**	2.9	**esa**
2.5	**éste**	2.10	**ésos**

4. **martes, el cinco de mayo**
   viernes, el diecrocho de septiembre
   martes, el veintisiete de enero
   jueves, el veinticinco de junio
   domingo, el quince de febrero
   martes, el siete de julio
   jueves, el diez de diciembre
   sábado, el veintiocho de marzo
   jueves, el veinticuatro de diciembre
   miercoles, el diecinueve de agosto.

Part Five : Personalised Dialogues

1. **Bien, gracias. ¿Y tú?**
   De acuerdo. ¿Adónde vas?
   Bueno, muchas gracias.

2a **¿Quieres un café?**

b. **¿Quieres una copa de vino?**
   ¿/Quieres/ tinto o blanco?

c. **¿Quieres almorzar conmigo mañana?**

3. **Buenos días. ¿Cuánto cuesta ese pollo?**
   Está bien. Déme ése.
   Nada más, gracias.

4. **Buenas tardes. ¿Cuánto cuestan las papas?**
   Quiero/Deme tres kilos.
   ¿Cuánto cuestan las lechugas?
   Quiero/Deme dos. Y quiero un kilo de tomates.
   Nada más. ¿Cuánto es todo?

5a. **¿Desea algo más?**
   b. **¿Cuánto es todo?**
   c. **¿Cuánto cuesta la barra /de pan/?**
   d. **¿/Quiere(s)/blanco o tinto?**
   e. **¿Cómo está usted?**
   f. **¿De dónde es usted/ ¿De dónde eres?**
   g. **¿Es la primera vez que viene(s) aquí?**
   h. **¿Adónde va(s)?**

ACT 4 Part Four : Games

1.1.	¿Cambias tu dinero en el banco?	Sí, cambio mi dinero en el banco.
2.	¿Estudias mucho?	Sí. estudio mucho o No, no estudio mucho.
3.	¿Bebes vino?	Sí, bebo vino o No, no bebo vino.
4.	¿Prefieres vino o cerveza?	Prefiero vino/cerveza.
5.	¿Conoces México?	Sí, conozco (Yucatán) o No, no conozco México.
6.	¿Tienes hermanos?	Sí, tengo (dos) hermanos o No, no tengo hermanos
7.	¿Hablas francés o alemán?	Hablo francés/alemán o No hablo ni frances ni alemán.
8.	¿De dónde eres?	Soy de (Omaha).
9.	¿Te levantas muy temprano en la mañana?	Sí, me levanto a las siete o No, me levanto tarde.
10.	¿Vas a tomar un café después?	Sí, voy a tomar un café o No, tengo que irme pronto.

2.

```
—   m   e   r   c   a   d   o   —
—   e   —   o   —   —   ó   —   t
t   r   a   j   e   —   l   —   i
—   m   —   a   —   c   a   f   é
—   e   —   —   —   —   r   —   n
—   l   i   m   ó   n   —   —   d
—   a   —   e   —   r   o   p   a
—   d   —   s   —   —   —   —   —
p   a   n   a   d   e   r   í   a
```

3.

1. Buenos días. ¿Tiene _____ por favor?

2. Si señor/a, ¿quiere _____ o _____ ?

3. ¿Cuánto es _____ ?	—	**4. Cuesta _____**
5. ¿Y cuánto es _____ ?	—	**6. & 7. Cuesta**
8. & 3. Prefiero _____	o	**9. & 5. Prefiero _____**

1. café, cerveza, vino, limones, pan, uva.
2. café mexicano/café colombiano, cerveza negra/cerveza rubia, vino tinto/vino blanco, limones de Chiapas/limones de Veracruz, pan de cuarto kilo/pan de medio kilo, uva negra/uva blanca.
3. el café mexicano, la cerveza negra, el vino tinto (NB son) los limones de Chiapas, el pan de 1/4 kilo, la uva negra.
4. $M 600 el kilo, $M 175 la botella,$M 300 la botella, (NB Cuestan) $M 200 el kilo, $M 35, $M 325 el kilo.
5. el café colombiano, la cerveza rubia, el vino blanco, (NB son) los limones de Veracruz, el pan de ½ kilo, la uva blanca.
6. Ese, Esa, Ese, Esos (NB cuestan), Ese, Esa.
7. $M 750 el kilo, $M 140 la botella,$M 380 la botella, $M 220 el kilo, $M 55, $M 310 el kilo.
8. éste, ésta, éste, éstos, éste, ésta.
9. ése, ésa, ése, ésos, ése, ésa.

Part Five : Personalised Dialogues

1. **Voy al banco. Quisiera cambiar algo de dinero. ¿Quieres/puedes venir conmigo?**
    Sí, pero primero voy a la farmacia para comprar una crema para el sol.
    Voy a almorzar con un/a amigo/a en un restaurante cerca de la playa.

2. **Quiero una crema para el sol.**
    ¿Cuánto cuesta/es?
    Es un poco cara. ¿Tiene otra más barata?
    Está bien. Deme ésa.
    Nada más, gracias.

3. **Buenas tardes. ¿Cuánto cuestan las camisetas?**
    Prefiero una verde.
    Sí, es para mí.
    No, también quiero una roja.
    ¿Cuánto es todo?

4. **Buenos días/Buenas tardes/Buenas noches. ¿Puedo cambiar dinero en el hotel?**
    Gracias.

5. **¿Dónde puedo cambiar dinero?**
    Quisiera cambiar dólares a pesos.
    /Tengo/ billetes. ¿A cómo está el cambio?
    ciento ochenta/dolares.

ACT 5 Part Four : Games

ACT 5 grammar game 1

1.   On what days are their flights to Bogotá?
To Bogotá there are flights on Tuesdays, Thursdays and Sundays.
At what time is the flight?
It leaves at 9 in the morning.
At what time does it arrive in Bogotá?
It arrives at 2.20p.m. local time.
How long does the flight take?
It takes about 4½hours.
or   It takes 4 hours and 20 minutes.

3.   **RESTAURANT Las Bugambilias**

Jugo Naranja Grande One		
One large orange juice	360	—
Orden Huevos Tibios		
One portion of soft boiled eggs	346	—
Orden Huevos Revueltos con Tortilla		
One portion of scrambled eggs on		
Tortilla bread	428	—
Dos café		
Two coffees	350	—

	Total		**1484**
IVA **Impuesto al valor añadido**		$	**222.60**
Sales Tax			
	Total	$	**1706.60**

Nombre Name
Gracias por su visita. Thank you for your visit.

HOTEL UNIVERSO, S.A.

Mr. ....
Address: ....   Room No: ....
City: ....
State: ....   No. of Persons: ....
Country: ....
Total duration of stay: ....
Price per day: ....
Total accommodation: ....
15% Sales Tax: ....
TOTAL: ....

RESTAURANT EL PATIO

Fecha
Date

Filete a la parrilla		950
Grilled steak		
Orden Guacamole		600
One portion Guacamole		
Orden de pescado		1300
One portion of fish		
Dos Cervezas		480
Two beers		
Capuchino		200
Café express		170
		3700
I.V.A.	$	555
Sales Tax		
TOTAL	$	4255

POSADA SAN RAFAEL
GUEST HOUSE

Cuarto No
Room No.

Mr: ....
Date: .... Hour: ....
No. of Persons: .... Price: ....

FECHA Date	15	16	17	18
SALDO TOTAL From previous Day		8840	17680	26520
CUARTOS Rooms	8000	8000	8000	
I.V.A. Sales Tax	840	840	840	
TOTAL	8840	17680	26520	

Por Favor: **Su cuenta deberá Liquidarse cada Siete Días Máximo.**
Please ensure your bill is paid promptly each week.

Part Five : Personalised Dialogues

1. **Sí, me gusta México. Es un país interesante. Me gustan mucho los mercados.**
   Es demasiado grande. No me gustan las ciudades grandes.
   Sí, me encanta Guadalajara. Es una ciudad muy agradable. Y la gente es muy simpática.

2. **No, soy de... /Omaha/.**
   Sí, me gusta mucho este lugar. Es muy bonito.
   Sí, me encantan las playas. Son excelentes.
   Sí, me gusta nadar. Pero ahora quiero descansar.
   Gracias, pero voy a salir con mi novio. Es muy celoso.

3. **¿Le gusta el hotel?**
   ¿Y le gusta la comida?
   ¿Y las excursiones le gustan?
   o ¿Y le gustan las excursiones?

4. **¿Tiene algo para el dolor de estómago?**
   Deme un sobre de diez.
   Sí, quiero aspirinas.
   Deme una caja de cuarenta.
   Nada más, gracias. ¿Cuánto es?

ACT 6 Part Four : Games

6.1   **Adela = A**   **Peter = P**

	10	JACK	QUEEN
2	A da el guacamole a P	A pide guacamole para P	A prepara guacamole para P
3	A da el róbalo a P	A pide róbalo para P	A prepara róbalo para P
4	A da la sopa a P	A pide sopa para P	A prepara sopa para P
5	A da la tarta a P	A pide tarta para P	A prepara una tarta para P
6	A da los tacos a P	A pide tacos para P	A prepara tacos para P
7	A da las enchiladas a P	A pide enchiladas para P	A prepara enchiladas para P
2	A lo da a P	A lo pide para P	A lo prepara para P
3	A lo da a P	A lo pide para P	A lo prepara para P
4	A la da a P	A la pide para P	A la prepara para P
5	A la da a P	A la pide para P	A la prepara para P
6	A los da a P	A los pide para P	A los prepara para P
7	A las da a P	A las pide para P	A las prepara para P
2	A le da el guacamole	A le pide guacamole	A le prepara guacamole
3	A le da el róbalo	A le pide róbalo	A le prepara róbalo
4	A le da la sopa	A le pide sopa	A le prepara sopa
5	A le da la tarta	A le pide tarta	A le prepara una tarta
6	A le da los tacos	A le pide tacos	A le prepara tacos
7	A le da las enchiladas	A le pide enchiladas	A le prepara enchiladas
2	A se lo da	A se lo pide	A se lo prepara
3	A se lo da	A se lo pide	A se lo prepara
4	A se la da	A se la pide	A se la prepara
5	A se la da	A se la pide	A se la prepara
6	A se los da	A se los pide	A se los prepara
7	A se las da	A se las pide	A se las prepara

6.1

	KING	ACE
2	A recomienda el guacamole a P	A trae el guacamole para P
3	A recomienda el róbalo a P	A trae el róbalo para P
4	A recomienda la sopa a P	A trae la sopa para P
5	A recomienda la tarta a P	A trae la tarta para P
6	A recomienda los tacos a P	A trae los tacos para P
7	A recomienda las enchiladas a P	A trae las enchiladas para P
2	A lo recomienda a P	A lo trae para P
3	A lo recomienda a P	A lo trae para P
4	A la recomienda a P	A la trae para P
5	A la recomienda a P	A la trae para P
6	A los recomienda a P	A los trae para P
7	A las recomienda a P	A las trae para P
2	A le recomienda el guacamole	A le trae el guacamole
3	A le recomienda el róbalo	A le trae el róbalo
4	A le recomienda la sopa	A le trae la sopa
5	A le recomienda la tarta	A le trae la tarta
6	A le recomienda los tacos	A le trae los tacos
7	A le recomienda las enchiladas	A le trae las enchiladas
2	A se lo recomienda	A se lo trae
3	A se lo recomienda	A se lo trae
4	A se la recomienda	A se la trae
5	A se la recomienda	A se la trae
6	A se los recomienda	A se los trae
7	A se las recomienda	A se las trae

6.2   University of Puerto Vallarta
      Application Form for foreign students.   Recent photograph

      Please send this form back before the
      30th April, to the following address:

      The Secretary,
      University of Puerto Vallarta,
      Jalisco
      Mexico.

      (Fill in this form in Spanish)

A)   1. Surnames: ....   2. Christian Names: ....

        3. Date of Birth: ....   Place of Birth: ....

        4. Marital Status: ....   5. Nationality: ....

        6. Home Address: ....

        ....
                                                              (Country)

        ....
                                                              (Town)

        ....
                                                              (Road)

        ....
                                                              (House No.)

B) 1. Previous studies undertaken in accordance with the levels or established terms in the education system in consecutive order for the applicant.

Pre-University studies: ....

University studies: ....
Level   No. of Years   Place   Officially recognised
....

C) 1. Knowledge of the Spanish Language:

I read   .... very well .... well .... average .... not at all
I speak   .... very well .... well .... average .... not at all
I write   .... very well .... well .... average .... not at all

2. Indicate your Native Language: ....
3. Any other Language(s), please indicate the level of your reading, spelling and writing knowledge: ....

D) 1. Sports you practise: ....

2. Special knowledge and hobbies: ....

4. Financial means per month with which you expect to pay for your studies.

5. Reasons for continuing your University studies:

6.3.1   **Tengo**(your age) **años.**
2   **Nací en**(place of birth).
3   **Nací el (**day) **de** (month) **de** (year).
4   **Soy** (your nationality — remember **norteamericano/a, inglés/a).**
5   **Soy soltero/a o Estoy casado/a.**
6   **Tengo** (number) **hermanos o hijos**
        y mi esposo/a o mis padres.
7   **Viven en** (place where they live).
8   **Estudié en** (place of study).
9   **Los terminé en** (year).
10   **Trabajo en** (place or type of work) **o No tengo trabajo o No trabajo.**
11   **Es el** (your language).
12   **Hablo** (languages you speak) **o No hablo ningún otro idioma.**

Part Five : : Personalised Dialogues

1. En la mañana me duché, luego me arreglé y tomé una taza de café.
    Sí, fui a la farmacia y compré una crema para el sol.
    No, no fui a la playa. Me senté en un café a leer el periódico y escribí una postal a una amiga.
    Yo fui en la tarde y a las cinco volví al hotel y dormí un rato.
    Sí, me gusta. Es muy agradable.

2. ¿Dónde naciste?
    ¿Dónde está Veracruz?
    ¿Tienes hermanos?
    ¿Cuántos años tienes?

3. Nací en . . .   Sí, tengo . . .   Mi hermano mayor se llama . . .   Mi hermana menor se llama . . . Mi
    hermano tiene . . .   años, es . . . y está . . .   Mi hermana tiene . . . , es. . .   y está; o: No tengo
    hermanos.
    Tengo . . .   años.

4. Tomaron un aperitivo.
    Fueron en taxi.
    Fueron al Restaurante El Nopal.
    Se sentaron junto a la ventana.
    Tomaron vino blanco argentino.

5. Era bueno. Estaba lleno, pero el ambiente era agradable. Tenía una piscina y había un restaurante
    excelente.
    No, no era caro.

6. ¿Qué vino me recomiendas?

7. ¿Qué postre me recomienda?

8. La trucha aquí es muy buena. Te la recomiendo.

ACT 7 Part Four : Games

7.1 **decidieron, estaba, hablaba, esperaba, parecío, llegó, Salieron, estaba, hacía, daba/dio, dobló, dejó, siguió, estacionó, había, estaba, Preguntaron, Cruzaron, fueron, hicieron.**

7.3 Language Institute of the Autonomous University of Querétaro,
<u>Mexico</u>

Detailed description of the Spanish Language Course and Mexican Civilisation Course 1986.

1. Contents.
2. What requirements do I have to meet?
3. When? (date)
4. How much does it cost?
5. What does it include?
6. And the accommodation?
7. How to enrol?
8. How to get to Querétaro?

                    Go ahead!

Fill in, in clear writing, the following data:

Name and Surname: ....

Age: ....   Sex: ....

Address: ....

Post Code: ....   Telephone: ....

Town: ....   Country: ....

Attached:

Enclosed cheque for $15 (or equivalent in National currency) payable to:

University of Querétaro, to make a reservation in my name for the following accommodation.

Hotel
.... Single room   .... Double room

Accommodation with a Mexican family:

.... Option A

.... Option B
.... Option C

from the following date: ....

Signature: ....

Part Five   :   Personalised Dialogues

1.   ¿Qué te gustaría hacer esta noche?
        Me gustaría cenar en un restaurante.
        Excelente idea. Vamos.

2.   Buenas noches. Me gustaría tomar desayuno en mi habitación mañana.
        Sí, está bien. Estoy muy cansado y me gustaría levantarme tarde mañana.
        Quiero café con leche, pan tostado con mantequilla y mermelada y un jugo de naranja.
        Buenas noches. Gracias.

3.   Era alto, moreno y tenía ojos azules.
        Sí, era muy guapo. Llevaba pantalones azules y una camisa blanca.
        Sí, me gustó mucho.

4.   Era muy simpática. Era morena y tenía ojos verdes. Llevaba un vestido negro. Estaba muy guapa.

5.   Perdone, ¿hay una tienda de comestibles por aquí?
        ¿Hay una panadería por aquí?
        ¿Hay una carnicería por aquí?
        ¿Hay un taller por aquí?
        ¿Hay una gasolinera por aquí?
        ¿Hay un banco por aquí?

6.   Tiene que doblar a la derecha, luego cruzar la calle y al lado de la panadería hay una carnicería.
        De nada.

7.   Tiene que continuar hasta el próximo cruce, luego doblar a la derecha en la calle principal. El taller
        está enfrente del bar.
        De nada.

ACT 8 Part Four : Games

1. Example:

Omaha, el 26 de abril de 19___

Muy señores míos: ›

Yo soy estudiante de español, y quiero mejorar mis conocimientos del idioma y también quiero visitar México. Tengo 35 años, soy de Omaha, Nebraska, y mi lengua nativa es inglés. Hace un año que estudio español y lo entiendo, hablo, leo y escribo regular. También hablo y leo un poco de francés, pero no muy bien.

¿Pueden ustedes mandarme un folleto con una descripción detallada del curso de verano?

Les saluda atentamente,

Pat Kelly

3. **Pienso ir al cine.**
   Quiero ir al cine (Chapultepec).
   Voy a ver (Los Santos Inocentes).
   Pienso ir a la función de las (10).
   Voy a volver a eso de las (12.30).
   ¡Estupendo, vamos!

4. – **¿Qué harás esta noche?**   – **Iré al cine.**
   – **¿Ah sí? ¿A qué cine irás?**   – **Iré al cine (Chapultepec).**
   – **¿Qué película verás?**   – **Veré (Los Santos Inocentes).**
   – **¿A qué función irás?**   – **Iré a la función de las (10).**
   – **¿Y volverás a casa muy tarde?**   – **Volveré a eso de las (12.30).**
   – **¿Qué te parece si iremos juntos?**   – **¡Estupendo, vamos!**

Part Five : Personalised Dialogues

1. **Vivía en...**
   Estudiaba en...
   Tenía...

2. **Venía con sus padres.**
   Nadaba en el río.
   Jugaba en un sauce.
   Su padre hacía fuego.
   Su madre preparaba un asado.
   Paseaba por la orilla del río.
   Se sentaba a descansar debajo de un árbol.

3. **¿Dónde vivías?**
   ¿Dónde trabajabas?
   ¿Te gustaba tu trabajo?

4. **Iré al cine.**
   Iré a la función de las nueve.
   Sí, volveré a casa a las once.

5. **Hola, Mario, ¿Cómo estás?**
   Muy bien, gracias. Te presento a Karen.

6. **Bien, gracias. ¿Y usted?**
   Le presento a Angela.

250

ACT 9 Part Four : Games

2.   ...El segundo día visitaremos Lima, 'la Ciudad de los Reyes'. El día 3 iremos en avión a Cuzco, y nos alojaremos en el Hotel Atahuallpa. Por la tarde visitaremos la ciudad y las ruinas de los Incas y los españoles. El día 4 haremos una excursión en tren a Machu Picchu. Visitaremos las ruinas y nos alojaremos en el Hotel Sapa Inca, que está situado en la misma entrada a las ruinas. El diá 5 volveremos a Cuzco en tren.

   y el día 6 volveremos a Lima en avión.

   El día 7 iremos en avión a Iquitos. Nos alojaremos en un Lodge, y llegaremos allí en lancha rápida por el Río Amazonas. Por la tarde visitaremos un capamento de los indios Yaguas. El día 8 haremos visitas a varios poblados, y el día 9 volveremos en avión a Lima, de donde saldremos inmediatamente hacia México, y llegaremos a las 7.30 de la tarde.

3.   verbs only

   3° día: he (hemos) salido, he (hemos) almorzado y cenado, me he (nos hemos) alojado, he dedicado, he visitado ú visto, La visita ha incluido ....

   4° día: he (hemos) salido, he (hemos) hecho una visita detallada, he (hemos) almorzado y cenado, me he (nos hemos) alojado.

   5° día: he (hemos) salido vuelto; he (hemos) podido admirar he (hemos) admirado.

   6° día: he salido ú vuelto; he descansado, he dado un paseo, he realizado ú hecho algunas compras.

   7° día: he salido, he realizado ú recorrido, he ido en lancha, he hecho una excursión, he podido observar ú observado.

   8° día: He visitado, me he (nos hemos) admirado.

Part Five : Personalised Dialogues

1.   Buenos días.
Sí, he dormido muy bien. Mi habitación es muy tranquila.
Quiero una taza de café y pan tostado.
Lo quiero con leche. Y también quiero un jugo de naranja.
No, eso es todo. Gracias.

2.   Buenos días. He decidido quedarme una semana más.
¿Hay alguna carta para mí?
Muchas gracias.

3.   He visitado el museo, la catedral y la Plaza Mayor.
Todavía no lo he visto. No he tenido tiempo, pero espero verlo esta semana.
¿Dónde está?
¿Está lejos?

4.   Sí, ya he ido.   No, todavía no he ido.
Sí, ya lo he tomado.   No, todavía no lo he tomado.
Sí, ya la he visto.   No, todavía no la he visto.
Sí, ya la he reservado.   No, todavía no la he reservado.
Sí, ya lo he visitado.   No, todavía no lo he visitado.
Sí, ya lo he leído.   No, todavía no lo he leído.

5.   Perdone, ¿se puede estacionar en la Calle Mayor?
¿Se puede estacionar en la Plaza Mayor?
¿Dónde se puede estacionar?

6.   ¿Está permitido tomar fotografías?
¿Se puede fumar?

7.   ¿Qué hora es?   Es la una menos cuarto.
¿Qué hora es?   Son las tres.
¿Qué hora es?   Son las cuatro y veinte.
¿Qué hora es?   Son las seis menos veinticinco.
¿Qué hora es?   Son las siete y cuarto.
¿Qué hora es?   Son las nueve y media.

ACT 10 Part Four : Games

2.1 **Perdone, ¿cómo llego al Palacio de Bellas Artes?**
A ver si entiendo bien. Para ir a Bellas Artes voy a pie. Sigo la Avenida Madero hasta la Alameda. Doblo a la derecha, y el Palacio de Bellas Artes está a una cuadra.

2.2 **Perdone, ¿cómo llego a la Estación de Ferrocarril?**
A ver si entiendo bien. Para ir a la Estación voy en el Metro. Subo aquí y tomo la línea Tacuba. Bajo en Revolución, salgo de la estación y camino una cuadra hasta Buenavista. Doblo a la izquierda y sigo por Buenavista hasta el final, y allí enfrente veré la Estación.

2.3 **Perdone, ¿cómo llego al Bosque de Chapultepec/al Museo de Antropología?**
A ver si entiendo bien. Para ir al Bosque de Chapultepec cruzo la avenida y tomo un camión o un pesero en la esquina. Bajo en Chapultepec, tomo el Metro en Insurgentes y bajo en Chapultepec. Salgo de la estación, y el Bosque está enfrente. El Museo está a unos 10 minutos por el parque.

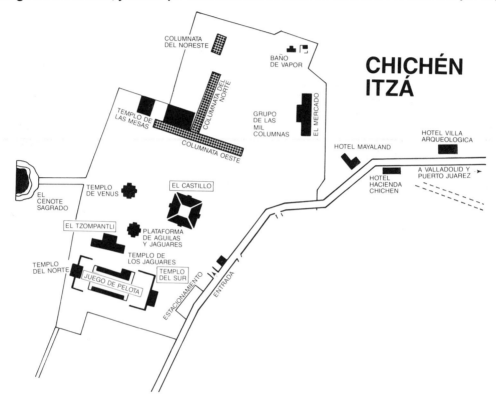

Part Five : Personalised Dialogues

1. **Quisiera viajar a Buenos Aires esta semana.**
¡Qué lástima! Tengo que estar en Buenos Aires el sábado.
Es la boda de mi hermana.

2. **Muy bien, gracias. ¿Y tú cómo estas?**
¡Diez millones de pesos! Te felicito. Me alegro mucho.
¿Qué vas a hacer con el dinero?
Desgraciadamente no, porque no tengo nada de dinero.
Tendré que trabajar.

3. **Está en la Plaza San Luis. Siga por esta misma calle, al final de la calle doble a la derecha y camine hasta la próxima esquina. El Hotel El Nopal está al otro lado de la calle.**
De nada.

4. **Tengo que levantarme temprano mañana quiero que me llame a las siete, por favor.**
No, no me voy. Voy de excursión y tengo que salir del hotel a las siete y media.
Sí, por favor. Tráigame un café con leche, pan tostado y un jugo de naranja.
Gracias. Buenas noches.

5. **Buenos días. Quiero que me ayude con el equipaje, por favor. Está muy pesado.**
Sí, eso es todo.
Sí, por favor. Quiero ir al aeropuerto. El avión sale a las nueve pero tengo que estar allí a las ocho.

ACT 11 Pronunciation/Intonation

La Bamba

To dance the bamba (x2)
You need a certain 'style'
A certain 'style'
And a bit more (x2)
Hey! hey! (x2)
I'm not a sailor (x2)
I will be because of you (x2)

cosilón, cosilón, cosilongo — nonsense words.
I take my hat off and I put it on.

ACT 11 Part Four : Games

2. **Buscamos expertos en mantenimiento mecánico, eléctrico e instrumentación, procesos productivos, químicos, metalúrgicos, mineros o semejantes para la explotación de minas. Necesitamos personas que tengan experiencia, preferentemente en la industria pesada, que conozcan y manejen bien sus áreas de trabajo, que funcionen bien bajo presión, que tengan inquietudes profesionales de desarrollo, que perciban actualmente ingresos entre 500.000 y 900.000 pesos anuales como mínimo, y que estén dispuestas a radicar en el estado de Jalisco.**

5.1 **picar la cebolla, los jitomates y el chile.**
5.2 **majar el aguacate.**
5.3 **mezclar el aguacate con el aceite y el jugo de limón.**
5.4 **añadir la cebolla, jitomates y chile picados.**
5.5 **añadir sal a gusto.**
5.6 **servir con pan integral.**
5.7 **servir con bistec, de ensalada.**

Part Five : Personalised Dialogues

1. Buenos días. ¿Podría buscarme un taxi, por favor?
   Sí, lo quiero ahora. Tengo que estar en el aeropuerto a las nueve y ya son las ocho y cuarto.
   Sí, mis maletas están en la recepción.
   Sí, eso es todo lo que tengo. Muchas gracias.

2. Aquí está.
   Es éste.
   Sí, un maletín.
   No fumador.
   ¿Podría darme un asiento junto a la ventanilla?

3. a. ¿Podría decirme la hora?
   b. ¿Podría decirme qué significa 'mesa'?
   c. ¿Podría hablar más despacio, por favor?
   d. ¿Podría darme la cuenta?
   e. ¿Podría decirme si hay algún banco por aquí?
   f. ¿Podría traernos dos cafés, por favor?

4. No, no tengo nada que declarar.
   Llevo ropa y algunos regalos.
   Una corbata, un pañuelo y una botella de whisky.
   Sí, llevo doscientos cigarrillos.

5.1 No, no creo que llegue a la hora.
   No, no creo que conteste tu carta.
   No, no creo que viaje a España.
   No, no creo que escriban.
   No, no creo que abran mañana.
   No, no creo que responda.

6. Sí, mucho. Desgraciadamente tengo que volver a trabajar. Pero estoy seguro que volveré el próximo año.
   ¿Crees tú que volverás también?
   Bueno, tengo que irme. Mi avión sale a las cuatro y ya son las dos y media. Tengo que estar en el aeropuerto a las tres.
   Muchas gracias. Te escribiré. Adiós.

7. Quisiera comprar una entrada para esta noche.
   ¿A qué hora es la función?
   Volveré a las seis y media.

8. Sí, normalmente hace mucho frío.
   Sí, es mejor que lleves un abrigo y también un paraguas porque llueve mucho.

ACT 12 Pronunciation/Intonation

La cucaracha (The cockroach)

The cockroach, the cockroach
can't walk any more
because its two back legs
are missing.

One thing really makes me laugh
Pancho Villa without a shirt.
Why are the carrancistas leaving?
Because the villistas are coming.

The cockroach is dead,
they're taking it to be buried
between four buzzards
and a sacristan's mouse.

Part Three: Personalised Dialogues

1.   **Quiero mi pasaporte, por favor.**
      No, no es mío. El mío es un pasaporte norteamericano. Es azul.
      Sí, ése es.

2.   **Sí, es mío.**
      Perdone. Soy turista y no conozco bien la ciudad.
      ¿Dónde puedo estacionar?
      Gracias.

3.   **¿Están listos mis zapatos?**
      No, ésos no son los míos. Los míos son marrones.
      Sí, ésos son los míos.
      Los necesito para esta noche. Voy a ir a una discoteca con unos amigos.

4.   **Bien gracias. ¿Y tú?**
      Sí, estoy ocupada. Estoy preparando una comida para unos amigos.
      ¿Quieres comer con nosotros?
      Estoy haciendo un plato mexicano. Es algo especial.
      ¿Quieres una cerveza?

5.   **No. no está. Está hablando con un cliente en el bar.**
      ¿Cómo se llama usted, por favor?
      ¿Quiere volver más tarde? Mi marido estará en el hotel hasta la una.
      Después vamos a salir a almorzar.
      De acuerdo. Le diré a mi marido que usted vino.
      Hasta luego.

6.   **Estoy aquí de vacaciones.**
      Estoy aquí desde hace una semana.
      Me quedaré un mes. ¿Cuánto tiempo hace que estás en Cancún?
      Gracias. ¿Cuál es el número de tu habitación?
      Sí, está bien. Estaré allí entre las siete y media y las ocho menos cuarto.

7.   **Hola.**
      No, gracias. Acabo de comer.
      Sí, pero sólo un poco. Tengo que manejar.
      ¡Salud!

Part Four : Games

La Cosecha – The Harvest

The Harvest is a game for children. If they do not mind, adults can also play it, and if they play together, all the better!

The Harvest represents the seasonal cultivation of maize. When the Farmers organise themselves into groups or collectives they can:

– arrange credit to buy fertilisers, insecticides and other products.
– consult the agricultural expert about how to sow the seed, fertilise, fight pests and how to store the grain.
– establish banking facilities in order to solve urgent economic problems and make prompt credit payments.

The recommendations for the cultivation of maize vary from region to region because the soil, the amount of rain water and climate differ. This games shows that those who follow the advice of the agricultural expert will reap a good harvest.

The game can be played by two or more people using a dice.

To start, each player places a counter (to represent the seed) of different colour on the first square:

Entrada – Start

Whoever has the highest throw goes first. (The order is clockwise.) Each player then advances according to the number(s) indicated on the dice.

The player has to read out in a clear voice the instructions and information contained in the squares. When you land on a red of green square, the player must advance or go back to the square indicated.
The winner is the first to land on the 'Exit' **Salida** square having thrown the exact number. If the number is higher, you have to wait until you throw the exact number.